JN320609

臨床心理学研究法 5
下山晴彦 編

調査研究の方法

石丸径一郎

新曜社

下山晴彦 編
臨床心理学研究法シリーズ
★印は既刊

★第1巻　心理学の実践的研究法を学ぶ　　下山晴彦・能智正博 編
★第2巻　プロセス研究の方法　　　　　　岩壁　茂 著
　第3巻　フィールドワークの方法　　　　谷口明子 著
★第4巻　アナログ研究の方法　　　　　　杉浦義典 著
★第5巻　調査研究の方法　　　　　　　　石丸径一郎 著
　第6巻　一事例実験とメタ分析の方法　　山田剛史 著
★第7巻　プログラム評価研究の方法　　　安田節之・渡辺直登 著
　第8巻　生物学的研究の方法　　　　　　松井三枝 著
　　　　（神経心理学研究の方法）

臨床心理学研究法シリーズへの序文

　本シリーズは，臨床心理実践に関する研究法のシリーズとしては日本で初めてのものである。しかし，それだけでなく，心理学の研究法のシリーズとしても画期的な企画である。
　というのは，これまでの心理学の研究法に関する書籍では，量的研究の方法論に基づく科学的研究が正しいものとして位置づけられていたからである。近年，質的研究法が注目されてきているとはいえ，心理学研究をテーマとした書籍のほとんどは，量的研究を主流として位置づけている。進取の意欲がある少数のものが質的研究に多少の位置づけを与えているという程度である。実践的研究にいたっては，最後の付け足しとして加えられていればまだよい方で，ほとんどの書籍が取り上げていないというのが現状である。
　それに対して本シリーズでは，実践的研究を前面に出したという点で画期的である。しかも，他の心理学研究法と一線を画すのではなく，心理学研究の伝統である量的研究法と新しい質的研究法を同等に扱った上で，実践と研究との融合を目指すことが意図されている。この点で本シリーズは，真に画期的な企画といえるのである。

　このような意図に基づき，本シリーズを全8巻から構成するものとし，全体として臨床心理学をはじめとする実践的研究の方法と技法を網羅したものとした。第1巻は，実践的研究を実施するにあたっての基本的な方法論と技法を解説するとともに，実際の研究例を提示し，初心者が実践的研究を実施する際の手引書となるように配慮した。第1巻では，初心の読者が実践的研究とはどのようなものであるのかを理解できるだけでなく，実際に卒業論文や修士論文で臨床研究を計画し，実施するために必要な情報を提供するものとなっている。
　第2巻以下は，最新の研究法の解説となっている。第2巻では「プロセス研究の方法」，第3巻では「フィールドワークの方法」をテーマとして，質的研究法を中心に解説する。これら2巻で示されるのは，「実践を通しての研究」で利用できる方法である。
　第4巻では「アナログ研究の方法」，第5巻では「調査研究の方法」をテーマとして，量的研究法を中心に解説する。これら2巻では，主として実践活動

において介入の対象となる心理状態や心理障害を把握するための方法が示される。

　第6巻では「一事例実験とメタ分析の方法」をテーマとして，第7巻では「プログラム評価研究の方法」をテーマとして効果研究の方法が解説される。これら2巻で示されるのは，「実践に関する研究」で利用できる方法である。

　最後に第8巻において最近の発展が著しい「神経心理学研究の方法」を解説する。このなかには脳科学研究の方法も含まれている。近年では，生物-心理-社会モデルに基づく介入が広く行われるようになっており，医療の専門職や研究者と協働していくために神経心理学や脳科学の研究方法は必須の知識となっている。第8巻は，そのような協働研究のためにも役立つ内容となっている。

　このように本シリーズおよび本書は，最新の動向を含めて実践的研究として発展しているさまざまな方法を紹介するものとなっている。残念ながら，日本の臨床心理学においては，これまで既存の学派の理論や技法を学ぶことに熱心で，実践的研究を発展させることについては非常に遅れていた。したがって，本シリーズが日本の臨床心理学の実践的研究の発展の基礎になればと願っている。

シリーズ編者　下山晴彦

はじめに

　本書は，臨床心理学における調査研究のやり方を，初学者向けに書いたものである。臨床心理学では，研究において「調査」という方法を使うことが多いようである。卒業論文で初めての研究をおこなう人，また修士論文で2回目の研究をおこなう人を想定して，できるだけわかりやすく書いたつもりである。

　臨床心理実践をおこなう際に，なぜ研究することが必要なのだろうか。臨床心理士になりたいと思って大学や大学院に入った学生は，臨床心理実践の技術を学んで，より良い臨床ができるようになりたいという気持ちを持っている。その時に，どうして論文を書かなければいけないのか，どうして研究を，特に本書で扱うような量的な研究をしなければならないのかがわかりにくい。研究対象者の個別性や詳細な理解を重視する質的研究なら，まだ臨床実践に関係がありそうな気がするが，データの個別性を捨てて，平均値や標準偏差などに変換してしまう量的研究が，どのように臨床実践に役立つのだろうか。私も初学者だった頃は，何やら重要であるらしいので勉強しなければと漠然とは思っていたが，臨床と研究との関係についてあまりよく理解できていなかった。しかし現在では，より良い臨床をおこなうために，またより良い臨床家になるために，研究することは必要であるという実感を持っている。もちろん研究だけしていれば良いわけではないが，やはり研究は，より良い臨床家になるための条件のひとつであると今は思う。研究を自分でやってみることが，特に本書で扱うような量的研究をおこなうことが，どのように臨床に役に立つのかについて，私は2つのことを考えている。

　1つ目は，臨床実践の効果を確かめることである。近年，臨床心理学は私的な活動から，社会に認められた公共的な活動へと変化を遂げている。職業として成立するためには，社会から必要な活動だと認められなければならない。そうでなければ，臨床心理実践に対してお金を払ったり，予算をつけたりされないので，生活費を稼ぐことができず趣味程度の活動に留まるしかない。社会から必要な活動だと認められるためには，ほんとうに利用者の利益になる活動であるという根拠を提示できなければならない。臨床心理実践の活動に，資金を投入するのに見合う効果があるとの強力な根拠を提出できるのは，量的な研究しかない。この「効果」という言葉がなじまなければ，「本当にクライエント

のためになっているか」と言い換えても良い。「クライエントのために」真剣な態度で臨床実践をおこなうと言う臨床家はたくさんいるが，ほんとうにクライエントのためになっているのだろうか。クライエントに対する主観的な善意や誠実な気持ちと，実際にクライエントのためになったかということは別のことである。良かれと思ってやったことが，相手のためにならなかったということは非常によく起こる。極端な例としては，奴隷制度の時代の黒人差別というのは「黒人は身体的・生理的に劣っているので，奴隷として白人の管理下に置くことが彼らの幸せにつながる」という白人の善意から始まった部分があるそうである。臨床心理実践の活動が，利用者からお金を取ったり，組織や公共団体の予算を使ったりしておこなうものである以上，セラピストの側の熱意や善意とは別に，「クライエントのためになっているのか」ということが客観的に確認されなければ，倫理的に問題がある。また，効果やクライエントにとっての利益が確認できない実践は，結局のところ淘汰され，職業として成立しなくなってしまうだろう。ひいては，必要な人がサービスを利用できなくなってしまう。

　2つ目は，サービスの質や有効性を見抜く力を身につけることである。臨床心理学は人々の悩みを扱う実践の学問であり，また比較的新しい専門職でもある。悩みを持つ人は，わらにもすがりたい気持ちを持っていることがある。このような問題や悩みを持っている人には，○○療法が良いというような話は世の中にたくさんある。残念ながら，このような○○療法のようなものには，非常に質の高いものから，詐欺まがいのものまで，いろいろなものが混じっている。ここで，自ら（特に量的な）研究の実践を経験した人であれば「ある問題や悩みに○○が効く」ということを実証するのがどんなに難しいことか，またそのためにはどんな研究が必要なのかを知っているはずである。どの程度の研究が行われているかを知れば，そのようなサービスをクライエントに薦められるかどうかを判断することができる。臨床心理学の専門家は，クライエントのわらにもすがりたい気持ちに十分に共感することと同時に，何にすがれば良いと考えられるかを，その時点での最新の知見に基づいて判断し伝えることができた方がよい。この領域には，さまざまな質のサービスや実践が混在している。人々の悩みや問題を扱う専門家であれば，クライエントを守るためにも，怪しいものを見抜く力が必要である。

　さて初学者にとっては，本や授業で研究法について勉強したことと，実際に卒論や修論のための研究をやってみることとでは，だいぶ違うのではないだろうか。おおまかに研究法について把握しても，実際にやってみると，おおまか

な理解と理解の間の隙間の部分でいちいちつまずくことがあるだろう。理論と実践というのはいつもそうであるが，理論通りにスムーズに進むことは稀であり，研究の実践は降りかかってくる大小のトラブルに1つずつ対応しながら，何とかゴールまで辿り着くというようなものである。調査研究の方法について書かれた本は既にいくつか存在するので，本書では，私が卒論や修論を書いた時の気持ちに戻って，つまずきやすい隙間をできるだけ埋められるように努めてみた。読者には本書をうまく活用していただき，研究を実施して論文を書くための何らかの手助けになれば幸いである。

本書の執筆に対して，多くの人々の支援を受けた。本シリーズの企画・編集を担当された東京大学の下山晴彦教授には，草稿に対して多くの貴重なご意見をいただいた。心より感謝申し上げたい。また，森田慎一郎氏には研究事例を提供していただくとともに，草稿に対して詳細なコメントをいただいた。髙岡昂太氏には，面接調査の実際についての研究事例を提供していただいた。また，東京大学教育学部教育心理学コースの学生3名にも草稿を読んでいただき，実際に卒業論文を書く立場からの意見をいただいた。最後に，新曜社の塩浦暲氏には，遅れがちな執筆作業を根気よく待っていただき，丁寧かつ迅速な編集・校正の作業をしていただいた。改めて御礼を申し上げたい。

石丸径一郎

目 次

臨床心理学研究法シリーズへの序文　i

はじめに　iii

第1章　良い研究を実施するために ── 3
1　良い研究とは ── 情報的価値と実用的価値　3
2　良い研究をおこなうためのFINER基準　5
📖 学習を深めるための参考文献　16

第2章　先行研究を読む ── 17
1　なぜ先行研究を読むのか　17
2　文献の探し方・読み方　18
3　文献の整理の仕方　22
4　引用文献欄の書き方　24
📖 学習を深めるための参考文献　26

第3章　調査研究の種類 ── 29
1　調査研究のデザインに関する用語と留意点　30
2　調査研究の種類　34
3　コホート研究（追跡調査をおこなう）　39
4　介入研究（実験）　42
5　STROBE声明 ── 非介入的調査研究のガイドライン　43
📖 学習を深めるための参考文献　46

第4章　調査研究の進め方 ── 47
1　研究テーマを決める　47
2　仮説を立てる　48
3　研究参加者のリクルート　49
4　インフォームド・コンセント　52
📖 学習を深めるための参考文献　53

vii

第 5 章　どのような観点から調査するか ── 臨床心理学における測定ツール　55
1　バイオ ── 生物学的データ　55
2　サイコ ── 心理学的データ　58
3　ソーシャル ── 社会・対人的データ　97
📖 学習を深めるための参考文献　99

第 6 章　面接調査の実施　101
1　面接調査の種類　102
2　面接調査の実際　103
3　評定者間の一致度を評価する　111
📖 学習を深めるための参考文献　111

第 7 章　質問紙調査の実施　113
1　質問紙調査の分類　114
2　質問票の作成　117
3　長さ・印刷・綴じ方　126
📖 学習を深めるための参考文献　127

第 8 章　調査データの分析と報告の仕方　129
1　参加者の動向の把握と調査票の整理　129
2　データの入力とクリーニング　132
3　主な分析方法　142
4　研究報告の仕方　145
📖 学習を深めるための参考文献　146

第 9 章　測定尺度の作成　149
1　測定尺度を作成する前に　149
2　測定尺度作成の計画　151
3　質問項目の作成　154
4　信頼性と妥当性の確認　155
5　カットオフポイントの設定　158
📖 学習を深めるための参考文献　160

第 10 章　ダイアリー法調査をおこなう　161
1　生活に密着した調査法　161
2　ダイアリー法調査の量的分析と質的分析　163
📖 学習を深めるための参考文献　165

第11章 調査研究論文の実際 ——————————————— 167
 1 尺度作成と多変量解析をおこなった横断研究 167
 2 2つのサンプルの比較をおこなった横断研究 178
 📖 学習を深めるための参考文献 191

引用文献———— 193
人名索引———— 201
事項索引———— 203

コラム
 ドロップアウトの問題 41
 4種の抑うつ尺度のメタ分析による比較 76
 注意すべき用語・略語 164

装幀＝虎尾　隆

臨床心理学研究法
第5巻

調査研究の方法

第 1 章
良い研究を実施するために

1 良い研究とは —— 情報的価値と実用的価値

　良い研究とは何だろうか。たとえば，市川 (2001) は，良い研究である条件として，**情報的価値**（情報の意外性と確実性），**実用的価値**の2点を挙げている。情報的価値のうち，**情報の意外性**とは，これまで知られていなかったことがわかった，特に予想もしていなかったことや，素朴な予想に反することが見出されたというようなことである。これまでさんざん研究されて，すでにわかりきっているテーマについて，もう一度研究して同じ結果を出したとしても，人々の興味を引かないだろう。この情報の意外性は，研究のオリジナリティと言われることとも重なっている。

　情報的価値のうち，**情報の確実性**とは，その研究結果がどの程度，信じられそうかということである。どんなに興味深い（情報の意外性が高い）結果が報告されたとしても，その研究の実施方法がずさんであったり，研究デザインに不備があったり，データの入力ミスや捏造があったりすれば，その研究結果の信憑性は低くなる。「こうなるはずだ」という思い込みの強い研究者は，望む結果を出そうとするあまり，研究の方法が不十分なものになってしまうこともある。さまざまな方面からの批判にも耐えられるような，実証的で確実性の高い研究を計画することが重要である。

　実用的価値とは，その研究から得られた知見が，人々の生活のために役に立つということである。特に臨床心理学では，クライエントの問題を解決したり，症状を軽減したり，問題や症状のアセスメントに役立ったり，問題の予防に寄与したりというように，この実用的価値が大いに求められる分野である。単に何かの事実を明らかにし，人々の知的好奇心を満たすというだけの研究も，軽んじられるべきではない。しかし，かなりのエネルギーやお金をかけておこなう研究なので，役に立たないよりは役に立った方が望ましいと言える。卒業論

文や修士論文といえども，その実施の機会や指導には，間接的には税金などの公的な資金が投入されているのだから，実用的価値が高い方が，倫理的にも望ましいと言える。

　研究の情報的価値と実用的価値は，臨床心理学の調査研究だけでなく，学問すべてにおいて，重要な問題である。医学，薬学，看護学，工学，農学などは，実学や応用科学と呼ばれ，人間の生活に役立つことというのが主要な目的となっている。このような応用科学が発展すれば，人々の生活はより便利になったり，命を救えたりするので，研究者たちにもやりがいがあるし，国民の税金の一部を投入して，振興しようという考えにも理解が得られやすい。さらに，役に立ったか，役に立たなかったか，というのは誰の目にもわかる見えやすい基準なので，研究の評価もやりやすい。ただし，たとえば医学の中にも病跡学（著名な人物を精神医学的な視点で分析し，その人生の理解を目指す学問）のように，直接的に実用性を目指さずに，知的好奇心の満足を目的とした学問もある。

　一方，文学，天文学，数学など，人々の生活に役立つためではなく，人々の知的好奇心や，物事や作品を深く理解したいという気持ちを満たすことを目指している学問もある。実用的価値はあまりないが，情報的価値は高い。このような，直接の実用性がない学問に対して，エネルギーや研究費を投入することを軽んじる考えもあるが，知的好奇心や理解したいという気持ちは，まずは学問の大前提であり，それ自体として尊重されるべきものである。しかし，知的好奇心が満たされたか，興味深かったか，面白かったか，というのは，人によって個人差が大きい場合があり，研究の評価も難しいことがある。

　さて，心理学は，上記の実用的価値を目指す方向と，知的好奇心を満足させる方向との間でせめぎあっており，旗色がはっきりしないように見える。おそらく学生たちは，他人や自分の心理について知りたいとか，興味深いとか思って心理学科に入学してくるのだろう。しかし，卒業論文や修士論文では，限られた研究期間と研究費のために，すぐに生活に役立ったり，誰かを救えたりするような研究は，そう簡単にはできない。一方で，大学教育の中では，そのような実用的価値よりも，情報的価値，なかでも情報の確実性が重要視されており，研究テーマよりも，研究デザインや統計的方法の勉強が多くなって違和感を覚える学生もいるだろう。また，臨床心理学が扱う事象は，測定が難しいものが多く，科学的に確実な方法を使うことが主流になってこなかったため，心理学全体の中でも，情報の確実性という意味では軽んじられてきた歴史もあった。しかし，実用的価値と情報的価値との両立は不可能なことではないし，近年，臨床心理学分野での確実な実証研究は増えつつある。

2　良い研究をおこなうための FINER 基準

前節では，研究には情報的価値と実用的価値との両方が必要であることを解説した。この情報的価値と実用的価値は，実は，お金と時間とマンパワーを投入すればするほど，上げることが可能である。したがって，研究費をたくさん持っている研究者だけが，良い研究ができるということになってしまう（実際，それは一部では現実のものになっている）。（時間はあるかもしれないが）お金もなく手伝ってくれる部下もいない卒論生・修論生には良い研究ができないのだろうか。

すでに実施された研究を客観的に評価するという意味では，情報的価値と実用的価値を見ればよい。しかし，おそらく本書の読者もそうであろうが，これから自分で研究をおこなうという視点から見て，どのような研究をすれば良い研究になるのか。そのように考えると，自分にできる範囲でどのように工夫するかといった，情報的価値・実用的価値以外に考慮すべき点が出てくる。

ハリーら（Hulley et al., 2007）は，医学分野での臨床疫学的研究において，良い研究テーマが備えるべき条件を **FINER**（より良い）という語呂合わせを使って5つにまとめている。この FINER 基準には，他人が研究を評価するためではなく，自分が研究をおこなう立場だとして，どんな研究をすべきかという観点に加えて，倫理的観点も強調されており，同じく人間を対象とする臨床心理学においても重要性があると考えられるので，ここに紹介し，解説を加える。

表1-1　良い研究をおこなうための FINER 基準

Feasible	実行可能であること
Interesting	興味深いテーマあること
Novel	新規性があること
Ethical	倫理的であること
Relevant	重要性・必要性が高いこと

F：Feasible　実行可能であること

実行可能性が，まず第1の条件とされている。このことは非常に重要である。研究の情報的価値と実用的価値を追い求めていけば，もっと多くの研究費が必

要，もっと多くのスタッフが必要，もっと多くの研究参加者（調査対象者）が必要ということになる。認知療法の知見としてすでに知られているように，完全主義は，自らに高すぎる理想を課すことで本人を苦しめ，ネガティブな感情を生じさせる。どんなに多くの研究費とスタッフを持っている研究者であっても，現実的にできないことはたくさんある。どんな研究者も，自分に実行可能な範囲の中で，良い研究を目指していかなければならない。卒業論文や修士論文にチャレンジしようとしている学生たちが，あれもできない，これもできないと意欲をそがれていくのはもったいないことである。一方で，現実的にどんなことが可能であるかについての事前検討が甘く，大風呂敷を広げてしまうと，研究途上で困難に遭遇して，研究が進まなくなってしまうこともある。そのために，自分には何が実行可能なのかということを，過不足なく把握しておくことが大切である。以下に，実行可能性についての具体的な検討ポイントを挙げ，解説する。

（1）研究参加者のリクルート

まず，どんな人たちに研究への参加を依頼するか（調査の対象とするか），そしてどの程度の人数に依頼するかということを考える必要がある。研究結果を一般化したい人たちのことを母集団と呼ぶ。日本における性同一性障害当事者についての特徴を知りたいということであれば，母集団は日本に住んでいる性同一性障害当事者となる。うつ病であるかどうかにかかわらず，抑うつ症状とネガティブな認知との関係を知りたいということであれば，日本で研究をするならば，日本人一般が母集団となる。生物学的な研究であれば，人種の違いも考慮する必要はあるが，世界中の人間一般を母集団とする研究もありうる。ただ，人の心は，育ってきたり，現在住んでいたりする環境や文化と切り離すことができないため，臨床心理学で扱うようなテーマの多くは，大きくてもまずは日本人一般程度が母集団になるだろう。

たとえば，日本人一般を母集団とするなら，研究参加者として，日本人全体から**ランダム・サンプリング（無作為抽出）**をしなければならない。しかし，日本人全体からのランダム・サンプリングは，どんなに潤沢な研究費があったとしても，ほぼ不可能と言ってよい。たとえばある疾患が，日本人の何％くらいに存在するかということは重要な情報なので，このような研究がおこなわれることがある。もちろん，医療機関を受診する者は，その疾患を持っている人の一部でしかないから，住民基本台帳を参照して調査をおこなうこともある。しかし，たいていは費用の都合上，いくつかの代表的な市町村を選択して調査

をおこなうという妥協がなされている。

いわゆる臨床群に関する研究，たとえば，日本における性同一性障害当事者の特徴について調査したい場合は，やはり，医療機関に来ない当事者がいることを考えると，住民基本台帳などによる研究参加者へのアクセスが望ましい。しかし，通常は，実行可能性の観点から，ある医療機関（または複数の医療機関）を受診した患者に研究への協力を依頼することが多い。また，日本の医療機関であっても，受診する患者は日本人とは限らないため，このような調査における母集団は，日本人の患者ではなく，日本における患者，日本に住んでいる患者というようなものになる。

卒業論文や修士論文で取り組む研究を考えると，研究費はほとんどゼロに近く，使えるマンパワーは基本的に自分1人であり，取り組める期間も1年間程度ということがほとんどである。このような条件の下で，日本人全体を母集団とする研究をおこなうのは，不可能と言ってよい。卒業論文や修士論文でのサンプリングで，もっとも多いものは，大学生を対象としたものである。大学の授業中に，時間をとってもらって，質問紙調査をおこなう場合が多い。また，知り合いなどに調査協力を依頼する場合も，研究者が学生であるため，研究協力者も大学生であることが多くなる。〇〇大学を母集団として，〇〇大学の学生に，どんな特徴があるか，ということは，臨床心理学の研究のテーマとしては，それほどふさわしくないだろう。おそらく，その大学の学生サポートの担当部門には，興味深い研究となるかもしれないが，一般的な学術雑誌や書籍として公刊する意味はそれほどないだろう。また，大学全体からのランダム・サンプリングではなく，恣意的に集めた集団なので，結果の一般化にも限界があることは注意が必要である。このように，研究の実行可能性を考えると，手近な大学生のサンプルにしかアクセスできない場合もある。その場合は，介入を加えたり，時間を置いたりして，複数回の測定をするとか，または非常に萌芽的な研究テーマで，いきなりコストをかけて大規模な調査をする前に，まずは探索的に大学生でとりあえず結果を見るといった，別の点での価値を見出す必要があるだろう。

日本人全体といった非常に大きな母集団に対するサンプルを得るのが難しい場合には，逆に母集団を絞っていく方向性も有効である。医療機関を受診したある疾患の患者であるとか，3歳児検診を受けた母子であるとか，ある特定の信仰を持っている人たちであるとか，ある特定の職業・職種に就いている人たちであるとか，何かの特別な出来事を経験したことがある人たち等である。このような人たちが集まる機関や場所に協力を依頼して，サンプルを得ることも

できるだろう。この場合も，やはり厳密にランダム・サンプリングをおこなうのは非常に難しい。しかし恣意的なサンプリングであったとしても，ある大学のある授業に参加した学生というサンプリングよりは条件が絞られており，意味があると考えられる。さらに，このような特殊な状況にある人々と，**コントロール群（対照群）**と呼ばれるそうでないその他多数の人々（たとえば**臨床群**に対して**健常群**など）とを比較できると興味深い。そのために，たとえば年齢や性別をマッチさせたコントロール群を得ることも良いだろう。新聞広告などで募る場合も多いが，研究費がない場合は，身近な人づてに協力を依頼することが現実的だろう。

（2）研究参加者の数（サンプルサイズ）

どのくらいの人数に研究参加を依頼するかということも，研究を遂行する上では重要な問題である。ある母集団から取ってくるサンプルに含まれる人数のことを**サンプルサイズ**とか **N**（Number の頭文字）と呼ぶ。研究結果を確かなものにするには，サンプルの人数は多ければ多いほど良い。究極的には，全数調査をおこなえれば，推測に頼らない真実がわかる。ただ，大きなサンプルサイズを得るには，やはり多額の研究費やマンパワーを必要とするので，現実的ではない。また，必要以上の数の人々に，研究のために時間やエネルギーを割いてもらうことは，倫理的にも問題だと考えられている。したがって，必要最低限のサンプルサイズを得ることが望ましい。

一方，実際に調査に協力してくれそうな人数も予想してみる。調査への協力は強制することができないので，協力してくれない人もいるだろう。忙しかったり，体調が良くなかったりで，協力してくれない人もいるかもしれない。また，介入をおこなったり，時間を置いたりして複数回の調査をおこなう場合には，初回の調査に参加したにもかかわらず，2 回目以降の調査からは**脱落（ドロップアウト）**してしまうということも必ず起こるので，前もって考慮に入れておかねばならない。

ドロップアウトが起こることは，研究がうまくいかなかった，研究者のマネジメントが下手だったということを意味すると思う人もいるかもしれない。しかし，実際の臨床心理実践でも，ドロップアウトは必ず発生する。研究においてドロップアウトが起きるということは，実際の現実場面に近い状況になっているということであり，**生態学的妥当性**（研究結果を実際の生活場面などに適用できる程度）が高いとも言える。逆に，1 人のドロップアウトも出ない研究は，現実からかけ離れていると同時に，データの捏造を疑われかねない。薬や心理

療法の治療効果研究においては，なるべく実際の治療場面に近い結果を得るために，**ITT 分析**（Intention-To-Treat 分析：治療途中でドロップアウトした者も含めて，最初に研究にエントリーした者全員のデータを使って結果を分析すること）がおこなわれている。

(3) 必要なスキル，専門性，設備

研究者は，1人ですべてのことができるわけではない。本格的な研究をおこなう場合は，それぞれの苦手分野を補い合うように，研究チームを組むことが普通である。特に統計分析を専門とする人をチームに入れて，分析に責任を持ってもらうことは有効である。卒業論文や修士論文の場合は，研究チームを組むことは少ないかもしれない。指導教員や先輩，その他の人々の助言を得ながら進めることは必須である。

まず，何のコネクションもなければ，研究参加者のリクルートすら困難である。授業中に質問紙調査への回答を依頼したいなら，授業を持っている先生や先輩に依頼することになる。また，患者や児童・生徒など特殊な集団に調査を依頼したいなら，医療機関やその他の組織などとの信頼関係を作り，調査に協力してもらうことが必要になる。

次に，調査内容の測定にもスキルが必要な場合がある。自記式質問紙尺度に回答してもらう形式であれば，質問票さえ作成できればなんとかなるが，より厳密に**構造化面接尺度**を用いる場合は，その面接に習熟しておく必要がある。そのためには誰かに指導を受けなければならない場合もある。

苦労する人が多い領域であるが，統計分析のスキルも必要になる。基本的な分析手法は十分理解しておくことが望ましい。ただ，研究を進めていくと，若干応用的な分析が必要になる場合もある。統計に関する相談ができる先輩や先生などを持っておくことが望ましい。

研究をおこなうためには，設備も必要である。まず，豊富な文献を所蔵している図書館，文献検索のためのデータベースが必要である。自分の所属先の図書館に，読みたい文献がない場合には，どのようにして他の大学等の図書館を使用できるか知っていなければならない。文献検索の方法は，どのようなデータベースを契約しているかによって違っており，また年々状況が変化していくので，最新の情報を知っておくことが重要である。生物学的な測定もおこなう場合には，そのための検査器具が必要になる。長さや重さを測るためにはノギス（長さを精密に測定する道具）や体重計などが必要である。また，データを入力・管理・分析し，論文やレポートを作成するためには，パソコンやワープロ

ソフトが不可欠である。エクセルなどの通常多くインストールされている表計算ソフトだけでは計算できない分析をおこなうことも多いので，SPSS，SASなどの統計ソフトが使用できる環境が必要となる。質問票を作成するためには，プリンタやコピー機を使用し，また印刷会社に印刷に出すこともある。得られたデータを厳重に保管するために，鍵のかかるロッカー・キャビネットなども必須である。郵送で調査を回収する場合には，送り先として，大学の研究室の住所を使用させてもらう許可も必要だろう。また，研究参加者からの問い合わせ先として，メールアドレスを用意したり，研究専用の携帯電話を契約したりすることもある。

(4) 必要なコスト（時間と経費）

　研究には時間とお金がかかる。時間については，卒業論文や修士論文の場合には，1年間程度しかかけられない場合が大多数である。また，研究の経験がこれまでほとんどない初心者であれば，予期せぬトラブルに備えて，できるだけ余裕を持った研究スケジュールを立てることが望ましい。調査への協力を，どこかの機関や組織に依頼する場合は，信頼関係を作るための時間や，調査の可否を先方が判断する時間が必要になる。また，介入をしたり時間を置いたりして複数回の調査をおこなう場合には，その分の時間を考慮しておかねばならない。

　経費については，大規模な研究チームを組む場合には，事務作業を担当するスタッフを雇用する場合もあるが，卒業論文・修士論文の場合には，ほとんどお金をかけられないことが普通である。パソコン，統計ソフト，ワープロソフトなどは，すでに持っているものか，大学に備え付けのものを使用するなど，費用がかからないように工夫をしなければならない。お金をかけないようにしても，最低限，質問票などの用紙代，印刷費は必要である。生物学的なデータを使用するならば，計測器具が必要になることも多いので，測定にはある程度の費用がかかる。また調査に郵送を使うのであれば，送料が必要になる。倫理的には，研究参加者が調査への協力に要した時間分程度の謝金を払うことが望ましいとされる。

I : Interesting　興味深いテーマであること

　研究をおこなっていく上では，大小さまざまな困難や問題がふりかかってくることが普通である。研究者は，そのような試練を1つ1つ着実に乗り越え，

研究を遂行していかなければならない。その時に、研究を続けていきたいという意欲が薄ければ、ちょっとした困難に出会っただけで、研究を投げ出してしまうことになるだろう。そのような意味で、研究者にとって、その研究テーマが本当に面白い、興味深いと思えることが大切である。研究者がそのテーマを興味深いと思っていれば、多少の困難は乗り越えていけるだけのやる気が持続できるからである。

(1) 当事者性

　研究者が、研究を面白いと思うための要素にはどのようなものがあるだろうか。一番よくあるように感じられるのは、何らかの意味での**当事者性**ではないかと思う。記憶実験においては、自分に関連のある事柄は、他の事柄に比べてずっとよく憶えられることがわかっている。また、カクテルパーティー効果と呼ばれるが、たくさんの人がさまざまなことを話していて、誰が何を言っているのかまではよく聞き取れないパーティー会場のような場所であっても、自分の名前が呼ばれた時には、すぐに気づくことができる。人間は、自分に関連してくる事柄には、強い関心を抱くだろう。たとえば、自分が落ち込みやすい性格なので、抑うつ傾向に関する研究をするとか、自分の子どもが障害児なので障害児に関する研究をするとか、自分自身が双子なので双生児研究をするなどの場合である。まったくの当事者でなくても、少しだけ自分に関係があるという場合もあるだろう。親戚に国際結婚をした人がいるので異文化に関する研究をするとか、中学生の時に同じクラスに自殺をした人がいたので自殺予防に関する研究をするなどの場合である。心理学の研究は、人間についての研究なので、当事者としての研究テーマを選ぶことが容易であり、また当事者性は、研究持続のための強力な意欲・モチベーションを生む。

　自らが当事者となるような研究テーマを選ぶことには、強力に意欲を維持し続けることだけでなく、その領域に関してすでにある程度の知識を持っているというメリットもある。まったく知識のない領域で研究をおこなうことにすると、実際にはありえないようなピントの外れた仮説を立ててしまったりすることもあるだろう。自らが当事者であれば、すでにどんな生活をしていて、どんなことが問題となりがちか、というようなことについてはイメージを持っている。そのため、的外れな研究デザインにしてしまう失敗は少ないだろう。

　一方、自らが当事者となる研究テーマを選ぶデメリットも存在する。人間は、自分のアイデンティティを何としても守ろうとする存在である。自分の研究を批判されることが、そのまま自分自身を否定されたと捉えることにつながりや

すい。自分だけの特殊な事情があたかも一般的であるかのように誤認してしまったり，研究テーマを客観的に見ることができなかったり，他からの批判を受け入れずに自分の立場を正当化することだけに終始してしまったりすることもある。まったく自分の立場そのものについての研究をおこなう際には，このように研究テーマから距離を取れなくなってしまう危険性があることも忘れてはならない。

(2) 真理の探求

　さて，当事者性の他に，研究遂行への興味と意欲を維持させる要素には何があるだろうか。当事者性というのは人間の生活を扱う臨床心理学に特に関連のあるものだが，学問一般を考えた場合には，真理や真実を知りたい，本当のことを知りたいという欲求が，もっとも崇高なものであろう。真理を探究したいという気持ちをどのくらい持つかは，その人の性格によってかなり違うと考えられるが，このような気持ちが強い人は，周囲の状況に左右されず，安定した意欲をキープして，地道に研究を続けていけるだろう。しかし，臨床心理学は純粋な自然科学とは異なり，人間関係や社会の影響をも扱う学問である。人間関係や社会が関わる分野では，真理というものが非常に相対的になってきて，わかりにくい場合もある。AとBとどちらが正しいのかという問題は，問題の細かい定義の仕方や，時代・文化によって異なってくる倫理的判断もからみ，論争となっている場合もある。心理学などの社会科学における真理の探究の動機とは，このような人間社会的な複雑な論争にデータに基づいた知見という一石を投じることも含むかもしれない。

(3) 就職，研究費，名誉

　卒業論文や修士論文を書いたらその後は研究者以外の道を進むつもりの人にはあまり関係のないことであるが，研究者というのは言うまでもなく，職業のひとつである。他の職業同様に，生活のための収入を得なければならない。また，名誉欲の強い性格の人であれば，多くの競争的研究費を取得し，大規模な研究をおこない，社会的に評価されて名誉ある地位につきたいと思うこともよくあるだろう。少なくとも，自分の生活を支えられる程度の収入のある職に就けるような業績を上げられるテーマで研究をしたい。社会的にニーズが高く，世界的にも注目されているようなテーマであれば，より研究費が取りやすくなるし，人々が興味を持ちやすいようなテーマを選んで，マスコミに売り込んでいけば，本を書いたりテレビに出演したりして多額の収入を得ることも可能か

もしれない。就職のしやすさ，研究費の取りやすさなどを基準にして研究をおこなうと，社会情勢の変化などによって研究テーマを変えていかなければいけないこともあるだろう。しかし，このような目的が一番，意欲やモチベーションを維持する強力な原動力になるタイプの人もいる。

（4）人間同士の関係性

また，研究そのものというよりも，人間同士の関係性によって動機づけられる場合もあるだろう。たとえば，たまたま入った研究室であったが，教授の人柄に魅せられて一緒にその教授が研究しているテーマを手伝うとか，親やパートナーや家族が研究しているテーマを自分も研究するというような場合である。研究テーマそのものよりも，人間同士の関係性を動機とする方が努力ができるというタイプの人もいるだろう。ただ，死亡や離別などによって，それまでの人間関係が変わっていけば，意欲を失ってしまうリスクもあることには注意が必要である。

研究する人が，さまざまな困難に出会っても，意欲・モチベーションを維持し続けられるような要素（興味深さ）として考えられるものを挙げた。崇高に感じられるもの，世俗的に感じられるものもあるが，どのような興味深さにも，意欲を高めて持続するという意味では長所と短所がある。研究を続けるには，ある程度の知性も必要だが，それよりもベースとなる原動力をしっかり固めておくのが，結局は早道である。自分のタイプや性格に合った興味深さを十分に自覚しておくことが重要である。

N : Novel　新規性があること

これは，先述した情報の意外性に重なるものである。良い研究であるためには，これまでわかっていたことに，新たな知見をプラスする必要がある。たとえば，これまで説明の難しかった現象に対して，新たな概念を導入することでうまく説明がつくようになったり，ある心理療法が効果を生みやすいのはどのような条件かを明らかにしたり，これまでうまく測ることができなかったものを正確に測定する方法を開発したりといったことである。

一方で，すでにある研究に対して，そっくり同じことをおこなうということもないわけではない。特に，まだ研究をおこなったことがない人の教育・トレーニングの目的で，すでにある研究の追試をしてみるというのは，よくあるこ

とである。また，追試といっても，現実的には，先行研究とまったく同じ研究はできないとも言える。誤差の少ない生物学的なデータのみを扱うのであれば，ほぼ同様の研究ができるかもしれないが，臨床心理学では，文化的・社会的にさまざまな環境の中で生きる人間の諸側面を扱うことになる。研究参加者の居住地や，通っている医療機関や，職場・学校なども違っている。また，実施した研究者も違い，データを取った場所も異なることになる。まったく同じようなデザインで研究を実施しても，研究参加者が違うだけで，結果の一般化可能性が広げられたとも言える。欧米で一般的となっている知見が，人種や文化の違う日本で通用するかどうかを見るために，同じデザインの調査をおこなうことは珍しくない。しかし，一般化可能性を広げるだけでは面白みにかけるので，別の仮説をプラスしたり，新たな変数との関連を見たりなど，何らかのオリジナリティがあった方が望ましい。これまでの研究の蓄積にしっかり根ざしつつも，研究者のオリジナルの視点も入ってくる研究が，良い研究と言えるだろう。

E：Ethical　倫理的であること

　倫理的であることが，良い研究の要素として入っていることは，非常に重要である。研究の倫理性は，従来はそれほど重視されていなかったが，1964年に初めて採択され，その後改定が重ねられている世界医師会の**ヘルシンキ宣言**を受け，まず医学の領域で重視され始めた。現在では，人を対象とする医学研究は，必ず実施機関の**倫理審査委員会**（IRB：Institutional Review Board）の審査を受けなければ実施できないことになっている。心理学の研究は，医学研究よりも身体的な危害をこうむる恐れは少ないものの，同じく人を研究対象とするので，やはり倫理審査委員会の審査を必要とする流れになってきている。

　どんなにこれまで知られていなかった面白いことを発見したとしても，倫理的に問題のある研究デザインであれば，良い研究ではない。良い研究ではないというのは具体的にどういうことかと言えば，一流の学術雑誌には載せてもらえないということである。海外の一流の学術雑誌では，研究計画が倫理審査委員会の承認を通っていることはもちろん，実際にどのように研究を参加者に説明し，どのように参加同意を取ったかを確認するために，実際の説明書・同意書の提出を求められることも珍しくはない。

　日本では，適正な医学研究の実施のために，現在のところ厚生労働省が8つの指針を提供している。このうち「疫学研究に関する倫理指針」（文部科学省と共同策定，2002年策定，2004年，2007年改正）と「臨床研究に関する倫理指針」

(2003年策定，2008年改正)の2つは，臨床心理学の調査研究においても参考になる。特に臨床心理学の調査研究に関わりが深いと考えられる「疫学研究に関する倫理指針」には，研究者が遵守すべき基本原則，倫理審査委員会の条件，**インフォームド・コンセント**の実施の仕方，**個人情報の保護**の方法などについて明示されている。また，その他の指針には「ヒトゲノム・遺伝子解析研究に関する倫理指針」「遺伝子治療臨床研究に関する指針」「手術等で摘出されたヒト組織を用いた研究開発の在り方」「ヒト幹細胞を用いる臨床研究に関する指針」「厚生労働省の所管する実施機関における動物実験等の実施に関する基本指針」「異種移植の実施に伴う公衆衛生上の感染症問題に関する指針」が存在し，すべて厚生労働省のウェブサイトにて見ることができる。

　卒業論文・修士論文では，個々の研究を倫理審査委員会にかけるということは，おそらく珍しいと考えられる。この場合は，研究者本人と指導教員との責任の下で研究を実施することになる。倫理的な判断は，研究者1人だけでできるものではない。1人の判断は，どうしても偏りが出てくるし，研究がうまくいってほしいという思いが判断を歪める可能性もある。研究計画は，頻繁に他者の目に触れることが重要である。その意味で，最低限指導教員に，また同級生，先輩たちに，折に触れて相談することが望ましい。

R：Relevant　重要性・必要性が高いこと

　この「重要性・必要性が高いこと」は，先述した「実用的価値」に近い。もともと，臨床心理学は，人の生活に対して何らかの役に立つことを目指す学問である。そのような意味でも，社会的・今日的な問題の解決，悩み苦しんでいる人への助けとなる，といった実際的な重要性の高さが良い研究の要素となることには，議論の余地がない。たとえば日常生活のささいなことに関する研究よりは，自殺を防ぐためにはどのようなことが効果的かという研究の方が，人の命を救うことができるかもしれないという点では，重要性が高い。その意味では，研究トピックの重大性（たとえば命に関わるとか，失うものが大きいとか）と，得られた結果の影響範囲（関係する人々の人数など）はひとつの目安となる。そのような重要性の高いトピックは，国にとっても政策課題となり，それだけの研究費や資源が振り向けられることになる。

　しかし一方で，重要性の高さばかりを強調すれば，人数の少ない難病や，数の上でのマイノリティの人々への対応がおろそかになってしまう。また，学問にとって，真理の探究や知的好奇心というものは，それが役に立つかどうかを

別として，尊いものである。この「重要性・必要性が高いこと」は，人々や社会にとって重要性が高いだけでなく，今後の研究や科学のための重要性としても捉えるべきであろう。

せっかく多くの時間とエネルギーを費やして研究をおこなうので，また，多くの人の協力や指導を得て研究をおこなうので，どのようなテーマを選んで，研究計画を立てるかというところには，十分に力を注ぐことが大切である。もちろんすべての面で完璧な研究は存在しないが，データを取り始める前には，5つの評価ポイントをすべてある程度クリアしていることを確認し，FINERな（より良い）研究を目指したい。

学習を深めるための参考文献

『**心理学研究法入門 ── 調査・実験から実践まで**』
南風原朝和・下山晴彦・市川伸一（2001）．東京大学出版会
　心理学の研究とは何かということから始まり，実際の研究の具体的な手法まで，程よい分量にまとまった本である。量的な調査研究だけでなく，実験的研究，質的研究についても論じられている。

『**リサーチ・クエスチョンの作り方 ── 診療上の疑問を研究可能な形に**』（第2版）
福原俊一（2010）．（シリーズ・臨床家のための臨床研究デザイン塾テキスト1）健康医療評価研究機構
　医学研究者向けに書かれたコンパクトな本である。臨床上の疑問から，どのように具体的なリサーチ・クエスチョンや研究テーマに洗練していくかというプロセスがわかりやすく書かれている。

第2章 先行研究を読む

1 なぜ先行研究を読むのか

　良い研究，特に具体的な重要性のある研究に関しては，他にも同じようなアイデアを思いついている人がいる場合がある。まったく同じということはなくても，部分的には似ている研究がすでにおこなわれていることもある。そのようにすでにおこなわれている研究を**先行研究**と呼ぶが，先行研究を読むことによって，もう十分に明らかになったので研究しなくて良い部分がわかったり，逆に明らかにすべき不明点やまったく新たなアイデアが明確になったりして，自分の研究の方向性が変更されることもある。また，研究の価値や重要性は，他の多くの研究の中での位置づけによって決まるところもある。まったく単独で存在する研究というのはありえない。新しく研究をおこなう者は，これまでの先行研究を引用しながら，なぜこの自分の研究に意義があるのかを論理だてて説明できなければならない。このように，先行研究を読み込むことは，研究をおこなう上で非常に重要である。

　日本で研究をおこなう場合，読む可能性のある先行研究としては，日本語文献と英語文献がほとんどである。特殊な目的や語学力があれば，他の言語の文献を読むこともあるかもしれないが，稀なケースであろう。日本語文献を読む場合と，英語文献を読む場合では，探し方，読み方，読む意味などいろいろなことがかなり違っており，それぞれにメリットとデメリットがある。臨床心理学は，人を援助することを主な目的とする実学であり，役に立つことであれば，日本発の知見でも海外の知見であっても，出所など重要ではない。役立つことであれば積極的に海外の知見を取り入れるべきであるし，逆に日本で非常に重要な知見が得られたら海外に知らせるべきである。個別の文化の問題も重要であるが，それもまずは普遍性を踏まえた上での話である。そして，インターネットが使える現在においては，海外の研究者に質問したり意見を求めたりなど

学問的なやり取りをすることにも，研究の醍醐味や楽しさが存在する。心理学領域の国際共通語は実質的には英語なので，ごく特殊な文化や地域に固有の研究テーマでもない限り，研究の引用文献は，英語文献を基本とし，補助的に日本語文献を入れる程度が理想的である。とはいえ，英語文献をある程度のスピードで読むためには，かなりの慣れが必要であり，卒業論文や修士論文の段階で数多くの英語論文を1人で読みこなすのは現実的には難しいかもしれない。その場合でも，自身の研究テーマに非常に近い英語論文があれば，ぜひ確認しておくことが望ましい。

2 文献の探し方・読み方

　先行研究を読む順番としては，初期には幅広く読み，それから徐々に分野やテーマを絞っていくのが一般的である。最初は，日常生活や自分の生育史・人間関係，新聞，ニュース記事やコラム，一般書などから，テーマや素朴な疑問を着想することもある。自分の興味とは別に，現在どのようなトピックが特に話題になっているかということを知りたければ，専門家が書いた新書などが参考になるだろう。ある程度，分野が絞れてきてキーワードがいくつか定まってきたら，次の段階としては，教科書やハンドブックと呼ばれる書籍などを使って，その分野の大まかな知識を得ておく。その分野に興味のある人なら誰でも知っているような知識は，やはり十分に踏まえた上で研究計画を立てなければならない。このあたりの段階までは日本語の文献のみを読んでもそれほど差し支えないだろう。その次には，もし存在すれば，その分野の研究者が書いた最近の専門書を読むと，さらにその分野の知識が充実する。最後に，自分の特に興味があるテーマに関連する論文を読むと良い。一般的に，知見というのは，まず論文として発表して，ある程度まとまったり評価が定まったりしてから書籍になる。論文の方が新鮮な情報が手に入るのである。

2-1 英語論文の読み方

　英語論文にはいろいろな種類があるが，もっとも標準的なものは original article（原著論文）と，それよりもやや短い short report（短報，資料）である。このような英語論文は通常，Introduction, Method, Result, Discussion の4

パートからなる。最後に Conclusion が付くこともある。イギリス系の英語論文では，Introduction が極めて短い場合がある。また，*Nature*, *Science*, *PNAS* などの極めてレベルの高い雑誌では，Method が後回しになるなど違った構成になっている。論文には，Method 部分に具体的な研究手順が詳細に記述してあるので，自分でデータを取る際に非常に参考になる。Introduction や discussion には，そのテーマに関連する必要十分な文献が引用されているはずなので，注意して読むと良い。short report よりも短いもので letter という形式もある。また，あるテーマの先行研究を概観して紹介した論文を review（レビュー，総説）と呼ぶ。

論文雑誌（ジャーナル）には，ある論文を特定する方法として巻号というものがある。通常の雑誌論文では，1年に4回，6回，12回など毎年決まった回数，冊子を発行している。この1つ1つを号（No.）と呼び，年に12回発行の雑誌であれば，No.1, No.2, … , No.12 までが1年間に発行されることになる。そして，1年間に出た冊子をまとめて巻（Vol.）と呼ぶ。したがって，Vol.の1つは1年間に対応するので，今年の Vol.の数が多ければ，それだけ歴史の古いジャーナルであることがわかる。ページ数は，1つの Vol.を通して付けられているので，No.2 以降の号は，続き番号となる。このように雑誌名と Vol., No., page の情報があれば，ある特定の論文を見つけ出すことができるのである。稀に，Vol.と No.について，このやり方とは異なっている場合（No.がなく，Vol.が通番になっている等）が見られる。

臨床心理学の分野で，英語論文を検索するのであれば，現在のところは **Pubmed**（パブメド）がお勧めである。Pubmed はアメリカの国立生物工学情報センターが運営する医学・生物学分野の論文検索システムであり，インターネットを通じて無料で使用できる。ある1つの論文を検索すると，それと関わりの深い，近いテーマの論文を Related citations としてまとめて表示してくれるのも便利である。大学や所属機関で契約している場合には，検索したページからすぐに pdf 形式の論文本体にアクセスできる。このような pdf 形式のものを「電子ジャーナル」と呼んでいる。マイナーな雑誌の場合は，そもそも契約しておらず，本文を手に入れることすらできない場合が多い。自分のテーマに非常に近く，どうしても読む必要がある場合には，所属機関の図書館から有料にてコピーの取り寄せを，国内の所蔵している図書館に依頼することができるはずである。Pubmed 以外に心理学系のデータベースなども存在するが，有料のものが多く，所属大学や図書館によって使用できるかどうかが異なってくる。

さて，興味のあるキーワードで検索をかけると，おそらく数百という論文が

出てくるだろう。さらにキーワードで絞ると，検索結果がなくなってしまうこともあり，読むべき数本の論文に絞ることは難しい。数十，数百という論文が出てきた時に，どのように読むべき論文を選べば良いだろうか。英語論文には，幸いインパクトファクターと呼ばれる指標がある。この指標は，ある論文雑誌（ジャーナル）に載った論文が，その後どの程度引用されたかということを数値化したものである。そのジャーナルに載った論文が数多く引用されれば，インパクトファクターの数字は高くなる。また，レビュー論文専門の雑誌は値が高くなる傾向がある。ただし，定期的に刊行されているなどの基準を満たした主に英文の雑誌にしか付与されていない。検索結果が多すぎて，どの論文から読むか迷った場合には，まずはインパクトファクターの高い雑誌の論文から読むと良い。インパクトファクターが低い雑誌にも，もちろん良い論文が載っている場合があるが，インパクトファクターの高い雑誌は，掲載への競争率が高い

表 2 - 1　臨床心理学関連分野でインパクトファクターの高い雑誌

臨床心理学関係
　Annual Review of Clinical Psychology
　Journal of Abnormal Psychology
　Journal of Consulting and Clinical Psychology
　Psychotherapy and Psychosomatics

その他の心理学関係
　Advances in Experimental Social Psychology
　Annual Review of Psychology
　American Psychologist
　Journal of Personality and Social Psychology
　Psychological Bulletin
　Psychological Review

精神医学関係
　Archives of General Psychiatry
　American Journal of Psychiatry
　British Journal of Psychiatry

幅広い分野を扱う雑誌で極めて高いインパクトファクターを持つもの
　JAMA（The Journal of the American Medical Association）
　NEJM（The New England Journal of Medicine）
　PNAS（Proceedings of the National Academy of Sciences of the United
　　States of America）
　The Lancet

ため，方法論的にも質が高く，トピックも重要性の高いものが載っている。そのような先行研究を無視して研究をおこなうわけにはいかないのである。インパクトファクターは，トムソン・ロイター社が発表しているもので，リストは有料での公開であるので，簡単に調べられない場合もあるが，各雑誌のウェブサイトには，その雑誌のインパクトファクターが掲載されていることが多い。一般的には，雑誌名が短く，一般的で代表的な名称の雑誌はインパクトファクターが高いことが多い。一方で，非常に細分化された領域の名前を付けた長い名前の雑誌は，読者が比較的少ないということもあり，インパクトファクターが低い傾向がある。現在のところ，高いインパクトファクターを誇っている注目すべき雑誌を表2-1に挙げる。

2-2　日本語論文の読み方

　日本語論文は，英語論文と同じように「問題と目的」「方法」「結果」「考察」の4パートからなる。「問題と目的」と「考察」の部分に，そのテーマにおける重要論文が引用されることは同様である。日本語論文の場合，書き手が少ないこともあってか，かなりメジャーなテーマでないと，その分野での研究や議論が十分におこなわれているとは言いがたい。また，重要な知見であればあるほど，日本人研究者であっても英語で論文を書く場合も多い。ただ，質問紙や構造化面接などの測定法については，日本語の論文を読まねばならない。また，レビュー論文や解説論文（特に査読を経ていない場合も多い）を読むと，その分野の動向の理解が深まり，役に立つことが多い。

　日本語論文の検索をするためには，国立情報学研究所が運営している **CiNii**（サイニィ）が便利である。インターネットから誰でも無料で使用することができる。検索画面から直接pdf形式の論文本体にアクセスできる場合もあるが，日本語論文については，まだ電子ジャーナル化が本格的に進んでいるとは言いがたい。CiNiiはすべての分野の文献を収録しているが，ある程度研究テーマが定まった段階になれば，他分野の論文を読む必要はなくなる。その場合は，有料なので契約が必要なデータベースであるが，医学関係の論文を集めた医中誌（医学中央雑誌）を使うのが便利である。検索結果が多すぎる場合には，取捨選択をしながら論文を読む必要があるが，日本語論文にはインパクトファクターのような便利な指標がないので，読むべき論文の見当をつけるのが難しい。ひとつの目安であるが，競争率が高く質の高い論文が多く載っている雑誌は，英語ジャーナルと同じように，雑誌名が短く，細分化していない一般的な名前

であることが多い。また，巻の数を見ればわかるが，歴史が長いこともひとつの目安である。また，査読付きの論文から読むべきである。

各大学，学部，研究機関が出している「紀要」と呼ばれる雑誌は，心理学の分野では査読がないことが多く，論文の質が高いとは言えないので，自分のテーマに極めて近い場合を除けば，後回しにするのが良い。特に初学者には，論文の質の善し悪しが見てわからないことが多いので，質の悪い論文を読んで大きく惑わされたり，遠回りをしてしまったりすることがある。質の高い一流の論文雑誌は多くの図書館に収蔵されているので，入手も容易である。逆に言えば，マイナーな雑誌の論文は，手間とお金をかけて図書館に依頼してコピーを取り寄せることもできるが，取り寄せた結果がっかりしたり，惑わされたりする可能性もあるので考慮が必要である。

できるだけ多くの文献を読むべきだという意見もあるが，時間とエネルギーの使い方も大切である。特に初学者は，論文の重要な部分とそうでない部分の区別がつかず，かなりのエネルギーを使う。数は読んだけれどそれだけで時間が過ぎてしまったり，頭の中が整理できない，モチベーションが枯渇してしまったというようなことになれば元も子もない。質の高い論文は重点的に熟読するが，そうでない論文は一応チェックするだけでとばし読みするか，まったく読まないというようなメリハリをつけることが，初学者には特に重要だと私は考えている。また，文献検索の方法は日々改善されており，新しいやり方がどんどん出てきている。所属機関で特に契約している便利なデータベースがあるかもしれない。常に図書館のウェブサイトなどをチェックして，最新情報を仕入れておくようにすると良い。

3 文献の整理の仕方

まだ研究テーマが漠然としている段階では，論文を熟読する必要はない。何をしてどんな結果になったかだけがわかれば良いので，Abstract（要約）を読み，よくわからなかったところについては，本文を探す程度でも良い。しかし，研究テーマがかなり定まってからは，関連する論文は注意深く読む必要がある。論文を読む時には，この論文を自分の研究で引用するかどうかを頭に置きながら読むと良い。「結果」部分で引用することはほとんどないが，「問題と目的」「方法」「考察」のどの部分で引用するかを考えておく。これまでの研究の流れ

や，これまで明らかになった部分，まだ知られていない部分に関することは「問題と目的」で引用する。測定方法や対象者（研究参加者）に関することは「方法」で引用する。そして，自分の主張として話を持って行きたい方向に似た方向の論文があれば「考察」部分で引用することを検討する。ただし，「考察」は結果が出てから方向性が決まるので，使えない場合もある。余裕があれば結果 A が出た時の考察，結果 B が出た時の考察というふうに見通しを持っておくのも良い。

　熟読した論文は，自分の論文に引用した方がいいし，逆に引用しないのであれば，あまり時間をかけて読むのはもったいない。また，引用するのであれば，読み違いがあってはいけないので，熟読する必要が出てくる。研究テーマがかなり絞れてきた段階では，論文を読む時に，どういうふうに引用するかまで決めながら読むと良い。場合によっては，その論文の結論の主要ではない部分を引用することもある。その論文が何を言いたいのかではなく，自分の関心に照らすと，その論文がどのような位置づけになるか，どのように使えそうかという観点から読むと良い。「問題と目的」「方法」の部分は，研究を始める前に書くことも可能なので，もう実際に数行の文章として論文に書き込んでおいても良い。論文として長い文章を一気に書き下ろすのは負担が大きいので，少しでも早い段階からパーツを書き込んでおけば，後の執筆作業が軽減される。たとえば「問題と目的」で引用するならば"○○（200X）は，○○人の○○を対象として○○を測定したところ，○○と○○に正の関連が見られた"などのようになる。「方法」で引用するならば，"○○の測定には，○○○○スケール（○○, 200X）を使用した。"のようになる。

　さて，引用する文献の整理は，それなりに大変な作業である。特に何も用意していない場合には，文献の書誌情報（タイトル，雑誌名，巻号，ページなどの情報）をすべて調べ直すはめになることもある。そのため，論文を読む段階で書誌情報を整理しながら読むと，後で楽になる。文献の整理のために専用のソフトウェアも開発されている。Endnote や Refworks が代表的である。Pubmed などの検索結果から直接自分のデータベースに登録することができ，Word と連携して，文章中に文献を引用していくことができる。そして論文を書き終えたら，引用文献リストを一挙に自動的に作成してくれるという非常に便利なものである。しかし，両方とも有料のソフトウェアであるため，誰でも使えるわけではない。大学によっては機関として契約している場合もあるので，調べてみると良い。このような文献整理ソフトは，英語圏で作られたものなので，日本語文献を登録する時に不便なこともある。日本語で論文を書く場合には，日

本語文献，英語文献，訳書などが混在することになり，非常に複雑になるが，これにパーフェクトに対応することは難しい。

エクセルなどの表計算ソフトを使い慣れていれば，表計算ソフトで文献データベースを作っておくのもお勧めである。著者名，論文タイトル，雑誌名，巻号，ページという列を作って，引用した論文のデータを入れていく。卒業論文や修士論文の場合には，書籍，訳書，それぞれの一部（章）が引用されることも多いので，編者，訳者，書籍タイトル，出版社などを入れる列も必要になる。表計算ソフトであれば必要な情報の種類が増えた場合に，柔軟に列を増やして対応することもできる。心理学の分野では，次節で述べる Author-Date 方式が多いので，アルファベット順に並べ替えやすいように著者の読み仮名（ローマ字）を入れておくのがコツである。論文を書き終えたら，読み仮名で並べ替え，必要なカンマなどを入れてから，テキストエディタにコピー＆ペーストし，不要なタブ記号を削除すれば文献リストができあがる。

4 引用文献欄の書き方

論文の中で実際に引用文献を提示する書き方には，**ハーバード方式**と**バンクーバー方式**との2種類の方法がある。心理学領域ではハーバード方式が主流だが，医学領域ではバンクーバー方式が主流である。臨床心理学は心理学の一部門ではあるが，医学とも関連が深いため，ハーバード方式とバンクーバー方式の両方を使う機会が出てくる。

ハーバード方式は Author-Date とも呼ばれ，本文中では，被引用論文の著者と出版年を示す。文章の終わり，句点の前の位置で括弧内に（著者名，出版年）とする場合と，著者名は地の文に入れてしまい，年号だけを括弧書きする場合がある。初出時は著者名を全員分書くが，2回目以降では第一著者だけ書き，第二著者以降は日本語なら「ら」，英語なら「et al.」（エタールと読む，「and others」の意味）とするのが普通である。末尾の引用文献リストでは，書誌情報を著者のアルファベット順に並べる。同じ著者が同年に複数本の文献を出版している場合には，出版年に a,b,c,…の添字をして区別する。

バンクーバー方式は Numbered とも呼ばれ，論文中に出てきた順番に連番を振るのみで，著者名や出版年は示さない。連番は1）のような形で上付き文字にすることが多い。末尾の引用文献リストでは，振った連番の順番に文献の書

誌情報を並べていく。バンクーバー方式の場合は，雑誌名を略記法で書くことが多い。Psychological Bulletin 誌であれば Psychol Bull となる。雑誌の正式な略称は定められているので，Pubmed などで調べることができる。この略記法には，省略した部分にピリオドをつける場合とつけない場合がある。

　上記の大きな2つの方式の違いとは別に，雑誌によって細かい表記法の違いが存在する。出版年を置く位置が著者名の次であったり，最後であったりする。引用文献欄の出版年に括弧をつける場合とつけない場合がある。またバンクーバー方式における連番の形式も，"1)"，"(1)"，"[1]" のなどがある。著者が4人以上いる場合には，4人目以降の著者は et al. にしてしまう場合がある。雑誌名をイタリック体にしたり，雑誌の巻数は太字にするというルールがあることもある。卒業論文や修士論文では，学科でのルールが存在する場合があるので，指導教員に事前に確認しておくべきである。

　ここまでは論文の引用の仕方を解説したが，他に引用する可能性がある文献としては，書籍，書籍の一部（一章），訳書，訳書の一部，ウェブサイトなどが考えられる。表記法が複雑になり，文献データ管理が面倒になることや，査読付き論文の方が情報の信頼度が高いという点から，どうしても必要でなければ，論文以外の文献を積極的に引用する必要はない。書籍の場合は出版社の情報が必要になり，また海外の書籍の場合には出版地を入れることになっている。書籍の一部であれば，編者名，書籍名，章名，ページ数がさらに必要になる。訳書であれば，翻訳者，原題も必要になり，訳書の一部ともなると，書誌情報は複雑を極める。訳書の書誌情報をどのように記載するかはあまり統一されていないので，よく確認する必要がある。ウェブサイトの引用については，今後永久的に同じ状態のものが閲覧できる保証がないため，どうしても必要な時以外は避けた方が良い。

　臨床心理学の卒業論文や修士論文では連名で論文を書くということは少ないが，理系の学問や医学領域の論文では，研究チームを組んで複数名で論文を書くことが普通である。著者が複数の場合は，第一著者がもっともその研究の実施に貢献していると考える。そして，貢献した部分が大きい順番に著者を並べていく。また，最後の著者はその部門やプロジェクトの責任者の名前が入ることも多い。さらに連絡著者（corresponding author）というものがあり，論文に対する問い合わせのあて先となり，所属住所とeメールアドレスが掲載される。したがって連絡著者は，その研究をもっとも理解している人であるということになる。

表 2-2 文献引用におけるハーバード方式とバンクーバー方式

ハーバード方式（Author-Date，心理学領域で多い）の例
〈本文中初出〉
　○○において○○と○○に関連が見られた（佐藤・鈴木・高橋，2007）。
または
　佐藤・鈴木・高橋（2007）によれば，○○と○○に関連が見られた。

〈本文中2回目以降〉
　○○と○○に関連が見られたという結果（佐藤ら，2007）と一致する。

〈末尾の引用文献リスト〉
佐藤陽菜・鈴木美咲・高橋美羽　2007　○○における○○と○○との関連　○○心理学研究, 39 (4), 187-195.

バンクーバー方式（Numbered，医学領域で多い）の例
〈本文中〉
　○○において○○と○○に関連が見られた[1]。

〈末尾の引用文献リスト〉
1）佐藤陽菜・鈴木美咲・高橋美羽　○○における○○と○○との関連　○○心理学研究. 2007, 39 (4), 187-195.

※文献は架空の例。

学習を深めるための参考文献

『APA論文作成マニュアル』
American Psychological Association／江藤裕之・前田樹海・田中建彦（訳）(2004). 医学書院
　アメリカ心理学会（American Psychological Association）が作成している引用スタイルなどを含んだ論文の形式の詳細に関するマニュアルの邦訳である。アメリカ心理学会による論文の形式の指定は「APAスタイル」と呼ばれ，心理学以外の領域でも広く採用されている。論文の形式というと枝葉末節のことと思われがちだが，実際に論文を書く際の具体的な問題は多岐に及び，この本は400ページに迫る大部となっている。

『心理学論文の書き方 ── おいしい論文のレシピ』
都筑学（2006）. (有斐閣アルマ) 有斐閣
　先行研究を読んで研究の着想に活かす方法や，引用の仕方の詳細について，そ

れぞれ章を設けて解説されている。その他にも，研究と論文執筆のプロセスの全体をカバーしているので，他の部分も参考になる。

第3章

調査研究の種類

　臨床心理学の分野で，データに基づいておこなう実証的な量的研究のタイプには，大まかに分けると実験研究と**調査研究**がある。実験研究は，研究参加者に何らかの介入操作を加え，別の群と比較したり，事前事後で比較したりするため，**介入研究**とも呼ばれる。一方，調査研究は，そのような介入を加えない，自然のままの状態を見るという意味で，**観察研究**とも呼ばれる。この研究のタイプとしての観察研究は，データの取り方としての質問紙，面接，観察という場合の観察とは意味が違うので，注意が必要である。

　さまざまな研究のタイプの中で，もっとも優れているのは実験研究，なかでも **RCT**（Randomized Controlled Trial；ランダム化比較試験）と呼ばれるものである。たとえば，さまざまな病気の治療薬は，人間の生死に関わり，確実な効果と少ない副作用が求められ，しかも健康保険という公共的な資金を使用するものであるので，実用化される前にはRCTによる臨床試験がおこなわれることがほとんどである。まったく同じように，パッケージ化されているような心理療法も，RCTによる効果の検討が増えている。

　そういう意味では，潤沢な研究費があり，多くの優秀な研究スタッフが揃い，思ったとおりの特徴を持つ研究参加者が十分に獲得でき，倫理的な問題もすべてクリアできるといった理想的な状況では，ほとんどの場合RCTをおこなうことが最善の選択と言って良い。しかし現実的には，優れた研究のFINER基準をすべて満たすような状況はほとんどない。もっとも効率的な妥協点を探りながら，限られた資源や，さまざまな倫理的制約の中で，最大限のものを生み出すことを目指すのである。現実的な条件の中でより良い研究をすることを考えれば，調査研究は非常に有用な研究のタイプである。

　このように実験的な研究ができない時の次善の策としての調査研究という意味もあるが，それ以外にも，たとえばある疾患や属性をもつ人の存在率（prevalence）を調べることや，探索的に注目すべき変数の目星をつけることなど，調査研究にしかできない研究テーマも存在する。

1 調査研究のデザインに関する用語と留意点

1-1 「予測因子」と「アウトカム」

　量的研究の研究テーマの多くは，AはBの原因になっているか？　どの程度原因になっているか？　という形のものである。言い換えれば「A → B」「AがあればBが起きる」といった因果関係が実際にあるのかどうか，あるとすればどの程度の大きさなのか，ということである。寝不足だと肌が荒れるのか？　肉を食べれば元気が出るのか？　○○という物質の投与はうつ症状を改善するか？　○○という認知行動療法は，慢性PTSDに対して効果があるのか？　○○という性格特徴がある性同一性障害者は，職場適応が良いか？　などは，すべて2つの事柄の間に因果関係があるのかどうかを知りたいという疑問の形式になっている。

　さて，Aという原因があるとBという結果が起きるかどうかを調べる場合に，心理学の分野ではAを**独立変数**または**説明変数**，Bを**従属変数**または**基準変数**と呼ぶことが多い。この呼び方は広く使われているが，意味がわかりにくく混乱をまねくこともあるので，Aを**予測因子**，Bを**アウトカム**と呼ぶことも増えている。統計解析手法における「独立変数」「従属変数」と，研究デザインにおけるそれとが一致しない場合もある。そのような理由から本書では，「予測因子」「アウトカム」の呼び方を採用する。

1-2 「前向き研究」と「後ろ向き研究」

　研究の目的の多くは，予測因子とアウトカムとの間にどのような関係があるのかを知りたいということにまとめられる。さて，ここで時間軸に注目すると，研究は2つのタイプに分けられることがわかる。実施が容易なのは**後ろ向き研究**である。これは，現時点でのアウトカムについて測定し，考えられる予測因子について，過去の記録や本人・身近な人の記憶を頼りに調べるものである。仮説生成的な段階において，考えられる予測因子の目星をつけるのには非常に有用である。しかし，過去の記録や本人・身近な人の記憶に頼るため，記録の間違い・不備・紛失もありうるし，記憶が薄れたり変わったりしている可能性

は否定できない。

　ある程度，可能性のある予測因子の目星がつく段階になったら，より確実にその仮説を検証するために**前向き研究**をおこなうのが良い。前向き研究は，現在の予測因子の有無，またこれから起こる予測因子の有無を記録しながら追跡調査をおこない，将来にアウトカムが起きるかどうかを見るものである。こちらのタイプでは，過去を振り返ることによる間違いが起きないので，より確実に仮説を検討することができる。

1-3 「カテゴリー変数」と「量的変数」

　研究をデザインする時や，結果を分析する時に，考慮しなければならないことが多いポイントとして，調査する変数を，「有り無し」「0・1」といった二値変数とするか，たとえば0点から30点までの値を取るような量的変数とするかという問題がある。二値変数や少数のカテゴリーを表す変数を**質的変数**，尺度得点や測定値のように間隔尺度・比尺度の値を取る変数を**量的変数**と呼ぶ。もともとの変数の特徴から，明らかにどちらのタイプかを決められる場合もある。

　しかし，実際は量的変数であるものを，どこかでばっさりと2つに分けて**カテゴリー化**していることも多い。認知的アプローチで言う「全か無か all-or-nothing 思考」は，抑うつ的な人には多く見られるが，人間誰でも持っていると言われる。1つ失敗をしたら，「自分の人生は失敗だ」と考えてしまったり，誰かといさかいを経験すると「自分は人間関係が苦手だ」と考えてしまったりすることがある。このように，実際には45点くらいであっても0点に，70点くらいであっても100点にしてしまうなどということは多い。

　たとえば，6割以上取れば合格とするような資格試験のデータがあったとする。実際の個々の点数は25点，79点，63点，59点…というようになっている。これを「合格」「不合格」という二値の変数にしてしまったら，せっかく集めた情報の多くが失われてしまうことは容易にわかるだろう。「不合格」だった人の中では，実力にかなり差がある59点の人と25点の人は，まったく同じように扱われてしまうことになる。このようにもともと量的変数と考えられるデータは，量的変数のままで扱う方が情報量も多く保たれ，得られるものが多い。このように，学術的な観点から見れば，量的変数を特定の値で分割して0・1などのカテゴリー化することは望ましくなく，量的変数のままで扱うのが基本である。

1-4　変数のカテゴリー化

　先にも述べたように，人間は単純化して白か黒かで考えたがる傾向がある生き物である。臨床心理学は社会の現実を扱う実学であるので，サービス利用者への説明や，社会への働きかけなど，純粋に学問的な存在ではいられないところが多分にある。実際，量的変数の分布や，量的変数同士の関連をいくつも考えていくと事態が複雑になりすぎて，理解しづらいことも多い。たとえば，「非労働力人口のうち通学・家事をしていない者は，20歳で○○万人，21歳では○○万人，22歳では…」と延々と表現したり，15歳から100歳くらいまでの度数分布表を書いたりするのが，正確で情報量にあふれた表現である。非労働力人口というのも，アルバイトの日数が極端に少ない人や，ほとんど仕事のない自由業の人など，さまざまなケースがあり，通学・家事についても，365日のうちで何日おこなったかをデータ化するのが正確であろう。しかしこれでは，理解したり特徴をつかんだりするのに時間がかかり，多くの人にこの問題を知ってもらうことには役立たない。現実との折り合いをつけるべきところでは，量的変数をうまく分割してカテゴリー化することが非常に有用になる場合が多い。この例で言えば「非労働力人口のうち，年齢15歳-34歳，通学・家事もしていない者」を「ニート」と定義し「ニートは約60万人」などと表現すれば，かなり多くの人に，どの程度の問題なのか短時間でわかってもらえるのである。また，この問題に対して，何らかの対策を取って効果があったかどうかを見たければ，ニートの数の増減という非常に簡単な指標を使用することができる。

　量的なデータをカテゴリー化する時には，どこで分割するかというのが非常に重要になる。これを**カットオフポイント**と呼ぶ。現実的に意味の大きいポイントで区切ることが重要になる。ニートの例では，35歳以上の人々や，65歳以上の高齢者などの場合は，仕事・通学・家事をしていない状態であっても，若年者とはだいぶ違った状態であり，必要な対策もまた違うであろうと考えられているのである。また，他の例で言えば，上が130mmHg以上または下が90mmHg以上を高血圧と定義する場合が多い。また出生体重が2500g未満であれば，低体重出生児と呼ばれる。これは両方とも，情報の豊かな量的変数を，大胆にもばっさりと2つに区切っている。その結果「高血圧である／高血圧でない」「低体重出生である／低体重出生でない」という二値変数となっている。

　精神疾患の症状を測る尺度にも，さまざまな観点から検討したカットオフポ

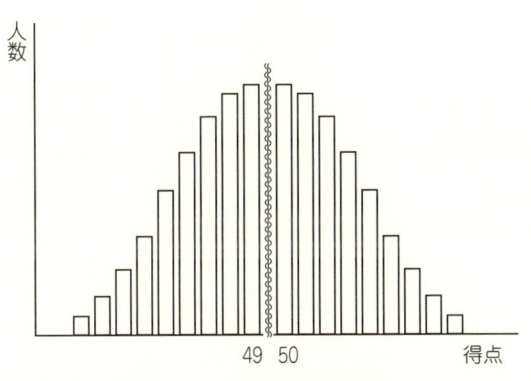

図3-1 中央値分割の問題点

イントが設定されていることが多い。医学においては，問題の大きさが一線をこえている状態に対して「診断」というカテゴリー分けをする文化があるため，境界線上の人々に対する診断の妥当性の問題はあるものの，多くの人にわかりやすく，社会や政治にも訴えかけやすい特徴があるように思われる。

　心理学の研究では，**中央値**で高群・低群の2つに分ける研究も見られる。中央値は数学上意味のある値ではあり，分けられた2群が同数になるというメリットはあるが，現実的に意味があるかどうかはわからない。臨床心理学で扱うような，さまざまな細かい要因が複合的に影響していると考えられる変数は，左右対称釣り鐘型の正規分布になることが多い（**中心極限定理**）。この場合，中央値というのは，平均値や最頻値に一致し，もっとも人数が多いあたりのポイントとなる。仮に中央値が50点であったとすると，45～55点あたりはもっとも人数が多くなっている分布の頂点付近であり，もっとも多数派である49点の人と50点の人を違うカテゴリーとして分割してしまうことに意味があるのかどうかは大いに疑問である。

　新たな概念を提案してオリジナルな測定尺度を作った場合には，他の因子との関連のデータが少ないために，カットオフポイントを設定しづらいという困難さが出てくる。研究をおこなう際に，測定する因子の中には，十分に研究が重ねられている確立された概念を含めておくのが良いだろう。

2　調査研究の種類

　ここでは，さまざまな調査研究（非介入研究／観察研究）のタイプについて解説する。卒業論文や修士論文など，結果を出すまでの研究期間が限られている読者のために，実行可能性（feasibility）に関する条件の点から，特に詳しく述べたい。調査研究のタイプは，調査の回数と，コントロール群（対照群）をどうするかということによって主に決まってくる。調査を1回だけおこなうタイプには「横断研究」「ケースコントロール研究」があり，初回調査の後に追跡調査もおこなうタイプには「コホート研究」がある。「コホート研究」の調査と調査の間に介入操作をおこなうタイプは実験研究やRCTと呼ばれるが，これらは調査研究とは呼ばないので，本書では軽く触れるにとどめる。

2-1　横断研究

　研究期間が長く取れない場合には，何回も調査をおこなっている余裕がないこともある。そのような場合には，調査が1回で済む研究のタイプを選ぶこともできる。一般的に，追跡調査をしていくことを縦断的な調査と呼び，追跡しない1度きりのものを横断的な調査と呼ぶ。ここでは，1度きりの調査の中でも，コントロール群（対照群）を取らないものを**横断研究**として取り上げる。1回の調査でわかることはサンプルにおけるアウトカムの存在率である。アウトカムが量的変数の場合はその分布がわかる。そのため，横断研究は存在率研究とも呼ばれる。
　横断研究には純粋に記述的なものと，変数間の関連を調べて因果関係を推定しようとするものの2種類がある。前者は，たとえば「日本における性同一性障害患者の人口中に占める割合（存在率）はどのくらいか？」という問いに答えようとするものである。この研究をするためには厳密な確率的サンプリングが必要である。拠点治療機関の近くで調査をおこなえば，実際より高めの割合が出てしまうことになる。また性同一性障害のような稀な疾患では，かなり大きなサンプルサイズを取らなければならないので，大規模な研究になってしまう。しかし，このような研究ができれば，政策的にどの程度重要な課題であるかが明らかになり，行政や立法に対するアピールができるので大きな意味があ

る。日本全体を母集団とするような調査はなかなかできるものではないが，たとえば1つの大学，1つの学校について，何かの疾患や状態の存在率についての研究テーマを立てれば，ランダム・サンプリングをおこなうことも不可能ではない。このような研究は，学術的な目的としてはそれほどの重要性は持たないが，学校運営については大いに寄与すると考えられる。

　後者の，関連を見つけて因果関係を推定しようとする横断研究には，たとえば「男子校の高校で過ごす（予測因子）と，共学校で過ごすよりも保守的な性役割態度を持つようになる（アウトカム）か？」というテーマで，大学生に対して質問紙調査をおこなうことができる。後述するケースコントロール研究であれば，性役割態度が保守的な参加者（ケース）と保守的でない参加者（コントロール）との2つのサンプルを別々にリクルートしてくることになるが，横断研究では1つのサンプルしか取らないところが相違点となる。そのなかで，出身高校の別学／共学と，性役割態度得点との間に関連が見られれば，それは記述的には重要な結果である。横断研究では，予測因子の存在率，アウトカムの存在率と両者の関連を知ることができる。別学出身者／共学出身者の比や，性役割態度の保守的な者とそうでない者の比も知ることができ，これはケースコントロール研究にはない利点である。しかし，これも確率的なサンプリングがおこなわれていることが前提である。

　横断研究の弱点は，関連が見られても（見られなくても）因果関係の推論としては非常に弱いことである。少なくとも，予測因子には時間的に先行するものを選ぶ必要があるが，ただ時間的に先行しているだけでは，予測因子がアウトカムに影響していると結論づけることはできない。この例の場合であれば，

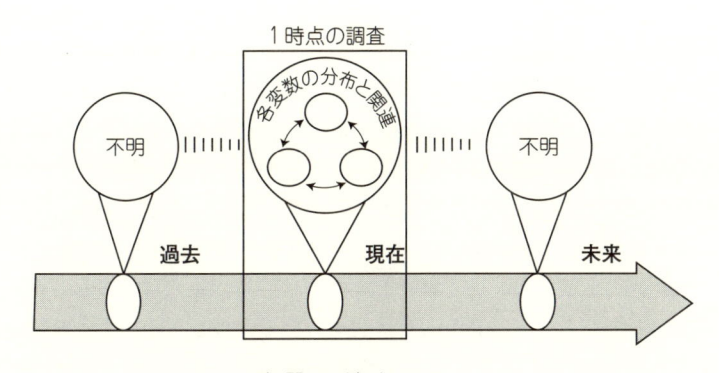

図3-2　横断研究

まず，因果関係が逆であることが考えられる。つまり，そもそも保守的な性役割態度を持っていた者が，別学高校を選択したのかもしれない。次に，未知の第3の要因からの影響も考えられる。つまり，たとえば保守的な性役割態度を持った親の家庭で育ったために子どもの性役割態度も保守的になったのかもしれないし，その親が別学高校に子どもを行かせたのかもしれない。さらに，ある特定の大学で調査をしたのであれば，その大学の特徴も関連してくるので，サンプリングの問題も出てくる。予測因子とアウトカムの間に関連が見られなかったとしても，やはり影響がないと結論づけることはできない。他の要因からの影響によって，1時点の調査では見かけ上関連がないように見えることもあるからである。

　このように横断調査では因果関係を導くのは難しく，また稀な疾患や状態に関する調査では大きなサンプルが必要になってしまう。しかし，1回の調査で済むというコストの低さ，そして，追跡に伴うドロップアウト（脱落）の防止などの難しい問題に対応する必要がないというのは大きな利点である。追跡調査が必要ないので，完全に匿名のまま調査に参加することもでき，研究参加者の心理的負担は少ないだろう。

2-2　ケースコントロール研究（対照群と比較する）

　ケースコントロール研究も，1時点の調査によっておこなうことができる研究である。前述の横断調査と異なる点はコントロール群（対照群）を得て，比較することである。「ケース」とは症例・事例のことであり，ある疾患（アウトカム）を持つ者の群（ケース）と持たない者の群（コントロール）の予測因子の様子を比較するためにこの名前がついている。過去のどのような因子が，現在の疾患の有無に影響しているのかを調べるために，群間で予測因子の分布の比較をおこなう方法である。疾患の原因を推測するために使用されてきた方法なので「ケース（症例）」という名前がついている。しかし，ロジックとしては同じなので，良いアウトカムや，疾患ではないものをケースとしてもまったくかまわない（たとえば，トラウマ体験をしてもPTSDを発症しなかった人をケースとする等）。疾患や，ある好ましくない状態や，または望ましい状態，非常に能力を発揮している状態などを「ケース」と定義し，そのような状態に至った要因（予測因子）を推測する。追跡調査をせず，過去にさかのぼって予測因子を推測するために，後ろ向き研究に分類される。

　何を「ケース」と定義するかにもよるが，厳密に確率的なサンプリングをす

る必要がないので，それほどコストがかからない。調査の回数も，ケースとコントロールの調査のみで済み，追跡調査は必要ないため，卒業論文や修士論文でも十分におこなうことのできる研究である。稀な疾患や稀な状態を，一般人口の存在率のままで取り出そうとすると，非常に多くの研究参加者を募る必要が出てくる。しかし，ケースコントロール研究では，稀なケースのみを重点的に集めるので，サンプリングのコストは低く抑えることができるのである。

　ケースコントロール研究は，少ない予算でも良い研究をおこなうことができるという大きなメリットがあるが，欠点も存在する。ひとつは，アウトカムによってケース群とコントロール群とに分けるので，アウトカムを1種類しか扱えないこと，またアウトカムが量的変数である場合には，適切なカットオフポイントを定めて二値化しなければならないことである。そしてもうひとつ大きな欠点は，データの偏り（バイアス，系統誤差）の影響を受けやすいことである。データの偏りには，コントロール群のサンプリングの偏りと，過去の予測因子を測定する際の偏りがある。データの偏りを減らすためには，次のような工夫がある。

(1) コントロール群の偏りを防ぐ工夫

　たとえば，うつ病と診断された患者をケース群として，うつ病ではないコントロール群と比較する研究を考えてみる。いじめられた経験が，後のうつ病発症に影響するかどうかを調べる研究テーマを立てたとする。そこで，コントロール群の平均年齢がケース群とあまりに異なったり，性別構成比があまりにも異なっていたりすると，比較した時に結論を出しづらい。ケース群とコントロール群で，過去にいじめられた経験に差があった場合に，それは確かにうつ病の予測因子となっているかもしれない。しかし，そもそも群間で平均年齢が違うため，たまたまどちらかがいじめの多い世代だったというだけのことかもしれない。またそもそも男女間でいじめられやすさが違う可能性もあるので，群間の男女比が違えば，はっきりしたことは言えなくなるのである。これを回避する方法に「マッチング」というやり方がある。これは，ケース群をまずサンプリングした後に，そのケース群の1人1人に対して，似た特徴を持つコントロール群をリクルートしてくるというものである。性別を合わせ，年齢はプラスマイナス1歳まで，または2歳までなど基準を設けて，コントロール群のサンプリングをおこなう。他にもSES（社会経済的地位），教育歴などを使用したり，また，家庭環境・遺伝や地域環境などを合わせるために，ケース本人のきょうだいや友達をコントロールとして取ることもできる。

また，コントロール群の偏りによる悪影響を防ぐ方法として，マッチング以外には，複数のコントロール群を取る方法もある。複数のコントロール群を取っておいて，それぞれで同様の予測因子の効果が見られれば，より確実な結果が得られたことになる。

(2) 予測因子の測定に関するデータの偏りを防ぐ工夫
　ケースコントロール研究は後ろ向き研究であるので，アウトカムに先行する予測因子は過去のことであり，さかのぼって調べる必要がある。先ほどの「いじめられた経験が，後のうつ病発症に影響するか」という研究テーマであれば，現在うつ病を発症している人は，あらゆるものに対する認知が通常よりネガティブになる傾向があるため，実際の状況にかかわらず，より「自分はいじめられていた」と認識する傾向が強くなる可能性は十分にある。また，自分がうつ病であるのは，いじめられた経験が関係あるに違いないと本人が思っていれば，いじめられた体験をより多く報告するだろう。このようなデータの偏りを防ぐためには，本人以外からの報告を使用したり，過去の記録がもしあれば利用するなどの対策を取った方が良い。いじめの体験については，客観的な記録があることはほとんどないため，この研究テーマでは難しいが，現在からの思い出しに頼るのではなく，もし入手可能であれば，アウトカムが起きる前に記録されたデータを用いると，データの偏りを減らすことができる。
　また，この予測因子の測定に関するデータの偏りは，本人がいじめられ体験とうつ病との間に関連があると考えていることが原因のひとつになっているので，研究の意図をわからなくすることもひとつの対策となる。これは盲検化と

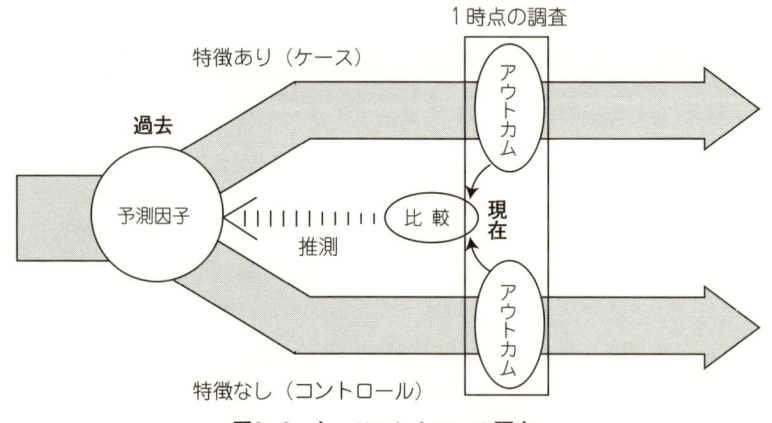

図3-3　ケースコントロール研究

呼ばれる。予測因子について，いじめられ体験以外にも，食生活や家庭の様子に関する質問も入れるなどの方法をとると，研究の意図をわかりにくくすることができる。

3 コホート研究（追跡調査をおこなう）

「コホート」とは軍隊の一団を意味する。**コホート研究**とは，人々のある集団を時間軸を一定のスピードで行軍していく軍隊の一団のように見立て，その同じコホートをある期間にわたって追跡調査していく研究である。社会科学の分野では，似た手法を**パネル調査**と呼んでいる。同じ研究参加者の個人レベルでの変化を追うことができる。同じ母集団から，時間をおいて毎回別々にサンプリングをおこなう「連続横断研究」とは異なるものである。連続横断研究では，同じ母集団から毎回違った調査対象者を選び，個人の対応は取らないので，集団としての変化は把握できるものの，個人レベルでの変化はわからない。

コホート研究における調査の回数は，**ベースライン調査**と**フォローアップ調査**の最低でも2回をおこなう。フォローアップ調査を複数回おこなうこともできる。アウトカムがまだ起きていないベースライン調査の段階では，予測因子について測定をおこなっておく。フォローアップ調査では，アウトカムの測定をおこない，どのような予測因子を持った人に，どのようなアウトカムが起きたかを前向きに調べていく（後ろ向きのコホート研究も存在するが，本書では一般的な前向きコホート研究について解説する）。コホート研究と言う場合，追跡していく期間は，数ヶ月や数年といった単位が普通である。しかし，数日，数時間，数分といった期間でも，研究のロジックは同じである。数年以上追跡するようなコホート研究を，卒業論文や修士論文でおこなうことは不可能であるが，数ヶ月以下の追跡であれば十分可能である。数時間程度の追跡であれば，形式的には1度の調査にまとめることも可能である。

ケースコントロール研究と違って，コホート研究では実際にアウトカムが起きる前に予測因子を調べておくことができる。そのため，予測因子が明らかにアウトカムより先行していることが確実になる。また，研究者が確実に予測因子を事前に測定しておくことが可能なので，ケースコントロール研究のように思い出してもらったり過去の資料を探したりする必要がない。このようにコホ

ート研究では，記憶違いや記録の不備によるデータの歪みの問題が回避できる。

コホート研究の弱点は，稀なアウトカムを扱うのが不得手なことである。性同一性障害を発症する予測因子を調べたいと考えて一般集団のコホートを追いかけようとしたとする。しかし性同一性障害は非常に稀な疾患なので，将来，数名の性同一性障害の発症を見込むためには，非常に大きな集団を追いかける必要が生じ，測定には多大な時間とお金がかかってしまうことになる。コホート研究をおこなう場合には，頻繁に起きるアウトカムか，または量的変数のアウトカムを選ぶのが良い。稀ではないアウトカムの例としては，PTSDに対して認知行動療法をおこない，改善して診断がつかなくなった患者をコホートとし，PTSDが再発することをアウトカムとして，その予測因子を推測するような研究が考えられる。アウトカムが量的変数となる研究の例としては，次のようなものが考えられる。ネガティブな認知をしやすい者はうつ病になりやすいとも考えられるが，うつ病になったからネガティブな認知をしているのだとも考えられる。「ネガティブな認知とうつ症状はどちらが原因でどちらが結果となっているか」という研究テーマを設定し，ネガティブな認知とうつ症状の両者を量的変数として測定する。しばらくの期間をおいてからもう一度測定することにより，どちらからどちらへ，どの程度影響を与えているかを推測することが可能となる。

卒業論文や修士論文では，研究期間の短さから，1度だけの調査で研究をおこなおうとする学生が多い。しかし，先にも述べたように，1度だけの調査では，予測因子とアウトカムとの関連を見ることはできても，因果関係に関しては非常に弱い推測をおこなうことしかできない。原因と結果が逆である可能性

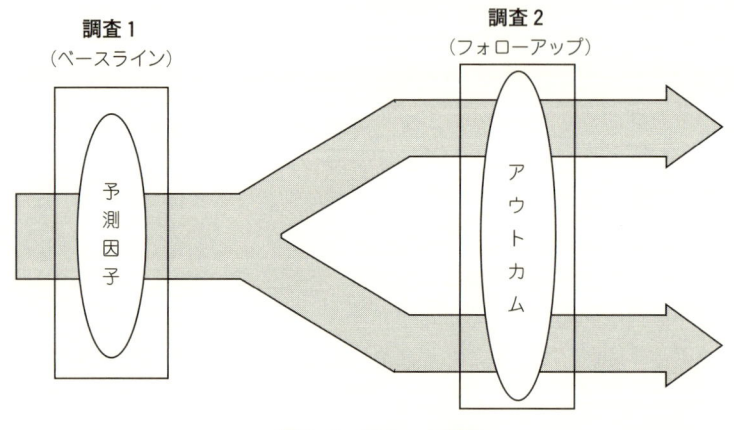

図3-4　コホート研究

や，第3の要因が両者に影響を与えている可能性を排除することができないのである。一方，個人の対応を取って，複数回調査をおこなうことで，研究の説得力は飛躍的に増してくる。稀ではないアウトカムに関心がある場合や，アウトカムが量的変数である場合には，複数回の調査をおこなうことをお勧めする。

これまで予測因子の推測について考えてきたが，もう少し記述的な観点からの研究も重要である。つまり自然経過を調べる研究である。たとえば，ひどいトラウマを経験すると，その直後には多くの者が再体験や回避・麻痺などのPTSD症状を経験する。それだけの強烈な経験をしたので，反応が出ることはむしろ正常なことである。時間が経つと，この症状がどのように消失していくのかということも，押さえておくべき事柄である。たとえば，どの程度の時間が経てば，何％程度の人が回復するのか，またそれはトラウマの種類によって異なっているかどうかを知ることを目的としたコホート研究も考えられる。

コラム●ドロップアウトの問題

コホート研究は追跡調査をおこなうが，ベースラインの時点での研究参加者全員を，最後まで完全に追跡できるということはまずありえない。転居する者，死亡する者，参加の意思がなくなるもの，もちろん理由はわからない者もいるが，さまざまな理由で，2回目以降の調査ができない者が出てくる。軍隊の一団であるコホートは，完全な隊列のまま行進を続けるのではなく，ひとり，ふたりと徐々に欠けていくものである。追跡できなくなることを「脱落（ドロップアウト）」と呼ぶ。なるべく脱落を防いで，コホートを維持することを「コホートリテンション」と呼び，コホート研究にとって非常に重要な問題である。

このため，転居などの場合にも連絡が取れるように，住所，電話番号，eメールアドレスなどの情報を当初より把握しておく必要がある。調査と調査の間の期間が非常に長い研究の場合，しばらく調査に触れていないと，研究に参加するモチベーションが相対的に下がってしまったり，研究に参加していること自体を忘れてしまったりすることがある。調査をおこなわない時期でも，手紙やニュースレターを送るなどして参加者と連絡を取り，研究に参加していることを思い出させるのは，より良いコホートリテンションのために効果的である。どのような目的の研究であり，研究への参加がどれだけ重要な意義があるのかということを，折に触れ思い出し，理解を深めてもらうことは，研究参加者のモチベーションを維持するのに効果的である。

4 介入研究（実験）

　本書は，非介入的な調査研究について解説しているが，本節ではごく簡単な介入研究にも触れておく。上記のコホート研究は，コホートにはまったく手を加えず，そのままの姿を追いかけて調査をおこなっていく。予測因子とアウトカムの時間的な流れは把握することができるが，では本当に予測因子によってアウトカムが起きたのかと考えると，偶然そうなったとか，何か測定していなかった予期しない要因が影響していたとかの可能性を排除できるものではない。より確実な因果関係を捉えるためには，予測因子の「操作」が必要になる。予測因子が有りの群と，予測因子が無しの群とを人為的に作成して，つまり介入操作をおこなって，アウトカムの発生を見るのである。予測因子は「無作為割付」をおこなう。これは，他のどんな因子とも関連を持たないように，ランダムに割り当てをする方法である。これにより，ほぼ同数の「介入群（実験群）」と「非介入群（コントロール群）」ができる。他の因子の効果を消去できるため，興味のある予測因子の影響のみを取り出すことができる。これが**実験**とか**RCT（無作為化比較試験）**と言われる研究であり，因果関係についてもっとも強力な結論を出すことができる。たとえば薬の効果や副作用は，人の生死にまで関わる事柄であるので，実際に一般的に発売される前には，必ずこのタイプの研究をおこなって確認することが必須とされている。

　この実験的研究は，上記のコホート研究の追跡期間の間に介入操作を加えたものと考えることができる。長い期間追跡をおこなう研究では，やはり多くのコストがかかる。しかし，ベースラインの測定の直後に，介入操作をおこない，さらにその直後に事後測定をおこなって，介入操作の効果を見るということもできる。さらに，工夫すれば，これをすべて1セットの質問票上でおこなうことができる。無作為割付をどのようにするかが問題となるが，これは，介入操作の部分を変えた2種類の質問票を無作為に配布することで解決できる。

　たとえば，同（両）性愛者の自尊感情について検討した石丸（2005）は，予測因子を相手にカミングアウトして受け入れてもらうこと，アウトカムを自尊感情の上昇として，質問紙実験をおこなった。ベースライン測定と事後測定はまったく同じ自尊感情についての自記式質問紙尺度を使用し，その間に紙上での介入操作を加えた。初対面の相手に対して，しばらく会話をした後にカミン

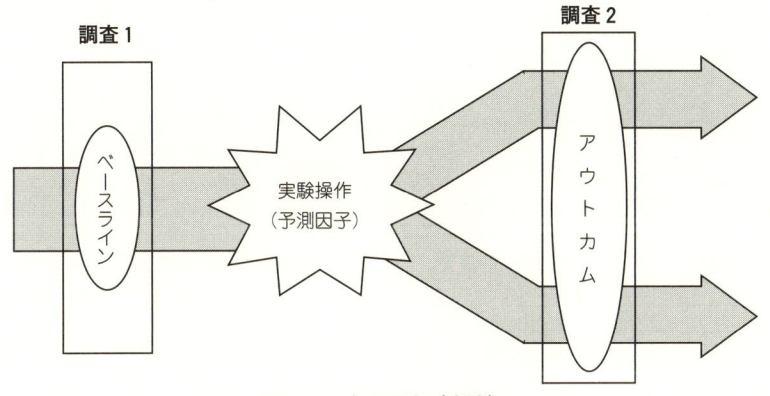

図3-5 介入研究（実験）

グアウトし，さらに好ましい評価を得たことを想像させた。一方コントロール群の質問紙では，会話をしただけで，カミングアウトはしなかったが，好ましい評価を得たと想像させた。このような質問紙をランダムに配布し，回答してもらい，分析をおこなった。この質問紙は 15〜25 分程度で回答が可能であった。

このように，卒業論文や修士論文のような期間に限りのある研究であっても，測定時点を 1 回から 2 回に増やしたり，さらにその間に操作を加えたりすることによって，その結論を飛躍的に強力なものにすることができるのである。

5　STROBE 声明 ── 非介入的調査研究のガイドライン

本書で扱っている非介入的な調査研究（介入しないという意味で観察研究とも呼ばれる）の結果報告に関して押さえておくべきチェックポイント 22 項目をまとめた国際的ガイドラインに STROBE statement がある。**STROBE** は，STrengthen the Reporting of OBservational studies in Epidemiology（疫学分野における観察研究の報告方法を強化する）の略である。研究報告（口頭発表・ポスター発表や論文執筆）の時に触れるべき項目を，横断研究，ケースコントロール研究，コホート研究に関してそれぞれ列挙したものである。22 項目のうち 18 項目は 3 つの研究デザインに共通のもの，残りの 4 項目は 3 つそれぞれの研究デザインに特有のものである。報告するためには事前に計画したり，研究遂行中に記録して

表3-1 STROBE声明：観察研究の報告において記載すべきチェックリスト

	no	推奨	報告頁
タイトル・抄録 [title and abstract]	1	(a) タイトルまたは抄録のなかで，試験デザインを一般に用いられる用語で明示する。 (b) 抄録では，研究で行われたことと明らかにされたことについて，十分な情報を含み，かつバランスのよい要約を記載する。	
はじめに [introduction] 背景 [background]／ 論拠 [rationale]	2	研究の科学的な背景と論拠を説明する。	
目的 [objective]	3	特定の仮説を含む目的を明記する。	
方法 [methods]			
研究デザイン [study design]	4	研究デザインの重要な要素を論文のはじめの [early] 部分で示す。	
セッティング [setting]	5	セッティング，実施場所のほか，基準となる日付については，登録，曝露 [exposure]，追跡，データ収集の期間を含めて明記する。	
参加者 [participant]	6	(a)・コホート研究 [cohort study]：適格基準 [eligibility criteria]，参加者の母集団 [sources]，選定方法を明記する。追跡の方法についても記述する。 ・ケース・コントロール研究 [case-control study]：適格基準，参加者の母集団，ケース [case] の確定方法とコントロール [control] の選択方法を示す。ケースとコントロールの選択における論拠を示す。 ・横断研究 [cross-sectional study]：適格基準，参加者の母集団，選択方法を示す。 (b)・コホート研究：マッチング研究 [matched study] の場合，マッチングの基準，曝露群 [exposed] と非曝露群 [unexposed] の各人数を記載する。 ・ケース・コントロール研究：マッチング研究 [matched study] の場合，マッチングの基準，ケースあたりのコントロールの人数を記載する。	
変数 [vaiable]	7	すべてのアウトカム，曝露，予測因子 [predictor]，潜在的交絡因子 [potential confounder]，潜在的な効果修飾因子 [effect modifier] を明確に定義する。該当する場合は，診断方法を示す。	
データ源 [data source]／ 測定方法	8*	関連する各因子に対して，データ源，測定・評価方法の詳細を示す。二つ以上の群がある場合は，測定方法の比較可能性 [conparability] を明記する。	
バイアス [bias]	9	潜在的なバイアス源に対応するためにとられた措置があればすべて示す。	
研究サイズ [study size]	10	研究サイズ [訳者注：観察対象者数] がどのように算出されたかを説明する。	
量的変数 [quantitative variable]	11	(a) 量的変数の分析方法を説明する。該当する場合は，どのグルーピング [grouping] がなぜ選ばれたかを記載する。	
統計・分析方法 [statistical method]	12	(a) 交絡因子の調整に用いた方法を含め，すべての統計学的方法を示す。 (b) サブグループと相互作用 [interaction] の検討に用いたすべての方法を示す。 (c) 欠損データ [missing data] をどのように扱ったかを説明する。 (d)・コホート研究：該当する場合は，脱落例 [loss to follow-up をどのように扱ったかを説明する。 ・ケース・コントロール研究：該当する場合は，ケースとコントロールのマッチングをどのように行ったかを説明する。 ・横断研究：該当する場合は，サンプリング方式 [sampling strategy] を考慮した分析法について記述する。 (e) あらゆる感度分析 [sensitivity analysis] の方法を示す。	

結果 [result]			
	参加者 [participant]	13*	(a) 研究の各段階における人数を示す（例：潜在的な適格 [eligible] 者数，適格性が調査された数，適格と確認された数，研究に組入れられた数，フォローアップを完了した数，分析された数）． (b) 各段階での非参加者の理由を示す． (c) フローチャートによる記載を考慮する．
	記述的データ [descriptive data]	14*	(a) 参加者の特徴（例：人口統計学的，臨床的，社会学的特徴）と曝露や潜在的交絡因子の情報を示す． (b) それぞれの変数について，データが欠損した参加者数を記載する． (c) コホート研究：追跡期間を平均および合計で要約する．
	アウトカムデータ [Outcomedata]	15*	・コホート研究：アウトカム事象の発生数や集約尺度 [summary measure] の数値を経時的に示す． ・ケース・コントロール研究：各曝露カテゴリーの数，または曝露の集約尺度を示す． ・横断研究：アウトカム事象の発生数または集約尺度を示す．
	おもな結果 [main result]	16	(a) 調整前 [unadjust] の推定値と，該当する場合は交絡因子での調整後の推定値，そしてそれらの精度（例：95% 信頼区間）を記述する．どの交絡因子が，なぜ調整されたかを明確にする． (b) 連続変数 [continuous variable] がカテゴリー化されているときは，カテゴリー境界 [category bordary] を報告する． (c) 意味のある [relevant] 場合は，相対リスク [relative risk] を，意味をもつ期間の絶対リスク [absolute risk] に換算することを考慮する．
	他の解析 [other analysis]	17	他に行われたすべての分析（例：サブグループと相互作用の解析や感度分析）の結果を報告する．
考察 [discussion]			
	鍵となる結果 [key result]	18	研究目的に関しての鍵となる結果を要約する．
	限界 [limitation]	19	潜在的なバイアスや精度の問題を考慮して，研究の限界を議論する．潜在的バイアスの方向性と大きさを議論する．
	解釈 [interpretation]	20	目的，限界，解析の多重性 [multiplicity]，同様の研究で得られた結果やその他の関連するエビデンスを考慮し，慎重で総合的な結果の解釈を記載する．
	一般化可能性 [generalisability]	21	研究結果の一般化可能性（外的妥当性 [external validity]）を議論する．
その他の情報 [other information]			
	研究の財源 [funding]	22	研究の資金源，本研究における資金提供者 [funder] の役割を示す．該当する場合には，現在の研究の元となる研究 [original study] についても同様に示す．

*ケース・コントロール研究では，ケースとコントロールに分けて記述する．コホート研究と横断研究において該当する場合には，曝露群と非曝露群に分けて記述する．

注：本 STROBE 声明の解説と詳細について記述した "Strengthening the Reporting of Observational studies in Epidemiology (STROBE): Explanation and elaboration" では，それぞれのチェックリスト項目について考察し，方法論的背景や報告された実例についても紹介している．STROBE チェックリストはこの論文（Annals of Internal Medicine の website（www.annals.org），Epidemiology の website（www.epidem.org）もしくは PLoS Medicine の website（www.plosmedicine.com）で自由に閲覧可能）とともに使用することがもっとも適している．コホート研究，ケース・コントロール研究，および横断研究のための個別のチェックリストは，STROBE の website（www.strobe-statement.org）にて閲覧できる．

上岡広晴・津谷喜一郎（訳）「疫学における観察研究の報告の強化（STROBE 声明）：観察研究の報告に関するガイドライン」中山健夫・津谷喜一郎（編）(2008)『臨床研究と疫学研究のための国際ルール集』ライフ・サイエンス出版, pp.202-209 から転載．

おいたりする必要がある．そのためにも，研究計画の段階で一通り STROBE statement をチェックしておくと良い．卒業論文や修士論文を考えるとレベルが高く，すべてのチェックリスト 22 項目をクリアすることは困難かもしれないが，それでも非常に参考になる．現行の第 4 版は 2007 年に発表されている（Vandenvbroucke et al., 2007）．最新の情報は，http://www.strobe-statement.org/ にて確認でき，日本語訳も見ることができる．詳細な解説を除いたチェックリストの骨子を表 3-1 に引用する．

なお，非介入研究に関するガイドラインである STROBE statement に対して，介入研究（実験的研究や比較試験など）に関する国際的ガイドラインに CONSORT statement がある．CONSORT は CONsolidated Standards Of Reporting Trials（比較試験の報告に関する統合された標準的方法）の略であり，25 項目のチェックリストからなる．CONSORT statement に関する最新の情報は，http://www.consort-statement.org/ にて得ることができる．CONSORT statement の方は 2010 年 5 月に 9 年ぶりの改訂版 CONSORT2010 が発表されている．

📖 学習を深めるための参考文献

『医学的研究のデザイン ── 研究の質を高める疫学的アプローチ』（第 3 版）
Hulley, S. B., Cummings, S. R., Browner, W. S., Grady, D. G., Newman, T. B.／木原雅子・木原正博（訳）（2009）．メディカル・サイエンス・インターナショナル
　横断研究・ケースコントロール研究・コホート研究など，調査研究の種類について幅広く詳しくかつコンパクトに解説されている．研究テーマを考えるところから，研究プロトコール（研究計画書）の作成までを網羅的に扱っており，かなり内容のレベルが高い．

『疫学 ── 医学的研究と実践のサイエンス』
Gordis, L.／木原雅子・木原正博・加治正行（訳）（2010）．メディカル・サイエンス・インターナショナル
　本書もコホート研究やケースコントロール研究など因果関係の推定を試みる研究について，詳細な解説がなされている．高度な内容を扱った大部の本であるが，フルカラー印刷となっており，図表が多用され，わかりやすさが追求されている．

第4章
調査研究の進め方

1 研究テーマを決める

　前章では，さまざまな調査研究の方法（研究デザイン）について解説した。本章では，調査研究の具体的な進め方について述べていく。

　どのような領域や分野，あるいは疾患や状態に興味があるかということについて，なんとなく考えがある人は多いだろう。その分野の発展性や，また指導してくれる教員，先輩などの条件によって，どのような領域を研究できるかということが制約を受ける場合もある。ところで，研究の領域や分野を決めるのは簡単でも，そこからどのような具体的な研究テーマを設定するかは，比較的難しく，また研究がうまくいくかどうかを決める非常に重要なポイントである。ある程度，研究する領域や分野が決まったとしても，どのような予測因子とアウトカムに関して調査をおこなうか，同じようなものを測る測定方法や尺度が複数あった場合に何を基準に選ぶか，といった調査を具体化していく作業は，意外と考えるべきことが多く，時間がかかるものである。

　何を重視して具体的な研究テーマを設定していくかについてはさまざまな考え方がある。私がお勧めしたいのは，次のようなことである。心理学は，目に見えない「こころ」を扱う学問だと言われる。これに対するアンチテーゼとして，目に見える「行動」を扱うべきだという主張も存在した。また，**バイオ・サイコ・ソーシャルモデル**（生物－心理－社会モデル）という統合的見方をするならば，私たちは生物学的な要因についても見ていくことができるのである。「こころ」に興味を持って心理学を志した学生は，心の内面，つまり主観的な自己報告でしか測定できないものに興味を持ちがちである。たとえば「自尊感情」という概念は，非常に有用であり，多くの他の変数と関連を持っている。しかし，自尊感情は目に見えず，いくつかの質問項目にどの程度あてはまりそうかという自己報告の心理尺度を使用しなければ測定できない。このように，

47

目には見えないけれども「存在する」と仮定すると、いろいろなことを説明するのに便利であるような概念を**構成概念**と呼ぶ。自己報告の心理尺度の使用はもちろん悪いことではないが、測定した項目が、すべて構成概念であると、便宜上設定した概念によって、別の便宜上の概念を説明するというような、若干雲をつかむような話になってくる。出てくる概念が、すべて実在するかどうかわからないような概念となれば、その研究は実際に意義があるのかどうか判断することも難しくなる。

　このような事態を防ぐためには、実際に実在する概念（**実体概念**と呼ぶ）を使用するのが効果的であると私は考えている。たとえば、うつ病の症状の中でも「気持ちの落ち込み」というのは本人にしかわからないことであるが、「（食欲低下による）体重の減少」や「眠れる時間の減少」といった症状は、実際に目に見える現象や行動である。また、教育歴や、出身校が共学か別学か、親の職業、きょうだいの数など、属性や事実に関することも、確認可能であり、解釈によるブレの少ないしっかりした変数である。血圧、脳波、ホルモン値などの生物学的な変数も、自己報告による歪みが起こらない実体概念である。測定する変数には、「心理的な」構成概念だけでなく、より実体概念に近い行動、頻度、属性、生物学的変数などを入れておくと、説得力の高い研究に近づくだろうと考えられる。

2　仮説を立てる

　研究テーマをある程度決めたら、次に**仮説**を立てる。ある疾患や状態の一般人口中の存在率を調べるような、純粋に記述的な研究には、仮説は不要である。しかし、予測因子とアウトカムとの関連や因果関係に迫ろうとする研究では、仮説が必要になる。仮説を立てるには、まず、サンプル、研究デザイン、予測因子、アウトカムの4つを具体的に決める。この4つが決まれば、簡潔な1文として仮説を記述することができるようになる。たとえば、サンプル＝ケースとして女性から男性への性同一性障害患者、コントロールとして性同一性障害のない女性、研究デザイン＝ケースコントロール研究、予測因子＝胎児期の男性ホルモン曝露を反映する指標としての指長比、アウトカム＝成人期の性同一性障害の状態と決定する。そうすると仮説は「女性において胎児期における男性ホルモン曝露は、成人期における性同一性障害に関連する」となる。別の例

を挙げれば，サンプル＝うつ病患者，研究デザイン＝コホート研究，予測因子＝運動の習慣，アウトカム＝うつ病からの回復と決めると，仮説は「うつ病患者において，運動の習慣は，より早くうつ病から回復することに関連がある」となる。

　原則として仮説は，データを取ってからではなく，研究計画の段階で事前に立てておくべきものである。また，仮説はできるだけ簡潔である必要がある。理想的には1つの予測因子と1つのアウトカムからなっているのが良い。副次的な仮説として，いくつか立てることもよくあるが，もっともメインとなるアウトカムと予測因子は1つであるのが良い。この理由は，厳密には，メインとなる仮説から，研究に必要な**サンプルサイズ**（研究参加者の人数）を決定し，その後，研究参加者のリクルートを開始するというやり方が望ましいからである。サンプルサイズを決定するには，検定力や誤差に関する理解と多少の数値計算を必要とし，本書の範囲を超えるので，ここでは扱わない。どの程度の人数の協力を得られるかは，現実的な制約もある。サンプルサイズの決め方についての詳細な議論は永田（2003）を参照されたい。研究の確実性としては，サンプルサイズを多く取るにこしたことはない。しかし一方で，必要以上の人数に，時間とエネルギーを割いて研究に参加してもらうことは，倫理的に問題があると考える立場もある。特に卒業論文などでは，現実的な制約として最低限の人数を集めることも難しい場合が多いが，サンプルサイズは指導教員や先輩と相談しながら決めるのが良い。

3　研究参加者のリクルート

　臨床心理学の多くは人を対象とする研究である。研究対象となってもらう，つまり研究に参加してくれる人を募らなければならない。どのような人に調査を依頼すれば良いだろうか。どのような人に研究参加を依頼するかは，厳密に定義されている必要がある。調査をしているうちに，成人向けの質問紙調査であるが，たとえば17歳以下の人，日本語の理解力が十分でない人，入院中の人，妊娠中の人，同様の調査にすでに参加したことがある人など，依頼して良いか迷う場合が出てくることがある。どのような人に参加を依頼するかという基準のことを「選択基準」と呼び，選択基準には「包含基準」と「除外基準」がある。包含基準には一般的には，年齢，性別，臨床的な特徴，地理的条件，

調査期間などが含まれる。これを広くすればするほど，多様な人々が研究に参加し，研究結果は幅広い人々に一般化できることになる。しかし，遠くに住んでいる人を含めたり，日本語の話せない人を含めたり，自分で歩いて来ることができない人を含めたりする場合には，通訳を用意したり，旅費を支払ったりなど，コストがかかってくる。研究の一般化可能性と，払えるコストを天秤にかけて決定する必要がある。除外基準は，包含基準を満たす人の中でも，結果の解釈を複雑にしたり，追跡調査の場合にはドロップアウトしやすいことが予想されるなどの人を除外するための基準である。除外基準をあまり多く設けると，やはり研究の一般化可能性が損なわれるため，事情の許す限り少なくすべきである。

　ここで**母集団**と**サンプル**（**標本**）という概念を押さえておかねばならない。研究テーマが対象とする人々すべてを母集団と呼ぶ。どの範囲について研究したいのか，結論づけたいのかということである。狭い場合はたとえば「A大学の学生全員」を母集団とする研究も，A大学の経営陣にとっては重要な研究になるだろう。「就学前の子を持つ日本に住む母親」，「日本に住む青年期の人々」，「日本人全体」などよくある母集団の設定である。生物学的な研究であれば，文化の影響が少なくなるので，もっと幅広い範囲に対する研究もできる。たとえば「人類全体」とか「哺乳類全体」などということもある。

　さて母集団を設定したら，それに対応したサンプル（実際の研究参加者）を得る段階に進む。たとえば「人類全体」について研究したいのに，実際の調査対象がA大学の2年生の一部であったりすると具合が悪い。研究結果が，人類全体に見られる特徴である可能性も確かにあるが，A大学の2年生にしか見られない特徴である可能性がまったく排除できない。このように母集団設定に対して，得たサンプルが偏っていれば，研究の説得力は格段に下がってしまう。サンプリングには大きく分けて，**確率的サンプリング**と**簡易サンプリング**の2種類がある。もっとも偏りのないサンプリングは，確率的サンプリングの中でも**ランダム・サンプリング**と呼ばれ，母集団全体から公正なくじ引きでサンプルを抽出する方法である。しかし，少し考えるとわかるが，母集団全体の完全なリストアップができるということは非常に稀である。「A大学の学生」が母集団であれば学籍簿が存在するが，「日本人全体」となると戸籍がない人や，戸籍があっても実在しない人も存在する。そして，仮にリストアップできたとしても，莫大なお金と労力の問題，そして倫理的な問題をクリアしなければならない。さらにサンプルの抽出ができたとしても，入院や多忙などにより実際にはアクセスできないことが多くなるとも予想される。つまり，「A大学の学

生」のようなごく狭い母集団設定をしない限りは，確率的サンプリングが実現困難なことが多いのである。一方，狭い母集団設定をおこなった場合には，研究結果に一般性がないとして，通常の論文雑誌では掲載してもらえない。

そのため，多くの調査研究は，特に卒業論文や修士論文などでの研究は，簡易サンプリングをおこなうことになる。簡易サンプリングとは，選択基準を満たしながら，容易に参加を依頼できるような人たちをサンプルとすることである。確率的な選び方ではなく，恣意的な選び方となる。たとえば，医療機関や相談機関を訪れた患者・クライエントをサンプルとしたり，大学や専門学校の講義を受けている学生や，自分の友人・先輩後輩などに調査を依頼するようなことである。簡易サンプリングでは，費用も時間もかからず，容易に研究参加者をリクルートすることができる。簡易サンプリングでは，研究結果を一般化できる範囲は限られる。生物学的なものを扱っていればある程度の一般化が可能であるが，文化や人間関係の影響が強い心理社会的なものであると一般化可能性はかなり限られる。しかし，確率的サンプリングがいつでも優れているわけではない。確率的サンプリングには多大なコストがかかるので，やみくもにおこなうわけにはいかない。多大な公共的研究費を使って，あまり重要な結果の出そうにない調査をおこなうのは非倫理的である。簡易サンプリングを使った研究において，ある程度の見当をつけてから，確率的サンプリングによる研究で最終確認をすれば良いのである。簡易サンプリングを使った研究にもこのように重要な役割がある。また，ある特徴を持つ人々の分布を調べるような横断調査（存在率・有病率に関する調査）では，サンプルの偏りは致命的となる。しかし，サンプルの中で変数同士の関連を見たり，また縦断的に調査をおこない，個人内での変化を見るような研究では，サンプルの偏りの影響は，存在率調査ほどには致命的とはならない。偏ったサンプルにおいても，何らかの変数同士の関連や個人内での変化が見られれば，より代表性の高い確率的サンプルによって，その知見を確認すれば良いのである。

さて，簡易サンプリングによるサンプルの偏りを少しでも減らす方法のひとつに**連続サンプリング**がある。これは選択基準を満たす人全員に順番に研究参加を依頼する方法である。たとえば，土曜日に来院する患者と，平日に来院する患者とでは，仕事に関する状況がおそらく異なってしまうので，曜日を決めてリクルートするとサンプルが偏る可能性がある。選択基準を満たす人すべてにとにかく参加依頼をするのであれば，偏りをいくらか防ぐことはできる。リクルートの期間をある程度長く取れるのであれば，季節変動の要因によるデータの偏りも防止することができる。いずれにせよ，簡易サンプリングの場合に，

サンプルの偏りは避けられないので，どのような特徴のあるサンプルであったかを十分に把握し，論文では考察の部分で研究の限界として触れる必要がある。

単回の調査であれば，研究参加依頼をした人数と，同意した人数を明記しておけば良いが，コホート研究など，複数回にわたって調査をおこなう場合には，研究参加者のリクルートに関するフローチャートを提示するのが良い。どの段階で何人が脱落したかということは詳細に提示する必要がある。詳細については「第8章　調査データの分析と報告の仕方」で解説する。

4　インフォームド・コンセント

どんな研究であっても，研究参加者が研究の内容をよく理解してから，自分の自由な意志で調査に参加することが重要である。まず研究者側から参加者に対して，研究の内容，趣旨，参加者のメリットとデメリットなどについて十分に説明をおこない（inform して），参加者が研究への参加を同意する（consent する）。これは**インフォームド・コンセント**と呼ばれ，研究倫理の中でももっとも重要な要素である。

研究参加者に対して提示すべき情報には，研究の目的，研究の内容・手順（特に拘束時間，回数），研究に伴う可能性のある身体的・心理的・対人的・経済的なリスク（危険性・不利益），実施費用（どのような研究費で研究がおこなわれているか），結果の報告の有無とその方法，プライバシーの保護について，研究に同意しないことによる不利益がないことがある。通常は「研究説明書」として参加者に手渡され，さらに口頭でも説明される。ここではわかりにくい専門用語や表現を避けて，平易に説明すべきである。説明の主要な部分は，漏れがないように録音やビデオを使用する方法もあるが，個別の質問は受けられるようにしておかねばならない。十分に研究を理解してもらったら，書面による同意書に署名をしてもらう。いくつかの重篤な精神疾患や，子どもであることなどによって，判断能力や意思決定能力が欠けていると考えられる場合は，保護者や代理人による同意が必要となる。所属機関の**倫理審査委員会**（IRB: Institutional Review Board）には，説明書・同意書のひな形が用意されていることが多い。

どんな研究でもインフォームド・コンセントを取るのにこしたことはないが，同意書には参加者が自分の名前を署名する必要があり，完全な匿名調査にはな

らない。個人の特定につながる情報をまったく取得しないような社会調査の場合には，同意書への署名が免除されることもある。その場合は，調査への参加や質問票の提出をもって，研究への参加に同意したものと考える。その場合でも，十分な研究の説明はなされなければならない。どのような研究であればインフォームド・コンセントが必要なのかという基準については，現在のところ，残念ながら決定的なものは存在していないため，調査をおこなう前に，責任者である指導教員などと十分に相談すべきである。また，厚生労働省による「疫学研究に関する倫理指針」（文部科学省と共同策定，2002年策定，2004年，2007年改正）と「臨床研究に関する倫理指針」（2003年策定，2008年改正）も参考にすると良い。

学習を深めるための参考文献

『サンプルサイズの設計 —— 後悔先に立たず』
山口拓洋（2011）．（シリーズ・臨床家のための臨床研究デザイン塾テキスト中級編）健康医療評価研究機構
　サンプルサイズを前もって決めておくことの重要性と，研究タイプ別の具体的なサンプルサイズの決め方について解説されている。難しい内容を扱っているがコンパクトにまとまっている。

『いざ，倫理審査委員会へ —— 研究計画の倫理的問題を吟味する』
尾藤誠司（2008）．（シリーズ・臨床家のための臨床研究デザイン塾テキスト）健康医療評価研究機構
　研究倫理は，常識で考えてわかることではなく，勉強しなければ身につかない種類の問題である。本書は，研究倫理の実際的な問題について概説した本であり，研究の説明同意文書の実例も掲載されている。

第5章
どのような観点から調査するか
—— 臨床心理学における測定ツール

　臨床心理学的な文脈で人間が置かれている状況を理解するために，**バイオ・サイコ・ソーシャルモデル**（生物－心理－社会モデル）という考え方が存在する。心理学 psychology は，主にサイコ（心理）の部分を扱う学問であるが，臨床心理学の実践ではクライエントの現在の心理だけでなく，生物学的背景から取り巻く生活環境まで，考えられるすべての観点から包括的に理解する必要がある。したがって，臨床心理学では，個人の内的なサイコの部分だけでなく，バイオ（生物学）の観点や，ソーシャル（社会・人間関係）の観点を見落としてはならない。臨床心理学の研究においても，サイコだけでなく，バイオやソーシャルの観点を押さえてデータを取ることにより，より包括的で興味深い研究につながる。以下に，バイオ・サイコ・ソーシャルのそれぞれのデータと測定方法・ツールについて解説する。

1　バイオ —— 生物学的データ

　臨床心理学は，生活のさまざまな場面での人間の心理を理解し，問題の解決・予防や**生活の質**（QOL）の向上を目指す実践的学問である。そのような学問を志す人々は，心理的なものには関心があっても，身体や生物学的な事象への関心が薄いかもしれない。心理学を志しているのに，**生物学的データ**を取るというと，違和感を持たれるかもしれない。確かに，生物学的要因と心理社会的要因は区別されることが多く，前者は理系的なものであり，後者は文系的なもののように捉えられている。日本では，ほぼすべての心理学科はいわゆる文系学部に入っているために，生物学への距離感があるかもしれない。しかし，心理学的な現象を説明したり解明したりする時に，心理社会的なものだけでなく，生物学的なものを考えあわせることは，より包括的な研究につながる。

生物学的データといってまず思い浮かぶのは，血液や染色体，遺伝子などがある。採血のような身体侵襲性のある行為は，医師免許や看護師免許が必要になるので，臨床心理学の研究としては難しいかもしれない（もちろん，そのような免許を持っていたり，研究チームを組んでおこなったりすれば可能である。その場合は，事故などにより有害事象が起きた場合の研究参加者の不利益が大きいため，倫理委員会による審査を受けることが必須である）。

　このように考えると，生物学的データを取るのはハードルが高そうに思える。しかし，特に医療資格もなく，研究チームも組めない場合であっても，測定可能な生物学的データはたくさんある。たとえば，身長，体重，利き手，指の長さ，兄弟姉妹数，親の年齢などが挙げられる（利き手，兄弟姉妹数，親の年齢などは生物学的だけでなく心理社会的な要因もからんでいる可能性はある）。また，短期的変動としては不安や緊張を反映すると考えられる，長期的にはその人の年齢や体質によっても変わってくるであろう脈拍，呼吸数，血圧なども測定することが可能である。研究機材環境に恵まれていれば，脳波や脳画像（MRI, fMRI, NIRS, PET, SPECT, MRSなど），眼球運動，睡眠（ポリソムノグラフィ）などのデータを得ることも可能である。内分泌（ホルモン）の検査は，従来血液検査が多かったが，唾液から検体を取るようなより簡便な検査法も発達してきている。唾液であれば採血が要らないし，研究参加者に自分で毎日取ってもらい，冷凍庫で保管しておくようなことも可能になる。ストレスホルモンと呼ばれるコルチゾールを始め，性ホルモンなども唾液から検査が可能になっている。

　純粋に生物学的なデータというわけではないが，何らかの行動を客観的に測定することもできる。もっともよく使用されるのは，提示刺激に対する正誤反応とその反応時間である。また，視線・眼球運動の動きを計測するアイトラッカーも使用されることがある。このような測定は非常に単純なので，どのような刺激を提示するかは，研究者が自由に設定することができ，幅広い研究の可能性がある。

　生物学的データの長所は，その客観性にある。生物学的なデータの多くは，客観的な測定が可能である。逆に，心理社会的データの測定の多くは，調査対象となった人の自己報告に頼らざるを得ない。**自己報告データ**は，いったん調査対象となった人の主観を通ってきたものであり，そこで若干形が変えられてしまっている可能性があるので，正確に測定されていないかもしれないのである。たとえば，意識的に・また無意識的にある回答をすることで良くない評価や不利益を避けようとする（これを**社会的望ましさの効果**と呼ぶ）。また，対象

者が質問を誤解している，対象者の記憶が薄れている，ということによって，得られたデータは正確さに欠けたものになってしまう。(すべてではないが) 臨床心理学が**ソフトサイコロジー**と呼ばれ，得られる相関や平均値差が比較的小さい，言い換えれば，誤差が多く含まれていて「ぼやっとした」結果しか出ないと言われてしまうのは，このへんの事情があるためである。

一方，生物学的なデータの多くは，自己報告に頼らない直接測定が可能である。身長や脳画像は，信頼性の高い測定機材で測定してしまえば，研究参加者はどうやっても嘘をついたり主観を交えたりすることはできず，測定機材の持つ誤差だけが問題となる。脈拍や血圧については，測定時に，研究参加者がこれまで一番怖かった体験でも思い浮かべれば，若干コントロールすることはできてしまう。しかし研究参加者がそのようなコントロールをしたいと思う理由はあまりないし，本人の主観を通した自己報告データよりはだいぶましである。

生物学的データでも，自己報告となってしまう場合もある。利き手については，いろんな行動を左右の手でやらせてみて成績を見るという検査も考えられるが，一般的には「エディンバラきき手テスト（EHI）」(八田，1996; Oldfield, 1971) などの自記式質問紙によって測定した自己報告データとなることが多い。また，親の年齢や兄弟姉妹数などは，記憶違いや，実際に知らないということもありえる。それにしても，より心理的な変数を測定する尺度よりは，社会的望ましさの効果は少ないだろうと考えられる。

表5-1　エディンバラきき手テスト（EHI）(八田，1996; Oldfield, 1971)

項目数：10項目（＋2項目）

回答方法：よく使う方の欄（右手・左手）に＋を記入する。決して他方の手は使わないというほど片側しか使わない場合には＋＋を記入する。

集計：以下のラテラリティ係数（LG: Laterality Quotient）を算出する。
LQ ＝（右手の＋の数　－　左手の＋の数）／（右手の＋の数　＋　左手の＋の数）
LQ がマイナスの場合は左利き，プラスの場合は右利きと判定される。

項目例：1. 文字を書く
2. ボールを投げる
3. ハサミを使う
4. 歯ブラシを使う
5. 絵を描く
:

生物学的なデータを取った際，ある成分の血中濃度や脳の構造など，本人に

自覚できない，しにくいものの場合は，純粋に生物学的説明が可能になり，その知見が確かである可能性が高くなる。一方，兄弟姉妹数，身長など，本人に十分自覚可能なものでは，その影響を検討する時に，生物学的な説明と，心理社会的な説明の両方を考慮することが必要となる。生物学的なデータは，もともとなじみの薄さがあり，さらにその分野の生物学の勉強を多少やらなければならないというハードルはあるが，研究の幅が広がり，何よりも測定の誤差が少なくなって研究結果の確実性が上がるというメリットがある。

2 サイコ ── 心理学的データ

心理学的データは，心理学がもともと対象としてきた領域であり，非常に多くの測定ツールが開発され，さまざまなものが利用可能である。一方で，人間の心理とは目に見えにくいものであり，測定しようとする際には，本人の主観による自己報告や回想に頼らなければならない。自己報告には社会的望ましさなどによる歪みが生じうるし，回想には記憶の消失・改変がつきものであることには注意が必要である。

バイオ・サイコ・ソーシャルと言った場合の「サイコ」とは，どこからどこまでを指すのかは難しい問題である。純粋に生物学的なバイオと，人間関係の中で生じるソーシャルとの間の中間領域，個人の内面にあると考えられるものや個人の行動などを，ここではサイコと捉える。

心理学的データの収集には，**心理尺度**と呼ばれるものが使用されることが多い。典型的な心理尺度は，測定しようとするものをさまざまな角度から質問する質問項目（多くの場合は10個から100個程度）に回答してもらう形式である。心理尺度には大きく分けて2種類があり，回答者が自分で質問を読み自分で回答を記入する形式のものを**質問紙尺度**と呼び，評価者（研究者）が面接形式で質問し，口頭で回答を得るものを**面接尺度**と呼ぶ。それぞれの質問項目に対して，選択肢が2個から7個程度（それ以上ある場合もある）あり，統計解析的にはそれらは等間隔に並んでいると仮定し，すべての項目を合計することで**測定値（尺度得点）**とする。このような尺度は**リッカート尺度**と呼ばれる。測りたい概念の逆の意味になる項目を提示し，その項目については逆転させた点数を加点することもある（**逆転項目**と呼ぶ）。

回答の選択肢は，多くの場合，当てはまり具合，程度，頻度を回答させるも

のである。たとえば，抑うつの重症度を測定する自記式尺度である CES-D（20項目）の回答選択肢は 4 個あり（4 件法と呼ぶ），第 1 項目「普段は何でもないことがわずらわしい」に対して「この一週間のうちで A. ない　B. 1-2 日　C. 3-4 日　D. 5 日以上」を回答させる。

　自己報告のデータを得る際には，程度の大小を回答してもらうよりも，**頻度**を回答してもらった方が，測定誤差を減らすことができる。程度の大小（非常にあてはまる，かなりあてはまる，ややあてはまる … 等）では，「非常に」「かなり」などの形容語句が，回答者の主観に依存するので，個人によるブレが避けられない。一方，「月に 1 回以上」「週に 2, 3 回」などの回答選択肢であれば，思い出す時の記憶違いなどは避けられないとしても，回数は客観的に定義しやすいので，個人によるブレを減らすことが可能である。また，これは違う言語間で尺度を翻訳して使用し，その得点を比較する場合にも，「非常に」と「strongly」が同じである保証はないのに対して，少なくとも「週に 1 回」と「once a week」は同じであると考えることができるので，どちらでもかまわない場合には，頻度を聞いた方が有利である。

　臨床心理学の実践は，どのような領域であっても他職種とのコラボレーションが必要となることが多く，特に医療職との共通言語はどうしても必要になる。また，よりエビデンスベーストな研究と実践をしていくためには，日本だけで研究を進めるのではなく，海外における知見を十分踏まえたり，また海外と日本との比較により，日本の特徴をつかみ，より良い実践を模索したりしていくことが必要である。以下に，心理学的データを収集する際に，スタンダードとしてよく使われている測定ツールをまとめた。上記の理由から，心理学領域でしか使われないものはできるだけ避け，医学領域，特に精神医学においても頻繁に使われるもの，そして，日本独自のものではなく，海外でもよく使われて，国際比較が可能なものに重点をおいて紹介する。測定尺度は，一部のみを選択の参考のために掲載した。実際に研究に使用する場合は，元の論文にあたり，すべての項目，教示文や回答選択肢の詳細，実施方法，そして著作権と使用許諾の方法を確認してから使用すべきである。

2-1　全般的メンタルヘルス

　どのような臨床心理学研究においても，その個人の全般的なメンタルヘルスが良好であるかどうかは重要な観点となる。うつや強迫などの個別の症状について良好であるとか悪化しているという情報も有用ではあるが，個別の症状が

どうあれ，全般的にはうまく機能して生活していたり，全般的にメンタルヘルスが悪かったりという方が，実用的な意味では重大な情報である。そのため，全般的なメンタルヘルスの測定は，多くの研究において頻繁におこなわれる。なお，ある程度網羅的に尋ねていくツールが多いので，このような測定ツールに習熟することは，臨床アセスメント面接の技術向上にもなる。

(1) 国際的診断分類に基づく面接評価法

現在，精神医療や臨床心理実践の世界では，アメリカ精神医学会による **DSM-IV-TR**（APA, 2000）や世界保健機関による **ICD-10**（WHO, 1992）といった国際的な精神科診断分類が広く使われている。DSM-IV-TR や ICD-10 に基づいた全般的メンタルヘルスに関する測定ツールがいくつか作成されている。このような測定ツールに習熟することは，臨床実践においてもクライエントの状態を的確に把握する訓練にもなる。

SCID

アメリカ精神医学会による精神障害の診断分類である DSM-IV-TR は，5つの観点からの診断をその特徴のひとつとしている（多軸診断）。第1軸は全般的な精神障害，第2軸はパーソナリティ障害と精神遅滞，第3軸は関連する現在の一般身体疾患，第4軸は関連する心理社会的・環境的問題，第5軸はその人の機能の全体的なレベル（100点満点）である。DSM 用構造化臨床面接（Structured Clinical Interview for DSM-IV; SCID）は，このうち第1軸と第2軸の精神障害を診断するために作成されたアセスメント面接である（First et al., 1997）。第1軸精神障害の診断のための SCID-I，パーソナリティ障害の診断のための SCID-II などがある。SCID 面接は健康保険の対象となっている。SCID-I は，60分程度で実施できるとされている。対象者は15歳以上であれば実施可能と言われている。実施する際には，面接者が基本的な精神医学知識を習得していることが必要である。SCID は診断をおこなうための面接であり，診断カテゴリーへの分類はできるが，それぞれの症状の重症度の量的評価をおこなうことはできない。多くの項目の評価は「？：情報不十分」「1：なし，または否定」「2：閾値下」「3：閾値上，または肯定」の4つにコード化されることになっている。日本語版 SCID-I は，高橋ら（2003）により翻訳され，SCID-II は高橋・大曽根（2002）によって翻訳されている。

SCID は重症度を測る面接ではなく，その疾患があるかないかしかわからない。そのため，包含基準・除外基準としてある疾患がある者（またはない者）を判別するためや，何かの治療や，何かの出来事への暴露などによって，疾患が消失したか（または出現したか）といったことを厳密に評価することに

向いている。大部にわたる面接のため，詳細は引用文献を参照されたい。

CIDI

国際比較診断用構造化面接（Composite International Diagnostic Interview; CIDI）は WHO 世界保健機関が中心となって作成し，精神障害の研究を進めるための世界標準の構造化面接を目指したものである（Robins et al., 1988）。CIDI は地域疫学研究で大量のインタビューをおこなうことも考慮し，トレーニングを受けた非専門家による面接でも使用できるようになっているのが特徴である。その内容は DSM-IV と ICD-10 に対応している。CIDI も診断カテゴリーへの分類が目的のため，重症度の量的評価をおこなうことはできない。

M.I.N.I.

Mini International Neuropsychiatric Interview; M.I.N.I. はシーハンら（Sheehan et al., 1998）によって開発された精神疾患簡易構造化面接法である。長い時間がかかる SCID や CIDI とは違い，短時間（15 分程度）で DSM-IV-TR の第 1 軸のうち主要な 16 の精神障害（大うつ病エピソード，気分変調症，躁病エピソード，パニック障害，広場恐怖，社交不安障害，強迫性障害，心的外傷後ストレス障害，アルコール依存と乱用，薬物依存と乱用，精神病性障害，神経性無食欲症，神経性大食症，全般性不安障害）と，自殺の危険性，反社会性人格障害について簡易診断が可能となっている。日本語版は大坪ら（2003）

表5-2　M.I.N.I.の項目例（大坪ら, 2003 より抜粋）

大うつ病エピソードモジュール

A1　この 2 週間以上，毎日のように，ほとんど 1 日じゅうずっと憂うつであったり沈んだ気持ちでいましたか？　　　　　　　　　　　　　　　　いいえ　・　はい

A2　この 2 週間以上，ほとんどのことに興味がなくなっていたり，大抵いつもなら楽しめていたことが楽しめなくなっていましたか？　　　　　いいえ　・　はい

　　A1，または A2 のどちらかが「はい」である　　　　　　　　　いいえ　・　はい

A3　この 2 週間以上，憂うつであったり，ほとんどのことに興味がなくなっていた場合，あなたは：
　a　毎日のように食欲が低下，または増加していましたか？　または自分では意識しないうちに，体重が減少，または増加しましたか？　　いいえ　・　はい
（例：1 ヶ月間に体重の ± 5 ％，つまり 70kg の人の場合，± 3.5kg の増減）
　　　　　　　　　　　　　　　　　：
　　　　　　　　　　　　　　　　　：

によって翻訳と信頼性・妥当性の確認がされている。M.I.N.I.についても，上記2つの構造化面接と同じく，重症度の量的評価をおこなうことはできない。すべての質問は「はい・いいえ」の二択から選ぶようになっている完全に構造化された面接法である。

GAF（DSM 第5軸）

アメリカ精神医学会の DSM-IV-TR では，第5軸として全般的機能評価尺度（Global Assessment of Functioning; GAF）を用いて，患者の全般的機能を評価することが求められている。GAF は，心理的機能と，社会的・職業的機能の2側面から，100点満点にて評価をおこない，身体的・環境的な制約による機能障害は含めない。GAF は主治医，担当面接者，評価者による全般的な評価であり，構造化された評価方法ではないため，同じクライエントに対する評価でも，評価者が違うとかなりばらつきが出る可能性が高い。ただし，治療前後などで同じ主治医が評価するようなケースでは，大まかな評価として有用であるため，しばしば使用されている。

表5-3　全般的機能評価（GAF）（APA, 2000; 高橋ら訳, 2002, p.47）

精神的健康と病気というひとつの仮想的な連続体に沿って，心理的，社会的，職業的機能を評価せよ。身体的（または環境的）制約による機能の障害を含めないこと。

100－91
　広範囲の行動にわたって最高に機能しており，生活上の問題で手に負えないものは何もなく，その人に多数の長所があるために他の人々から求められている。症状は何もない。

90－81
　症状がまったくないか，ほんの少しだけ（例：試験前の軽い不安）。すべての面でよい機能で，広範囲の活動に興味をもち参加し，社交的にはそつがなく，生活に大体満足し，日々のありふれた問題や心配以上のものはない（例：たまに家族と口論する）。

80－71
　症状があったとしても，心理的社会的ストレスに対する一過性で予期される反応である（例：家族と口論した後の集中困難）。社会的，職業的，または学校の機能にごくわずかな障害以上のものはない（例：一時的に学業で後れをとる）。

70－61
　いくつかの軽い症状がある（例：抑うつ気分と軽い不眠），または，社会的，職業的，または学校の機能にいくらかの困難はある（例：時にずる休みをしたり，家の

金を盗んだりする）が，全般的には機能はかなり良好であって，有意義な対人関係もかなりある。

60－51
　中等度の症状（例：感情が平板で，会話がまわりくどい，時にパニック発作がある），または，社会的，職業的，または学校の機能における中等度の困難（例：友達が少ししかいない，仲間や仕事の同僚との葛藤）。

50－41
　重大な症状（例：自殺念慮，強迫的儀式が重症，しょっちゅう万引する），または，社会的，職業的，または学校の機能におけるなんらかの深刻な障害（例：友達がいない，仕事が続かない）。

40－31
　現実検討かコミュニケーションにいくらかの欠陥（例：会話は時々非論理的，あいまい，または関係性がなくなる），または，仕事や学校，家族関係，判断，思考または気分など多くの面での重大な欠陥（例：抑うつ的な男が友人を避け，家族を無視し，仕事ができない。子供がしばしば年下の子供をなぐり，家庭では反抗的であり，学校では勉強ができない）。

30－21
　行動は妄想や幻覚に相当影響されている。またはコミュニケーションか判断に重大な欠陥がある（例：時々，滅裂，ひどく不適切にふるまう，自殺の考えにとらわれている），または，ほとんどすべての面で機能することができない（例：1日中床についている。仕事も家庭も友達もない）。

20－11
　自己または他者を傷つける危険がかなりあるか（例：はっきりと死の可能性を意識しない自殺企図，しばしば暴力的になる，躁病性興奮），または，時には最低限の身辺の清潔維持ができない（例：大便を塗りたくる）。または，コミュニケーションに重大な欠陥（例：大部分滅裂か無言症）。

10－1
　自己または他者をひどく傷つける危険が続いている（例：暴力の繰り返し），または最低限の身辺の清潔維持が持続的に不可能，または，はっきりと死の可能性を意識した重大な自殺行為。

0
情報不十分

子どもの行動チェックリスト；CBCL
　子どもの行動チェックリスト（Child Behavior Checklist; CBCL）はAchenbach（1991）により開発された小児期・青年期における精神症状や行

動的問題を包括的に評価するためのチェックリストである。2-3 歳向けの幼児版（CBCL/2-3）と 4-18 歳向けの年長児版（CBCL/4-18）とがある。日本語版は井潤ら（2001）によって開発され，118 の選択項目からなり，それぞれについて評価者が 3 段階で評価する。8 つの症状群尺度（ひきこもり，身体的訴え，不安・抑うつ，社会性の問題，思考の問題，注意の問題，非行的行動，攻撃的行動）からなり，上位の尺度である内向尺度（ひきこもり，身体的訴え，不安・抑うつ）と外向尺度（非行的行動，攻撃的行動），そして総得点も評価に使用できる。それぞれの尺度について，正常域，境界域，臨床域の 3 種に判定できる基準が設定されている。評価は，保護者がおこなう。ほぼ同じ内容で，本人が回答する Youth Self Report（YSR），教師が回答する Teacher's Report Form（TRF）もある。

(2) 全般的精神健康についての自記式質問紙尺度

SCL-90-R

ホプキンズ症状チェックリスト（Hopkins Symptom Checklist 90-Revised; SCL-90-R）は，デロガティス（Derogatis, 1992）によって開発された全般的な精神症状を測定する自記式心理尺度である。1977 年に，重い精神症状も測定可能にするために改定された版が，現行の SCL-90-R である。名前のとおり 90 項目あり，5 件法によって回答する（0：なし，1：軽度，2：中等度，3：高度，4：極度）。内容は，身体化症状 12 項目，強迫症状 10 項目，対人過敏 9 項目，抑うつ 13 項目，不安 10 項目，敵意 6 項目，恐怖症性不安 7 項目，妄想様観念 6 項目，精神病性症状 10 項目，その他 7 項目である。SCL-90-R は，合計を項目数で除して平均点を用いる。下位尺度ごとの評価もできるが，さらに総合計を項目数（90）で除したものは症状苦悩指数と呼ばれ，全般的な主観重症度を表すとされる。カットオフポイントは設けられておらず，量的変数として扱うのが良いとされている。日本語版は，中尾・高石（1995）と古川ら（1996）によって作成され，信頼性・妥当性が確認されている。

GHQ

一般健康調査票（General Health Questionnaire; GHQ）は，1960 年代のロンドンで，ゴールドバーグによって開発された自記式質問紙尺度である（Goldberg, 1972）。60 項目の尺度で，総得点が高いほど精神障害である可能性が高いことを示す。識別力の高い項目を選んで作成された 30 項目版，28 項目版，20 項目版，12 項目版も存在する。施行時間は，60 項目版で 6〜8 分，12 項目版で 2〜5 分程度とされている。選択肢は，ここ数週間の状態について「全くなかった」「あまりなかった」「あった」「たびたびあった」から

1つを選ぶ4件法である。各選択肢にそれぞれ0点，1点，2点，3点を与えるリッカート法と，0点，0点，1点，1点を与えるGHQ法との2種類の採点法がある。日本語版GHQにおいて，精神障害の有無を判断するためのカットオフポイントは，60項目版では全体の12/17，30項目・28項目版では7/8，12項目版では3/4が妥当であるとされている（北村，1995; Kitamura et al. 1989）。

表 5-4　一般健康調査票（General Health Questionnaire; GHQ）12 項目版（島, 2004）

この数週間におけるあなたの心身の状態についてお伺いします。最も適当と思われる番号に〇をつけてください。

1. 何かをする時いつもより集中して
   ① できた　　　　　　　② いつもと変わらなかった
   ③ いつもよりできなかった　④ 全くできなかった

2. 心配事があって，よく眠れないようなことは
   ① 全くなかった　　　　② あまりなかった
   ③ あった　　　　　　　④ たびたびあった

3. いつもより自分のしていることに生きがいを感じることが
   ① あった　　　　　　　② いつもと変わらなかった
   ③ なかった　　　　　　④ 全くなかった

4. いつもより容易に物事を決めることが
   ① できた　　　　　　　② いつもと変わらなかった
   ③ できなかった　　　　④ 全くできなかった

5. いつもストレスを感じたことが
   ① 全くなかった　　　　② あまりなかった
   ③ あった　　　　　　　④ たびたびあった

　　　　　　⋮
　　　　　　⋮

K10, K6

K10（10項目），K6（6項目）は，ケスラー（Kessler et al., 2002）によって開発された精神疾患の簡便なスクリーニングのための自記式質問紙尺度である。世界中で，現在日本も含め11ヶ国語に翻訳されている。原著者において著作権フリーとされており，ハーバード大学のNational Comorbidity

Survey のウェブサイトにて pdf が公開されている。日本語版は古川ら（2002）によって開発され，信頼性が確認され，過去 12 ヶ月間の抑うつ性障害（大うつ病，気分変調症）および不安障害（パニック障害，広場恐怖，社会恐怖，全般性不安障害，PTSD）に関して妥当性が確認されている。有病率 10 % 程度の集団において，精神疾患である確率が 50 % 以上の検査後確率の集団を得たいならば，K6 ならば 15 点以上，K10 ならば 25 点以上をカットオフとして用いるのが適切であるとされている。

表 5-5　K10, K6 の項目（National Comorbidity Survey ウェブサイトより）

次の質問では，過去 30 日の間，あなたがどのように感じていたかについておたずねします。それぞれの質問に対して，そういう気持ちをどれくらいの頻度で感じていたか，一番当てはまる番号に○を付けてください。

過去 30 日の間にどれくらいしばしば…	いつも	たいてい	ときどき	少しだけ	全くない
a. 理由もなく疲れきったように感じましたか	1	2	3	4	5
b. 神経過敏に感じましたか	1	2	3	4	5
c. どうしても落ち着けないくらいに，神経過敏に感じましたか	1	2	3	4	5
d. 絶望的だと感じましたか	1	2	3	4	5
e. そわそわしたり，落ち着きなく感じましたか	1	2	3	4	5
f. じっと座っておれないほど，落ち着きなく感じましたか	1	2	3	4	5
g. ゆううつに感じましたか	1	2	3	4	5
h. 気分が沈みこんで，何が起こっても気が晴れないように感じましたか	1	2	3	4	5
i. 何をするのも骨折りだと感じましたか	1	2	3	4	5
j. 自分は価値のない人間だと感じましたか	1	2	3	4	5

（K6 では b, d, e, h, i, j のみ使用する）

（3）生活の質（QOL）についての自記式質問紙尺度

近年，医療福祉や臨床心理学の分野において「生活の質 Quality of Life; QOL」という言葉が普及するようになった。本人の生活全体を包括的に捉え，本人の主観的な満足度を重視した概念であり，精神疾患や，治療効果に関する研究で重要視されるようになってきている。世界保健機関 WHO の定義では「個人が生活する文化や価値観の中で，目標や期待，基準，関心に関連した自分自身の人生の状況に対する認識」とされている（田崎・中根，1997）。しかし，QOL の

研究分野においては，QOL について合意された厳密な定義ができていないのが現状である。よく使用される一般的な QOL 測定ツールの中で，日本語版が確立されている WHOQOL と SF36 を紹介する。

WHOQOL-100，WHOQOL-26

WHOQOL は，世界保健機関による健康の概念に基づいて作成され，国際比較のために，世界 15 ヶ国で同時に開発された。研究用の WHOQOL-100（100 項目）は 6 領域（心理，身体，社会的関係，自立のレベル，環境，精神性・宗教・信念）からなり，臨床用の WHOQOL-26（26 項目）は 4 領域（心理，身体，社会的関係，環境）からなっている。5 件法のリッカート尺度であり，それぞれの領域と全体の平均値を尺度得点とする。日本語版は，WHOQOL-26 のみ利用可能であり，詳細は田崎・中根（1997）を参照されたい。WHOQOL-26 の回答所要時間は 10 分程度とされている。

SF-36

SF-36（MOS Short-Form 36-Item Health Survey）は，健康関連 QOL を測定する自記式質問紙尺度である。もともとアメリカで作成され，現在では世界各国で広く使用されている。SF-36 は，8 つの下位尺度（身体機能，日常役割機能（身体），日常役割機能（精神），全体的健康感，社会生活機能，体の痛み，活力，心の健康）から成り立っていて，各項目の選択肢の数は，項目により異なっている。基本的にはリッカート尺度であるが，独特な採点法をおこなう箇所もある。短縮版である SF-12 や SF-8 も存在するが，日本語版の信頼性・妥当性の確認が終了しているのは SF-36 のみである。2007 年の日本の国民標準値が調査されており，個々の研究における結果は，国民標準値と比較して評価することができる。国民標準値の平均を 50，標準偏差を 10 とした偏差値スコア（Norm Based Scoring）を計算することもできる。SF-36 の回答所要時間は 10 分程度とされている。日本語版の SF-36 は，NPO 健康医療評価研究機構（iHope International）のウェブサイトを通じて使用申請をおこない，研究目的，研究費の有無，対象者数などに応じた使用料が課金されるシステムになっている。

2-2 個別の精神障害とその症状強度

全般的なメンタルヘルスではなく，DSM や ICD に列挙されているような個別の精神障害に関して，その有無や症状の強度を測定したい場合に使用できる測定ツールを以下に示す。

(1) 精神遅滞

DSM-IV-TR においても ICD-10 においても，精神遅滞の診断基準は，(1) 知能指数（IQ）が 70 未満，(2) 適応機能の水準が低い，(3) 18 歳未満で生じる状態であることの 3 つが挙げられている。ここでは 1 つ目の知能指数を測定するツールである知能検査を紹介する。

WAIS-III 成人知能検査

WAIS-III（Wechsler Adult Intelligence Scale-Third Edition）は，16 〜 89 歳までの年齢範囲に適用できる代表的な面接による知能検査である（Wechsler, 1997; 藤田ら，2006）。14 の下位検査（絵画完成，単語，符号，類似，積木模様，算数，行列推理，数唱，知識，絵画配列，理解，記号探し，語音整列，組合せ）からなり，言語性 IQ（VIQ），動作性 IQ（PIQ），全検査 IQ（FIQ）の 3 つの IQ に加え，この第 3 版から言語理解（VC），知覚統合（PO），作動記憶（WM），処理速度（PS）の 4 つの群指数を算出できるようになっている。検査の所要時間は 60 〜 95 分程度とされている。医療機関では健康保険の適用が可能である。なお，英語版は 2008 年に第 4 版となる WAIS-IV が発売されている。

WISC-III 知能検査

WISC-III（Wechsler Intelligence Scale for Children-Third Edition）は，5 歳 0 ヶ月〜 16 歳 11 ヶ月の年齢範囲に適用できる代表的な面接による知能検査である（Wechsler, 1991; 東ら，1998）。13 の下位検査（絵画完成，知識，符号，類似，絵画配列，算数，積木模様，単語，組合せ，理解，記号探し，数唱，迷路）からなり，言語性 IQ（VIQ），動作性 IQ（PIQ），全検査 IQ（FIQ）の 3 つの IQ を算出することができる。検査の所要時間は 60 〜 70 分程度とされている。医療機関では，健康保険の適用が可能である。なお，英語版は 2003 年に第 4 版となる WISC-IV が発売されており，日本語版も 2011 年 1 月から発売予定である。

(2) 広汎性発達障害

広汎性発達障害（Pervasive Developmental Disorder; PDD）は，(1) 社会性の障害，(2) コミュニケーションの障害，(3) 想像力の障害やこだわりの 3 つを主な症状とする発達障害である。広汎性発達障害は近年注目されているが，十分な経験を持って確定診断を下すことのできる専門家は未だ少なく，診断面接についても十分なトレーニングを受けなければおこなうことは難しい。一方，質

問紙尺度では高い精度で評価するのは現状では難しく、スクリーニングの一助として使用するにとどまる。ここでは、日本語版が開発されている質問紙尺度を紹介する。

CHAT, M-CHAT

Checklist for Autism in Toddlers; CHAT は、保護者が評価する質問紙 9 項目と、専門家による行動観察 5 項目からなる乳幼児期の PDD スクリーニング尺度である（Baron-Cohen et al., 1992）。日本語版は栗田（2002）によって開発されている。CHAT を、すべて親が評価する 23 項目の質問紙尺度として改良したものが乳幼児自閉症チェックリスト、M-CHAT（Modified Checklist for Autism in Toddlers）（Robins et al., 2001）である。M-CHAT の日本語版は、現在、信頼性・妥当性の確認作業中である（稲田・神尾, 2008）。

表 5-6　日本語版 M-CHAT の項目例
（国立精神・神経医療研究センター児童・思春期精神保健研究部，ウェブサイトより）

お子さんの日頃のご様子について、もっとも質問にあてはまるものを○で囲んでください。すべての質問にご回答くださるようにお願いいたします。…
（回答選択肢は　はい・いいえ）

1. お子さんをブランコのように揺らしたり、ひざの上で揺すると喜びますか？
2. 他の子どもに興味がありますか？
3. 階段など、何かの上に這い上がることが好きですか？
4. イナイイナイバーをすると喜びますか？
5. 電話の受話器を耳にあててしゃべるまねをしたり、人形やその他のモノを使ってごっこ遊びをしますか？
　　　　　　　　　　　　：
　　　　　　　　　　　　：

AQ

Autism-Spectrum Quotient; AQ は、自閉性障害に特徴的な「社会的スキル」「注意の切り替え」「細部への注意」「コミュニケーション」「想像力」の 5 つの領域から各 10 項目ずつの 50 項目で構成されている 4 件法の尺度である（Baron-Cohen et al., 2001）。青年期以降を対象とした自記式質問紙尺度である。日本語版は若林ら（2004）によって「自閉症スペクトラム指数（AQ）」として作成され、信頼性と妥当性が確認されている。自閉症スペクトラム上において病理的水準の自閉症傾向を持つという意味において、33 点以上がカットオフポイントとして妥当であるとされた。

表5-7　自閉症スペクトラム指数（AQ）の項目例 (若林ら, 2004)

質問の文を読んで，4つの中から，自分についてもっとも適当なものの数字に○をつけてください。
(回答選択肢：1. そうである　2. どちらかといえばそうである　3. どちらかといえばそうではない（ちがう）　4. そうではない（ちがう））

1. 何かをするときには，一人でするよりも他の人といっしょにするほうが好きだ．
2. 同じやりかたを何度もくりかえし用いることが好きだ．
3. 何かを想像するとき，映像（イメージ）を簡単に思い浮かべることができる．
4. ほかのことがぜんぜん気にならなくなる（目に入らなくなる）くらい何かに没頭してしまうことがよくある．
5. 他の人が気がつかないような小さい物音に気がつくことがよくある．
　　　　　　　　　　：
　　　　　　　　　　：

(3) アルコール関連障害

アルコール関連障害，特にアルコール依存は，問題が顕著になってからでは対応が難しいため，早期の発見が求められている。そのため，アルコールの問題を早期に発見するためのスクリーニング検査がいくつか開発されている。ここでは，国際的に用いられている自記式質問紙尺度を紹介する。

AUDIT

AUDIT（Alcohol Use Disorders Identification Test）は，WHOの6ヶ国（ノルウェー，オーストラリア，ケニア，ブルガリア，メキシコ，アメリカ）の調査研究に基づいて作成された（Babor et al., 1992）。現在の依存症だけでなく，将来的にそのリスクがある者も拾い出すことを目的としている。特にcore AUDITと呼ばれる10項目のスクリーニングを実施して，カットオフを超えた者に対しては追加の調査をおこなうことが推奨されている。英語による原版では感度を重視する場合は8点以上，特異度を重視する場合は10点以上をカットオフとしている。飲酒習慣は文化によって違うので，国によって異なるカットオフを用いることがおこなわれているが，日本では12点以上が問題飲酒の，15点以上がアルコール依存症のカットオフとされている。

表 5-8　core AUDIT の項目例（廣, 1997）

1. あなたはアルコール含有飲料をどのくらいの頻度で飲みますか？
    0. 飲まない　　　　　1. 1カ月に1度以下　　2. 1カ月に2〜4度
    3. 1週に2〜3度　　4. 1週に4度以上

2. 飲酒するときには通常どのくらいの量を飲みますか？
    ただし，日本酒1合＝2単位，ビール大瓶1本＝2.5単位
    　　　　ウイスキー水割りダブル1杯＝2単位，焼酎お湯割り1杯＝1単位
    　　　　ワイングラス1杯＝1.5単位，梅酒小コップ1杯＝1単位
    　　　　（1単位＝純アルコール9〜12g）
    0. 1〜2単位　　　　1. 3〜4単位　　　　　2. 5〜6単位
    3. 7〜9単位　　　　4. 10単位以上

3. 1度に6単位以上飲酒することがどのくらいの頻度でありますか？
    0. ない　　　　　　　1. 1カ月に1度未満　　2. 1カ月に1度
    3. 1週に1度　　　　4. 毎日あるいはほとんど毎日

　　　　　　　　　　　　：
　　　　　　　　　　　　：

(4) 統合失調症

　統合失調症は，妄想，幻覚，まとまりのない会話，ひどくまとまりのないまたは緊張病性の行動といった「陽性症状」と，感情の平板化，思考の貧困，意欲の欠如といった「陰性症状」からなる頻度の高い精神疾患である。古くから盛んに研究がおこなわれており，症状の評価尺度も多く存在する。疾患の特徴から，自記式尺度は使用が難しく，主治医などの他者が評価する尺度がほとんどである。ここでは代表的な尺度を1つ紹介する。

PANSS

　陽性・陰性症状評価尺度（Positive and Negative Symptom Scale: PANSS）は，統合失調症の症状を総合的に把握するための半構造化面接を使用した観察評価尺度である（Kay et al., 1991）。陽性型，陰性型，混合型などの類型評価に用いたり，点数を重症度評価に用いたりすることができる。陽性症状7項目，陰性症状7項目，総合精神病理尺度16項目の合計30項目を，それぞれ7段階で評価する。面接には30〜40分かかるとされる。面接は4期に分かれている。第1期では患者との疎通性を確立するために，非挑戦的な態度で，構造化されていないやり取りをし，生活歴や生活状況を把握する。第2期では半構造化された質問を用いて陽性症状を評価する。第3期で，構造化された

質問を使用して気分，不安，見当識，抽象的思考能力を評価する。最後に第4期では，指示的，挑戦的な質問に対する反応を見ることで，症状や社会的機能，防衛などについて評価する。また，病院職員や家族などからも聴き取りをおこない，検討要素に加える。

表5-9　陽性・陰性症状評価尺度（PANSS）の一部（山田ら, 1991）

1. 妄想　根拠がなく，非現実的で風変わりな確信。面接中に表明された思考内容と，それが社会環境や行動におよぼす影響を評価する。

    な　　し：定義に当てはまらない。

    ごく軽度：病理的か疑わしい。もしくは正常上限。

    軽　　度：曖昧ではっきりせず，強固でない妄想が一，二認められる。妄想は，思考・社会関係・行動を妨げない。

    中 等 度：組織化されず変化しやすい不安定な妄想か，二，三の確固とした妄想があり，時に思考・社会関係・行動を妨げる。

    やや重度：多くの確固とした妄想があり，時に思考・社会関係・行動を妨げる。

    重　　度：明瞭でときには体系化した妄想が強固に保持される。思考・社会関係・行動を明らかに妨げる。

    最 重 度：高度に体系化された妄想，無数の確固とした妄想があり，患者の生活の主要な面を支配している。しばしば不適切で無意味な行為を生み，本人や他人の安全を脅かすこともある。

2. 概念の統合障害　目的指向性の障害として特徴づけられるような，思考過程の統合不全。たとえば，でまかせ応答，支離滅裂，連合弛緩，不合理な推論，非論理性や思考途絶。面接中に観察された認知・言語的な処理過程を評価する。

    な　　し：定義に当てはまらない。

    ごく軽度：病理的か疑わしい。もしくは正常上限。

    軽　　度：思考は場当たりで，脱線しがちであり，不合理なときがある。目標に思考を向けることが少し困難だったり，ストレスがかかると連合弛緩がいくらか明らかになったりする。

    中 等 度：会話が短く単純であれば思考の焦点を合わせることができるが，会話が複雑な時や些細なストレス下で思考が弛緩したり，見当違いになる。

    やや重度：全般的に思考の統合が困難であり，ストレスのない時でも無関係さやつながりのなさもしくは連合弛緩がみられる。

    重　　度：思考はひどく脱線し，内的一貫性を失い，ほとんどいつも粗大な思考解体や無関係さが見られる。

    最 重 度：思考は滅裂にまで解体している。顕著な連合弛緩があり，会話はまったく成り立たない。たとえば，「言葉のサラダ」や緘黙症。

    ⋮
    ⋮

(5) うつ病

うつ病は持続する気分の落ち込みを特徴とする頻度の高い精神疾患である。うつ病についても多くの測定ツールが開発されているが，特によく使用される4つを紹介する。

ハミルトン抑うつ評価尺度（HAM-D または HRSD）

ハミルトン抑うつ評価尺度（HAM-D または HRSD）は，1960年代にマックス・ハミルトンが作成したうつ病の臨床評価尺度であり，現在でも広く用いられている（Hamilton, 1960）。21項目から成り立っているが，重症度評価には最初の17項目の合計を用い，残りの4項目はサブタイプを表現するためのものである。その後，さまざまな派生尺度が作成されたが，より良い比較研究をおこなうために，SIGH-D（Structured Interview Guide for the Hamilton Depression rating scale）と呼ばれる厳密な構造化面接が開発された（Williams, 1989）。SIGH-D の日本語版も開発され，信頼性・妥当性が確認されている（中根・Williams, 2003）。

CES-D うつ病自己評価尺度

CES-D うつ病自己評価尺度（Center for Epidemilogic Studies Depression scale）は米国国立精神保健研究所（NIMH）によって開発された自記式質問紙尺度である（Radloff, 1977）。一般人口からうつ病者を発見することを目的としていた。20項目について，その頻度を4件法にて回答する。所要時間は10〜15分とされている。カットオフポイントは，英語版では16点以上とさ

表5-10　CES-D うつ病自己評価尺度の項目例（島ら, 1985）

この1週間のあなたのからだや心の状態についてお聞きいたします。…
（回答選択肢はA：ない，B：1〜2日，C：3〜4日，D：5日以上）

1. 普段は何でもないことがわずらわしい
2. 食べたくない。食欲が落ちた
3. 家族や友達からはげましてもらっても気分が晴れない
4. 他の人と同じ程度には能力があると思う。
5. 物事に集中できない
6. 憂うつだ
　　　　　　　　　：
　　　　　　　　　：

れており，日本語版でも16点以上として問題ないことがわかっている（島ら，1985）。健康保険の適用が可能である。

ベック抑うつ質問票（BDI-II）
　ベック抑うつ質問票（BDI-II）は，認知療法の第1人者であるベックらによって開発された自記式質問紙尺度である。初版は1961年に作成された（Beck et al., 1961）。その後，DSM-IVに合わせて改定されたものがBDI-IIである。小嶋・古川（2003）によって日本語版が開発された。21項目からなり4件法で回答する。極軽症：13点以下，軽症：14〜19点，中等症：20〜28点，重症：29〜63点とされている。健康保険の適応にはなっていない。

表5-11　ベック抑うつ質問票（BDI-II）項目例（小嶋・古川, 2003）

この質問票には21の項目があります。それぞれの項目に含まれる文章をひとつひとつ注意深く読み，それぞれの項目で，今日をふくむこの2週間のあなたの気持ちに最も近い文章をひとつ選び，選んだ文章の番号を○で囲んでください。もし，ひとつの項目で同じように当てはまる文章がいくつかある場合は，番号の大きい方を○で囲んでください。…

1. 悲しさ
　0　　わたしは気が滅入っていない
　1　　しばしば気が滅入る
　2　　いつも気が滅入っている
　3　　とても気が滅入ってつらくて耐えがたい

2. 悲観
　0　　将来について悲観していない
　1　　以前よりも将来について悲観的に感じる
　2　　物事が自分にとってうまくいくとは思えない
　3　　将来は絶望的で悪くなるばかりだと思う

3. 過去の失敗
　0　　自分を落伍者だとは思わない
　1　　普通の人より失敗が多かったと思う
　2　　人生を振り返ると失敗ばかりを思い出す
　3　　自分は人間として完全な落伍者だと思う

4. 喜びの喪失
　0　　自分が楽しいことには以前と同じくらい喜びを感じる
　1　　以前ほど物事を楽しめない
　2　　以前楽しめたことにもほとんど喜びを感じなくなった
　3　　以前楽しめたことにもまったく喜びを感じなくなった
　　　　　　　　　：
　　　　　　　　　：

SDS うつ性自己評価尺度

SDS うつ性自己評価尺度 (Zung Self-rating Depression Scale) は，ザングによって開発されたうつ病の重症度を評価する自記式質問紙尺度である (Zung, 1965)。20項目からなり，頻度を 1, 2, 3, 4 点の 4 段階で回答する。合計点について，40 点以上がカットオフポイントとされている。

表 5 - 12　SDS うつ性自己評価尺度　項目例 (福田・小林, 1973)

(回答選択肢は「ないかたまに」「ときどき」「かなりのあいだ」「ほとんどいつも」)

1. 気分が沈んで，憂うつだ
2. 朝方はいちばん気分がよい
3. 泣いたり，泣きたくなる
4. 夜よく眠れない
5. 食欲はふつうだ
6. まだ性欲がふつうにある
　　　　　：
　　　　　：

(6) 不安

不安障害にはさまざまなものがある。認知行動療法が応用しやすいこともあって，さまざまな臨床心理学的研究が進んでいる。個別の不安障害については後述するとして，ここでは，全般的な不安を測定する代表的な尺度を紹介する。

STAI

特性－状態不安検査 (State Trait Anxiety Inventory: STAI) は，特性不安と状態不安を測定するためにスピールバーガー (Spielberger, 1983) が開発した自記式質問紙尺度である。特性不安とは長期的な変動が少ないとされる性格特性としての不安を表し，状態不安とは時間的に変動の大きい一過性の不安のことである。日本語版は肥田野ら (2000) によって翻訳されている。

> **コラム● 4種の抑うつ尺度のメタ分析による比較**
>
> 　アラン・シャファー（Shafer, 2006）は，4つの抑うつ尺度 BDI（BDI-II は除外），CES-D，HRSD，SDS のこれまでの因子分析の結果に関するメタ分析（多くの先行研究の結果を統合して分析すること）をおこなった。目的は，①それぞれのテストで測られている，また，②テスト間に共通に見られる，低次の抑うつ共通因子を見つけ出すことであった。
> 　検索エンジンには PsycINFO と MEDLINE を使用し，4つの尺度名と，factor, factor analysis, principal component analysis, component, structure などを掛け合わせて検索をおこなった。それぞれの尺度について 33, 28, 17, 13 個の研究が得られた。
> 　その結果，4つの尺度は，いずれも大きな抑うつの共通因子と，小さないくつかの抑うつ症状因子とをよく測定していた。母集団や，推定法・回転法，因子数の違いにもかかわらず，それぞれの尺度で一貫していた。なかでも，もっとも強く支持されたのは，CES-D の 4 因子構造（身体化，抑うつ感情，ポジティブな感情，対人的問題）であった。他の尺度よりも，研究による因子構造の揺れが少なかった。これはオリジナルのラドロフ（Radloff, 1977）の下位分類と一致していた。その次に安定していたのは BDI だった。
> 　この研究では，抑うつ・ネガティブな感情という因子が，もっとも基本的な抑うつの因子であると考えられた。一方，それぞれの尺度ごとに見られた小さな因子には，不安，ポジティブ感情，対人機能，パフォーマンスの障害が見られた。不安の高い人は一般人口にも多いし，身体化症状は高齢になれば増えるので，この 2 つはうつ症状から外すべきだと考える人もいる。
> 　4つの尺度は基本的な抑うつという因子をよく測定していたが，BDI は認知的側面，HRSD は不安と不眠，SDS はポジティブ・ネガティブな症状とそれぞれの特徴もあった。ある意味で CES-D は，もっともバランスが取れた代表性のあるテストであると言える。

表 5-13　STAI 特性−状態不安検査の項目例（肥田野ら，2000）

STAI Y-1（状態不安）

　<u>たった今，あなたがどう感じているか</u>，最もよくあてはまる箇所（番号）を各項目の右の欄から選んで，○で囲んでください。あまり考えこまないで，<u>あなたの現在の気持ち</u>を一番よく表すものを選んでください。
（回答選択肢：全くあてはまらない，いく分あてはまる，かなりよくあてはまる，非常によくあてはまる）

1. おだやかな気持ちだ
2. 安心している
3. 緊張している
4. ストレスを感じている
5. 気楽である
   :
   :

STAI Y-2（特性不安）
　あなたがふだん，どう感じているか，最もよくあてはまる箇所（番号）を各項目の右の欄から選んで，○で囲んでください。あまり考えこまないで，<u>あなたがふだん，感じている気持ち</u>を一番よく表しているものを選んでください。
（回答選択肢：ほとんどない，ときどきある，たびたびある，ほとんどいつも）

21. 楽しい気分になる
22. 神経質で落ちつかない
23. 自分に満足している
24. とりのこされたように感じる
25. 気が休まっている
    :
    :

（7）パニック障害

　パニック障害は，強い恐怖や不快感を伴った動悸，発汗，震え，息苦しさなどのパニック発作に繰り返し苦しめられる状態である。すぐに逃げ出せない電車や人ごみなどパニック発作が起こりそうな状況を回避するようになる広場恐怖を伴うことも多い。ここではパニック障害の症状を評価する尺度を1つ紹介する。

PDSS

　パニック障害重症度評価尺度（Panic Disorder Severity Scale；PDSS）は，シァーら（Shear et al., 1997）によって作成されたパニック障害の重症度を測定する構造化面接尺度である。山本ら（Yamamoto et al., 2004）によって日本語版の信頼性と妥当性が確認されている。パニック発作の頻度，パニック発作による不快感・苦痛，予期不安の程度，広場恐怖・回避の程度，パニック障害関連感覚への恐怖と回避の程度，そして職業上の機能障害，社会機能障害という合計7項目を5段階で評価する尺度である。

表 5-14　PDSS パニック障害重症度評価尺度の項目例（古川・神庭，2003）

1. 症状限定エピソードを含むパニック発作の頻度

質問：この 1 ヶ月に，完全なパニック発作を何度経験しましたか。4 つ以上の随伴症状がある発作のことです。症状限定エピソード，つまり随伴症状が 3 つ以下の発作はどうですか。平均して，1 日 1 回以上の症状限定エピソードがありましたか。（評価の対象となった期間に生じた完全なパニック発作の回数を週数で割って 1 週あたりの頻度を計算せよ）

- 0 ＝パニック発作も，症状限定エピソードもない
- 1 ＝軽症。平均してパニック発作は週に 1 回未満で，かつ，症状限定エピソードは一日に 1 回以下である。
- 2 ＝中等症。パニック発作は週に 1-2 回，かつ／または，症状限定エピソードは一日に複数回。
- 3 ＝重症。平均してパニック発作が週に 2 回を超えるが，一日に 1 回以下である。
- 4 ＝極度に重症。評価の対象となった期間の半分以上の日で，完全なパニック発作が 1 日 1 回を超える。

2. 症状限定エピソードを含むパニック発作による不快感や苦痛

質問：この 1 ヶ月に，パニック発作や症状限定発作を起こしたときに，どれくらいつらかったですか。発作そのものが起こっているあいだに，あなたが感じた不快感や苦痛の程度についてお聞きしたいのですが。
（この項目は，評価の対象となった期間のあいだに生じたパニック発作の最中に患者が経験した不快感や苦痛の程度の平均を評価する。症状限定エピソードは，完全パニック発作よりも強い不快感を伴った場合のみ，評価の対象となる。パニックの最中の不快感や苦痛と，発作が起こるかもしれないという予期不安とをしっかり区別せよ）

- 0 ＝パニック発作も，症状限定エピソードもない。もしくは，エピソードのときに不快感なし。
- 1 ＝軽度の不快感。しかし，ほとんどまたは全く困難なく活動を続けることが出来た。
- 2 ＝中等度の不快感もしくは苦痛。しかし，まだ手に負える程度で，活動を続けかつ／または集中力を保つことは出来たが，困難を伴った。
- 3 ＝重症で顕著な不快感と苦痛，および障害。集中力がなくなりかつ／または活動を止めなくてはならなかったが，その部屋もしくは状況にとどまることが出来た。
- 4 ＝極度に重症で機能できなくなるほどの不快感と苦痛。活動を中止しなくてはならず，可能ならばその部屋もしくは状況から立ち去るか，極度の苦悩に絶えながらその場にとどまり集中力が続かない。

：
：

(8) 社交不安障害（社会不安障害）

社交不安障害（Social Anxiety Disorder; SAD）は，他者からの否定的評価や拒絶を恐れて，対人場面で極端な不安を感じたり回避したりする状態である。対人場面で不安を感じるため，生活への支障が大きい。国際的に使用されている社交不安障害の症状を測定する尺度を紹介する。

LSAS

Liebowitz Social Anxiety Scale（LSAS）は，リーボウィッツ（Liebowitz, 1987）が作成した社交不安障害の恐怖や回避に関する面接評価尺度である。24項目に関して，恐怖の程度と回避の程度をそれぞれ4段階で評価する。日本語版は朝倉ら（2002）が作成した。彼らは，面接評価だけでなく，自記式質問紙尺度も開発し，双方の信頼性と妥当性を確認している。

表5-15　日本語版LSAS（自記式）の項目例（朝倉ら, 2002）

ここ1週間の状況についてあてはまるものに○をつけてください。
回答選択肢：
恐怖感・不安感
　0：全く気にしない，1：少しは感じる，2：はっきり感じる，3：非常に強く感じる
回避
　0：全く回避しない，1：回避する（確率1/3以下），2：回避する（確率1/2程度），
　3：回避する（確率2/3以上または100％）

1. 人前で電話をかける
2. 少人数のグループ活動に参加する
3. 公共の場所で食事する
4. 人と一緒に公共の場所でお酒（飲み物）を飲む
5. 権威ある人とお話をする
　　　　：
　　　　：

(9) 強迫性障害

強迫性障害（Obsessive Compulsive Disorder; OCD）は，ささいなことやほぼありえないようなことに関する侵入的な考えによって非常に不安になってしまう強迫観念と，それを解消して安心を求めようとする努力である強迫行為とに支配されてしまう状態である。強迫性障害に対しては，薬物療法や認知行動療法

が有効であることが確認されている。これらの効果研究には，ほとんどの場合，下に紹介するY-BOCSという評価尺度が使用され，ゴールドスタンダードとなっている。

Y-BOCS

Y-BOCS（Yale-Brown Obsessive Compulsive Scale）は，グッドマンら（Goodman et al., 1989a; 1989b）によって開発された強迫性障害の面接評価尺度である。日本語版は中嶋ら（Nakajima et al., 1995）によって作成され，信頼性と妥当性が確認されている。Y-BOCSの実施手順は，まず「強迫観念」「強迫行為」について定型文章を使って説明する。次に「症状評価リスト」を用いて，存在する強迫観念と強迫行為とをチェックさせる。ここまでの準備が終わったら，最後にアンカーポイントによって重症度の評価をおこなう。強迫観念と強迫行為とのそれぞれについて，(1) 占められる時間，(2) 社会的な障害，(3) 苦痛，(4) 抵抗，(5) 制御の程度について，合計10項目を質問していく。それぞれの項目は0～4点の5段階で評価する。したがってスコアの範囲は0点から40点となる。半構造化面接なので，追加の説明や補足質問をすることも許されている。最終的な5段階の評価の決定は，実施者の臨床的な判断によってなされる。

Y-BOCSには自記式の尺度も存在し，自記式Y-BOCSの日本語版は浜垣ら（1999）によって作成され，信頼性と妥当性が確認されている。

表5-16　日本語版Y-BOCSの項目例（多賀, 2004）

症状評価リスト
　全項目を質問し存在する症状に?印を付し主要な症状には「P」の印を付けよ。（患者の行動がまぎれもなくOCDであると判断され，単一恐怖症または心気症のような障害による症状ではないことを評価者は確認する必要がある。「＊」の付いた項目はOCDの症状であるとは限らない。）

【強迫観念】
攻撃的な強迫観念
□自分を傷つけてしまうかもしれないという恐れ
□他人を傷つけてしまうかもしれないという恐れ
□暴力的あるいは恐ろしい考えや場面などの想像が頭に浮かんで離れない
　　　　　　：
　　　　　　：

【強迫行為】
掃除と洗浄に関する強迫行為
□過度なあるいは儀式的に行う手洗い行為

□過度なあるいは儀式的に行うシャワー浴び，入浴，歯磨き，身繕い，トイレなどの日常行為
□家具やその他の家庭用品まで執拗にきれいにしようとする行為
　　　　　　　：
　　　　　　　：

Y-BOCS（アンカーポイント）

1. 強迫観念に占められる時間
◇質問「強迫的な考えにとらわれている時間は1日のうちどれくらいでしょうか？」
◇質問「強迫的な考えが1日に何回ぐらい起こりますか？」

　0＝全くない
　1＝軽度，1日に1時間以内，あるいは時折生じる。
　2＝中等度，1日に1時間から3時間，あるいは頻回に生じる。
　3＝重度，1日に3時間から8時間まで。あるいは極めて頻回に生じる。
　4＝極度，1日に8時間以上，あるいはほとんど一貫してみられる。

2. 強迫観念による社会的障害
◇質問「社会活動や仕事（役割）をするうえであなたの強迫的な考えがどれほど障害になりますか？」
◇質問「強迫的な考えのためにあなたがやろうとしてもできないことがありますか？」

　0＝全くない
　1＝軽度，社会活動や職業面でわずかに障害があるが．全体の能率は損なわれていない。
　2＝中等度，社会活動や職業面で明らかな障害があるが，自分で処理していける。
　3＝重度．社会活動や職業面で本質的な障害がある。
　4＝極度，自分で処理することは不可能。
　　　　　　　：
　　　　　　　：

---

(10) 心的外傷後ストレス障害 (PTSD)

　心的外傷後ストレス障害（Post-Traumatic Stress Disorder; PTSD）は，自然災害，交通事故，犯罪被害，虐待・DVなど命をおびやかすようなトラウマ体験に遭い，その後，再体験，回避・麻痺，過覚醒の症状から回復せず，長く悩まされる状態である。PTSDの評価尺度は，CAPSと呼ばれる構造化面接尺度と，IES-Rと呼ばれる自記式質問紙尺度が世界的に広く使用されているゴールドスタンダードとなっている。いずれの尺度も健康保険の適応となっている。

CAPS

　PTSD 臨床診断面接尺度（Clinician Administered PTSD Scale; CAPS）は，ブレークら（Blake et al., 1995）が開発した構造化診断面接であり，診断の有無と重症度を評価することができる。CAPS-DX と CAPS-SX の 2 種類があり，質問自体は同様であるが，項目の選択肢が異なっている。CAPS-DX は過去 1 ヶ月間の症状評価（現在診断）とトラウマ以降現在までのすべての期間の症状評価（生涯診断）ができる。CAPS-SX は，過去 1 週間の症状評価をおこなうためのもので，繰り返し評価をおこない重症度の推移を見るような用途に使用する。トラウマ体験の聴き取りの後，再体験症状（5 項目），回避・麻痺症状（7 項目），過覚醒症状（5 項目）についてそれぞれ，症状の頻度と強度とを 0 点〜4 点の 5 段階で質問していく。したがって，スコアの範囲は 0 点から 136 点となる。その後，診断のために，発症時期，症状の持続，主観的苦痛，社会的機能の障害，職業その他の重要な領域での機能障害についての質問をする。CAPS は，長期経過後でなく，トラウマ直後（4 週間以内）の診断カテゴリーである急性ストレス障害（Acute Stress Disorder; ASD）の評価にも使用できる。

　CAPS の日本語版は，飛鳥井ら（2003）によって作成され，信頼性と妥当性が確認されている。

表 5 - 17　日本語版 CAPS-DX の項目例（飛鳥井, 2004）

1.（B-1）その出来事について，繰り返し，侵入的に生じる苦痛な記憶で，イメージ，思考，知覚などを含む。（注）：小児の場合は，外傷のテーマやある局面を表現するような遊びを繰り返すことがある。

頻度
　これまで，（出来事）についての記憶で，思い出したくないのに思い出してしまったことがありましたか？　それはどのようなものでしたか？　（何を思い出しましたか）［はっきりしなければ次を確認する］（それは，目を覚ましている時でしたか，あるいは夢の中だけですか）［記憶が夢の中だけで見られた場合は除外する］この 1 ヶ月間にそのような記憶をどのくらいの頻度で思い出しましたか？

　0 ― 全くなし
　1 ― 1 回か 2 回
　2 ― 週に 1 回か 2 回
　3 ― 週に数回
　4 ― 毎日あるいはほとんど毎日

強度
　そのような記憶は，どの程度の苦痛や不快な感じをともないましたか？　頭の中から追い出して他のことを考えることができましたか？　（そうするのにどれくらい努力が必要でしたか）そのような記憶は，どれくらいあなたの生活のさまたげにな

りましたか？

0 ― 全くなし
1 ― 軽度，わずかな苦痛ないし活動へのさまたげとなる程度
2 ― 中等度，苦痛は明らかに存在するが，対処可能な範囲であり，活動にいくらかさまたげとなる程度
3 ― 重度，かなりの苦痛があり，記憶を振り払うことが難しく，活動上顕著なさまたげがある
4 ― 極度，その人の能力をだめにするような苦痛，記憶を振り払うことも不可能で，活動を続けることもできない

2. (B-2) その出来事に関する苦痛な夢の繰り返し。（注）：小児では，はっきりと内容を把握できない恐ろしい夢としてあらわれることもある。

頻度

これまで，（出来事）について不快な夢を見たことがありますか？ 典型的な夢について教えてください？（夢の中でどんなことが起きるのですか）この1ヶ月間では，どれくらいの頻度でそのような夢を見ましたか？

0 ― 全くなし
1 ― 1回か2回
2 ― 週に1回か2回
3 ― 週に数回
4 ― 毎日あるいはほとんど毎日

強度

そのような夢は，どの程度の苦痛や不快な感じをともないましたか？ そのような夢のために目が覚めたことがありましたか？［答が「はい」なら］（目が覚めた時はどうなりましたか。もう一度眠るのに，どれくらい時間がかかりましたか）［目が覚めた時の不安，叫び声，夢の中にいるように行動してしまった，などに注意して聞く］（あなたの夢はあなた以外の人にも影響を与えましたか。どのような影響でしたか。）

0 ― 苦痛はなし
1 ― 軽度，わずかな苦痛，目が覚めない場合もある
2 ― 中等度，苦痛で目が覚めることもあるが，すぐ再入眠できる
3 ― 重度，かなりの苦痛で，簡単には再入眠できない
4 ― 極度，その人の能力をだめにするような苦痛，再入眠できない。

     ：
     ：

IES-R

改定出来事インパクト尺度（Impact of Event Scale-Revised; IES-R）は，ウェイスら（Weiss et al., 1997）によって作成された22項目からなる自記式質問紙尺度である。PTSDやトラウマに関する研究では，上記のCAPSと並んでもっとも頻繁に使用される尺度である。名前のとおり，ホロウィッツら（Horowitz et al., 1979）によるIES（Impact of Event Scale）が改定されたもの

第5章 どのような観点から調査するか ― 臨床心理学における測定ツール | 83

である。IES は，侵入（再体験）症状 7 項目，回避症状 8 項目の計 15 項目で構成されていた。改訂版の IES-R では，再体験，回避に加えて，覚醒亢進症状を測定する 7 項目が追加され，22 項目となった。また，回答方法も変更され，4 段階ではなく 5 段階（0～4 点）へ，そして従来の症状頻度ではなく症状強度を回答するようになっている。トラウマとなる出来事を特定し，教示文の中（下線空白部）に記入するようになっている。回答は「本日を含む最近の 1 週間」についておこなうことになっており，重症度の時間的変化を測定するのにも向いている。

IES-R の日本語版は，飛鳥井ら（Asukai et al., 2002）によって翻訳され，十分な再テスト信頼性，クロンバックの α 係数を持っていることが確認された。24/25 点をカットオフ値とすることが推奨されている。日本の PTSD やトラウマ研究においても幅広く利用されている。

表 5-18　日本語版 IES-R の項目例（飛鳥井, 2004）

下記の項目はいずれも，強いストレスを伴うような出来事にまきこまれた方々に，後になって生じることのあるものです。　　　　　　　　　　　　　　に関して，<u>本日を含む最近の 1 週間</u>では，それぞれの項目の内容について，どの程度強く悩まされましたか。あてはまる欄に○をつけて下さい。（なお答に迷われた場合には，不明とせず，最も近いと思うものを選んでください。）

	（この1週間の状態についてお答えください。）	0.全くなし	1.少し	2.中くらい	3.かなり	4.非常に
1	どんなきっかけでも，そのことを思い出すと，そのときの気持ちがぶりかえしてくる。					
2	睡眠の途中で眼がさめてしまう。					
3	別のことをしていても，そのことが頭から離れない。					
4	イライラして，怒りっぽくなっている。					
5	そのことについて考えたり思い出すときは，なんとか気を落つかせるようにしている。					
:	:					

（11）解離性障害

解離性障害の基本的な特徴は，意識，記憶，同一性，知覚について，通常は統合されている機能が破綻してしまうことである。通常の物忘れのレベルを超えて重要な記憶が思い出せない解離性健忘，家庭や職場から突然予期せぬ放浪に出てしまう解離性とん走，2 つ以上の区別できる同一性・人格が存在している解離性同一性障害（以前は多重人格性障害），正常な現実検討を保ちながらも

自分の精神過程や身体から遊離している感覚を持つ離人症性障害などがある。ここでは，解離症状を測定するために頻繁に使われる自記式質問紙尺度を紹介する。

DES

DES (Dissociative Experiences Scale) は，解離症状を測定するために，国際的にもっとも頻繁に使用されている自記式質問紙尺度である。バーンスタインら (Bernstein et al., 1986) によって開発された。この尺度は，当時で言う多重人格性障害（現在の解離性同一性障害）をもっともよく判別できるように作成された。そのため，上記の解離症状を網羅的に測定しているわけではない。想起の変動，記憶の空白，離人，没入・想像活動への関与，フラッシュバック，ソースモニタリングエラー，苦痛の無視，能力の変動などを測定する28項目からなる。回答の方法は，もともと0％から100％までの間に引かれた直線上の任意の点に印をつけるビジュアル・アナログ・スケール (VAS) が採用されていた。しかし採点が簡単な11段階のリッカート法（0％～100％）が使われることが多くなっている。11件法のものは DES-II と呼び分ける場合もある。得点の算出には，各項目の回答の平均値が使われる。得点は0～100の間の値を取るが，30点がカットオフとして用いられる。因子分析の結果は収束していないが「健忘」「離人」「没入・想像活動への関与」の3つの下位尺度が用いられる場合もある。日本語版は田辺 (1994)，岡野 (1995)，梅末ら (Umesue et al., 1996) などいくつか存在する。ここでは田辺による日本語版の項目例を紹介する。

表5-19　日本語版 DES の項目例（田辺, 2004）

　これは，日常生活であなたに起こるかも知れないいくつかのことがらについてお答えいただくものです。
　お酒に酔ったり薬の影響を受けたりしていないときに，それぞれの項目にあるようなことが，あなたにどれくらいあるかをお答え下さい。
　0％ を「そういうことはない」，100％ を「いつもそうだ」として，各項目の下にある回答欄の数字の適当なところを○で囲んで，それがあなたにどれくらいあてはまるかを直観的にお答えください。

　解答例：　　0％　10　⑳　30　40　50　60　70　80　90　100％

　1. 自動車・バス・電車・自転車などに乗っていて，今までそこに来るまでのあいだのこと（全て，または，ある場所からある場所までにあったこと）を覚えていないことにふと気がつく，というようなことがある人がいます。あなたにはこのようなことがどれくらいありますか。

　　　　0％　10　20　30　40　50　60　70　80　90　100％

2. 人の話を聞いているとき，言われたことの一部，または全部が，まったく耳に入っていなかったことにふと気がつく，というようなことがある人がいます。あなたにはこのようなことがどれくらいありますか。

0％　10　20　30　40　50　60　70　80　90　100％

3. 自分がある場所にいるのに，そこにどうやってたどりついたのかわからない，というようなことがある人がいます。あなたにはこのようなことがどれくらいありますか。

0％　10　20　30　40　50　60　70　80　90　100％

4. 着た覚えのない服を着ていた，というようなことがある人がいます。あなたにはこのようなことがどれくらいありますか。

0％　10　20　30　40　50　60　70　80　90　100％

5. 自分のもちものの中に，買った覚えのない新しいものがふえていることに気がついた，というようなことがある人がいます。あなたにはこのようなことがどれくらいありますか。

0％　10　20　30　40　50　60　70　80　90　100％

︙
︙

（12）性機能不全

　人が性交渉をおこなう時，その心身は性的な反応を示し，それが進行していく。このような反応を性反応と呼び，そのプロセスは欲求相，興奮相，オルガズム相の順番に進んでいく。欲求相とは，性的欲求・性欲のことで，性的接触や性交をしたいと望む欲求のことであり，性的反応の前提となる。欲求がないことが問題になる場合もあるが，ないどころではなく性的接触を嫌悪してしまい，カップル間に危機が生じることもある。このような状態は性嫌悪障害と呼ばれ，珍しくない。興奮相とは，男性ではペニスの勃起のことであり，女性では腟潤滑化やクリトリスや乳頭の勃起である。男性の勃起障害に関しては，近年，経口の勃起障害治療薬が発売されて，高い効果が得られている。しかし，このような治療薬をのんでも，性的欲求がなければ勃起は起きない。オルガズム相は，快感の絶頂とリズミカルな筋収縮であり，男性では射精を伴う。男性では，女性の腟内での射精が困難な人の場合に，子どもが欲しいという願望が叶えられず問題化することがある。このように3段階の性反応のいずれかがう

まくいかないことを性機能不全と呼んでいる。日本では研究が十分におこなわれているとは言いがたいが，多くの人の生活の質に関わる重要な分野である。ここでは性機能について測定する尺度を2つ紹介する。

IIEF

国際勃起機能スコア（International Index of Erectile Function; IIEF）は，NIH（アメリカ国立衛生研究所）コンセンサス会議の勧告により，勃起障害を臨床評価するツールとしてローゼンら（Rosen et al., 1997）によって開発された。IIEF は 15 項目からなる自記式質問紙で，基本的に 5 件法のリッカート尺度であるが，項目 1 から 11 までの 11 項目には，非該当である場合にチェックする欄がある。測定している内容は，勃起機能（項目 1, 2, 3, 4, 5, 15），オルガズム機能（項目 9, 10），性欲（項目 11, 12），性交の満足（項目 6, 7, 8），性生活の全般的満足感（項目 13, 14）である。再検査信頼性，基準関連妥当性，弁別的妥当性が確認されている。この尺度は，勃起不全治療薬の治験の評価項目として使用されるなど，国際的に広く使用されている。特に勃起機能に焦点化した短縮版として，項目 2, 4, 5, 7, 15 の 5 項目が IIEF5 として使用されている。日本語版は，日本性機能学会（1998）によって作成されていたが，新しい日本語訳として木元ら（2009）が発表されている。

表 5-20　日本語版 IIEF の項目例（木元ら, 2009）

以下の設問に，できるだけ正直に，はっきりと，回答して下さい。
以下の設問に回答する際には，次の用語定義に従って下さい。
「性的行為」とは，性交，愛撫（ペッティング），前戯，自慰（マスターベーション）を指します。
「性交」とは，パートナーの膣へ挿入することを指します。
「性的刺激」には，パートナーとの前戯やエロチックな画像を見るような状況などを含みます。
「射精」とは，ペニスから精液を放出すること（あるいはそのような感覚）を指します。
以下の設問には，この 4 週間の状態について当てはまるものをそれぞれ一つずつ選んで印をつけて下さい。

1. この 4 週間，性的行為の際，どれくらいの頻度で勃起しましたか
   0 性的行為はなかった
   1 ほとんど，又は全く勃起しなかった
   2 たまに勃起した（半分よりかなり低い頻度）
   3 時々勃起した（ほぼ半分の頻度）
   4 しばしば勃起した（半分よりかなり高い頻度）

5 ほぼいつも，又はいつも勃起した

2. この 4 週間，性的刺激によって勃起した時，どれくらいの頻度で挿入可能な硬さになりましたか
　　0 性的刺激はなかった
　　1 ほとんど，又は全くならなかった
　　2 たまになった（半分よりかなり低い頻度）
　　3 時々なった（ほぼ半分の頻度）
　　4 しばしばなった（半分よりかなり高い頻度）
　　5 ほぼいつも，又はいつもなった

3. この 4 週間，性交を試みた時，どれくらいの頻度で挿入できましたか
　　0 性交を試みなかった
　　1 ほとんど，又は全くできなかった
　　2 たまにできた（半分よりかなり低い頻度）
　　3 時々できた（ほぼ半分の頻度）
　　4 しばしばできた（半分よりかなり高い頻度）
　　5 ほぼいつも，又はいつもできた

4. この 4 週間，性交の際，挿入後にどれくらいの頻度で勃起を維持できましたか
　　0 性交を試みなかった
　　1 ほとんど，又は全く維持できなかった
　　2 たまに維持できた（半分よりかなり低い頻度）
　　3 時々維持できた（ほぼ半分の頻度）
　　4 しばしば維持できた（半分よりかなり高い頻度）
　　5 ほぼいつも，又はいつも維持できた

5. この 4 週間，性交の際，性交を終了するまで勃起を維持するのはどれくらい困難でしたか
　　0 性交を試みなかった
　　1 極めて困難だった
　　2 とても困難だった
　　3 困難だった
　　4 やや困難だった
　　5 困難でなかった

　　　　　　　　　　　　:
　　　　　　　　　　　　:

FSFI

　女性性機能指標（Female Sexual Function Index; FSFI）は，女性の性機能を測定する自記式質問紙尺度として，ローゼンら（Rosen et al., 2000）によっ

て作成された。女性の性機能を測定する自記式質問紙尺度としては，臨床試験も含めて，もっとも幅広く使用されている。過去4週間について尋ねる5～6件法の19項目からなる。この尺度は，性機能の中でも，性的興奮，オルガズム，性的満足，痛みという領域を測定するために作成された。この尺度では，性的な経験や知識，性に対する態度，対人機能などについては測定できない。性的興奮の障害のある女性たちと，そのような障害のないコントロール群の女性たちとに対して実施され，再検査信頼性，内的一貫性，弁別的妥当性を持つことが確認されている。

　日本語版は，高橋ら（Takahashi et al, in press）によって翻訳され，信頼性・妥当性が確認されている。ただし，日本は世界の中では性交頻度が少ないことが知られており，原版のFSFIのように「過去4週間」のことを尋ねると，性交機会がない者が多くて個人差が出にくくなる。そのためTakahashiらの日本語版では「過去3ヶ月間」のことを尋ねるように修正されている。

表5-21　日本語版FSFIの項目例

以下の質問はすべて，性行為がなかった場合でも答えられる形式になっております。質問をよくお読みになり，性行為がなかった場合は，適宜，「性行為がなかった」「挿入を試みなかった」に○をつけてください。また，ところどころに用語の説明がありますので，ご参照ください。

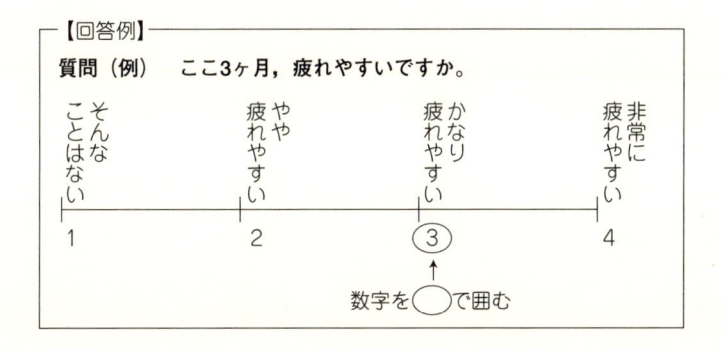

【回答例】

質問（例）　ここ3ヶ月，疲れやすいですか。

そんなことはない	やや疲れやすい	かなり疲れやすい	非常に疲れやすい
1	2	③	4

数字を◯で囲む

『性欲』や『性的な関心』とは，セックスをしたいという気持ちや，パートナーの性的求めを受け入れたいという気持ちや，セックスについて考えたり空想したりすることです。

第5章　どのような観点から調査するか —— 臨床心理学における測定ツール ｜ 89

問1．ここ3ヶ月、どのくらいの頻度で性欲または性的な関心を感じましたか。

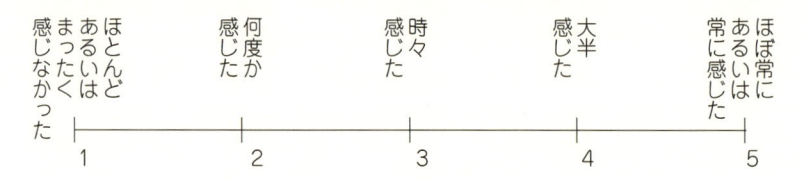

1	2	3	4	5
ほとんどまるいはまったく感じなかった	何度か感じた	時々感じた	大半感じた	ほぼ常にあるいは常に感じた

問2．ここ3ヶ月、あなたの性欲または性的な関心はどの程度だったと思いますか。

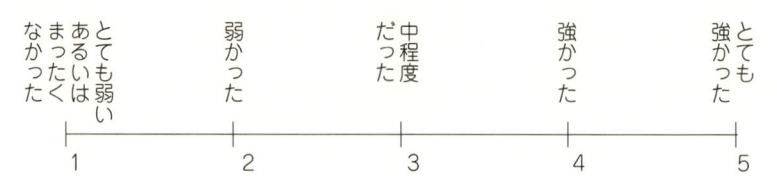

1	2	3	4	5
まったくなかったあるいはとても弱い	弱かった	中程度だった	強かった	とても強かった

『性的な興奮』とは、身体面と精神面の両方を含めた興奮の感覚です。これには性器が熱くなったりうずいたりするような感覚、性器の潤い、あるいは筋肉の収縮が含まれます。『性行為』とは膣性交だけでなく、愛撫、前戯、マスターベーションなども含みます。

問3．ここ3ヶ月の性行為において、あなたはどのくらいの頻度で性的に興奮しましたか。

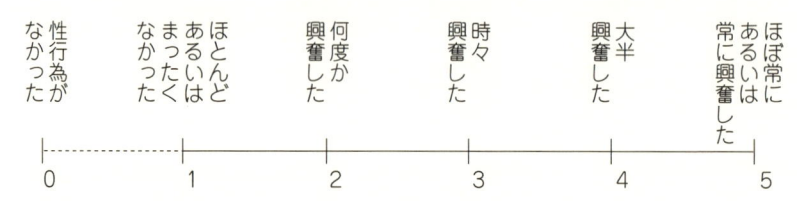

0	1	2	3	4	5
性行為がなかった	ほとんどあるいはまったくなかった	何度か興奮した	時々興奮した	大半興奮した	ほぼ常にあるいは常に興奮した

問4．ここ3ヶ月の性行為において、あなたの性的な興奮はどの程度だったと思いますか。

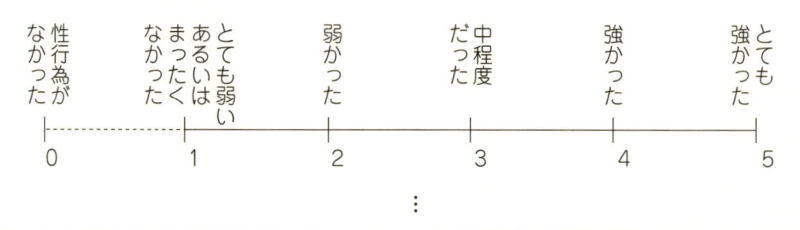

0	1	2	3	4	5
性行為がなかった	まったくなかったあるいはとても弱い	弱かった	中程度だった	強かった	とても強かった

(13) 性同一性障害

　性同一性障害とは，身体的には明らかな異常が見られないにもかかわらず，反対の性別に対して強く持続的な同一感を持っており，自らの身体的な性別や性役割に対しては嫌悪感を持っていて，苦痛を感じたり，生活にさまざまな問題が起きたりしている状態である。日本では，1997年頃から本格的に認識され始め，ホルモン療法・乳房切除術・性別適合手術を含めた治療が公式におこなわれ始めた。2003年には戸籍の性別記載の変更を認める法律が成立し，2004年から施行されている。最高裁判所の発表によれば，2004年7月に，この特例法が施行されてから2010年末までの6年半の間に戸籍の性別変更を許可された人数は2,238名である。性同一性障害の症状に関しては，尺度を用いて定量的に測定されることが少ないが，今後ますます測定が重要になってくると考えられる。ここでは使用可能な2つの自記式質問紙尺度を紹介する。両者とも，現在のところ，信頼性と妥当性の確認作業中であり，参照できる文献がないため，全項目を掲載する。

UGDS

　ユトレヒト性別違和スケール（Utrecht Gender Dysphoria Scale: UGDS）は，性同一性障害の主要な症状である性別違和感を測定するために，コーエン-ケトニスとヴァン・グーゼン（Cohen-Kettenis & van Goozen, 1997）によって作成され，信頼性と妥当性が確認された自記式質問紙尺度である。32項目の中から，因子分析的に1因子12項目が選び出された。FTM（女性から男性へ）用とMTF（男性から女性へ）用との2種類があり，それぞれ12項目から成り立っている。回答選択肢は，5件法であり，逆転項目を反転させたのちの合計点を尺度得点とする。高い信頼性（クロンバックの α）を示し，性同一性障害当事者とそうでない者をよく弁別することができる。日本語版は，筆者により翻訳され，信頼性と妥当性の確認作業中である。

表5-22　日本語版UGDSの項目

回答選択肢は，1：とてもあてはまる，2：ややあてはまる，3：どちらともいえない，4：あまりあてはまらない，5：まったくあてはまらない

MTF用
1. もし男性として生きていかなければならないならば，私の人生には意味がない。
2. 誰かが私を男性扱いするたびに，私は傷つく。
3. 男性と呼ばれると，私は悲しい。
4. 私は体が男性なので不幸だ。

5．私はずっと男性であると考えると落ち込む。
6．私は男性なので，自分のことが嫌いだ。
7．私はいつでもどこでも，男性として行動した時は不快である。
8．女性になれなければ私の人生に意味はない。
9．私は，立って小便をすることが嫌いだ。
10．男性的に見えるので，あごひげが生えるのが不満だ。
11．私は，勃起するのが嫌いだ。
12．男性として生きるくらいなら死んだ方がいい。

FTM用

1．私は，男性のように行動したいと思う。
2．誰かが私を女性扱いするたびに，私は傷つく。
3．私は女性として生きていきたい。(R)
4．私は，ずっと男性として扱われたい。
5．女性としての人生よりも，男性としての人生の方が私にとっては魅力的だ。
6．女性として行動しなければならないので，私は不幸だ。
7．女性として生きるのは，私にとって良いことだ。(R)
8．鏡で自分の裸を見る時，気分がいい。(R)
9．私は，女性として性的な関係を持ちたい。(R)
10．女性であることを思い出させられるので，月経が嫌いだ。
11．私は，胸があるのが嫌だ。
12．男性に生まれたら良かったのにと思う。

※ (R) は逆転項目

BIS

　ボディ・イメージ・スケール（Body Image Scale; BIS）は，性同一性障害の主要症状である性別違和を測定するためにリンドグレンとパウリ（Lindgren & Pauly, 1975）によって開発された30項目からなる自記式質問紙尺度である。性別違和の中でも，特に身体の性的な特徴に対する不満や嫌悪感に焦点を当てている。身体の各部分に対して，どの程度満足しているかを5件法で尋ね，また，満足していない場合には，その部分を医学的手段によって変えたいかどうかも尋ねる。これも，FTM（女性から男性へ）用とMTF（男性から女性へ）用との2種類があり，それぞれ30項目から成り立っている。日本語版は，筆者により翻訳され，信頼性と妥当性の確認作業中である。

表 5-23　日本語版 BIS の項目

BIS-MTF ／ BIS-FTM

あなたの気持ちにもっともよくあてはまる数字に○をつけてください。そして，3，4，5 と答えた場合にだけ，可能なら医学的手段や手術によってそれを変えたい（またはなくしたい）と思っているかどうかを，はいかいいえで答えてください。

回答選択肢は，1：とても満足している，2：満足している，3：どちらともいえない，4：不満である，5：とても不満である

BIS-MTF
1．鼻
2．肩
3．腰
4．あご
5．ふくらはぎ
6．乳房
7．手
8．のどぼとけ
9．陰のう（玉袋）
10．身長
11．ふともも
12．腕
13．まゆ毛
14．ペニス
15．ウェスト
16．筋肉
17．尻
18．ひげ
19．顔
20．体重
21．ちからこぶ
22．睾丸（精巣）
23．髪
24．声
25．足
26．容姿
27．体毛
28．胸部
29．外見
30．体格

BIS-FTM
1．鼻
2．肩
3．腰
4．あご
5．ふくらはぎ
6．乳房
7．手
8．のどぼとけ
9．腟（ちつ）
10．身長
11．ふともも
12．腕
13．まゆ毛
14．クリトリス
15．ウェスト
16．筋肉
17．尻
18．ひげ
19．顔
20．体重
21．ちからこぶ
22．卵巣・子宮
23．髪
24．声
25．足
26．容姿
27．体毛
28．胸部
29．外見
30．体格

2-3　パーソナリティ・その他

　精神医学において症状として概念化されていない心理的特徴についても，臨床心理学研究においては測定する必要がある場合が多い。これまで挙げてきた精神症状に含まれないような心理的特徴を測定するツールを以下に示す。具体的にはポジティブな側面（自尊感情，レジリエンス）と，性格（パーソナリティ）を測定する尺度である。

（1）性格（パーソナリティ）

　性格（パーソナリティ）の測定は，古くから心理学において考えられてきたテーマである。性格は多くの人にとって関心事でもある。人間関係の中で生きていく際に，周囲の関わりのある人々はそれぞれどんな性格なのか，どのように理解し，接すればよいのかということは，誰もが知りたいと思うであろう。日本では血液型による性格判断がかなり広まっており，心理学の研究分野の中でも，一般の人々から関心をもたれやすい分野である。個人はそれほど一貫した行動をするわけでもない，1日後，1ヶ月後，1年後など時間が経てば行動は違ったものになるとか，場面や周囲の状況に応じてもかなり行動は変わるなど，性格という概念に懐疑的な議論もある。しかし，臨床心理学において，研究においても臨床においても性格はやはりとても有用な概念である。性格（パーソナリティ）の心理学には，数多くの理論や測定法が提案されてきた歴史がある。ここでは，その中でも大きな影響力を持った性格理論とその測定法について触れる。

クロニンジャーの TCI

　アメリカの精神医学者であるクロニンジャーは，パーソナリティに生物学的な影響があると考え，次のような理論を提唱した。彼は，特に生物学的な要素と関連が深いと考えられるパーソナリティ特徴を「気質 temperament」と呼んだ。気質には①「新奇性探求 novelty seeking」（目新しい物に興味を示し，衝動的），②「損害回避 harm avoidance」（嫌悪刺激に敏感で，不安が強い），③「報酬依存 reward dependence」（報酬となるものに敏感で，他者を信頼し温情的），の3つがあると考えた。車にたとえればそれぞれ，アクセル，ブレーキ，クラッチにあたると言われる。

　パーソナリティに関する理論は数多く存在するが，クロニンジャーの理論について特筆すべきことは，神経伝達物質の活動に関わる遺伝子に関連が見

られているということである。クロニンジャーの研究チームであるスターリングスら（Stallings et al., 1996）は，新奇性探求が，脳の神経伝達物質のひとつであるドーパミンの受容体の働きに関与する遺伝子と関連していることを発見した。人の性格の原因は何なのかということは古くからの人類の関心事であり，古くは胆汁のせいだと考えられたり，昨今では血液型のせいだと考えられたりしている。しかし，実際に生物学的な要素との関連が認められたのは，このクロニンジャーのパーソナリティ理論が初めてであった。そのため，それ以降，クロニンジャーのパーソナリティ理論に関する研究は急増している。新奇性探求とドーパミンが関連していることはほぼ結論づけられているが，損害回避はセロトニンと，報酬依存はノルアドレナリンとの関連が考えられている。またクロニンジャーは近年，4つ目の気質として「固執 persistence」を追加している。

　TCI（Temperament and Character Inventory：気質性格検査）は，クロニンジャーら（Cloninger et al., 1993）が開発した250項目からなる自記式質問紙尺度である。日本語版は，木島ら（1996）によって作成された。短縮版として，125項目のバージョンもある。この尺度には，上記の気質だけでなく，「自己志向」「協調」「自己超越」の性格（character）を測定する項目も含まれている。

表5-24　日本語版TCI（短縮版125項目）の項目例（木島ら, 1996）

　この冊子には，みなさんがご自分の態度，考え方，関心のあること，その他の個人的な感情を表すために使うことがある文が記載されています。
　いずれの文も「あてはまる」「少しあてはまる」「あまりあてはまらない」「あてはまらない」の4つのうち，どれが最もあなたに近いか，決めて答えて下さい。
（回答選択肢は，「あてはまる」「少しあてはまる」「あまりあてはまらない」「あてはまらない」の4件法）

1. 人が時間の無駄だと思うことでも，新しいことなら，興味やスリルのためにやってみることが多い。
2. たいていの人が心配するような状況でも，すべてうまくいく自信がある。
3. 自分はいつも不幸なめぐりあわせにあると感じることが多い。
4. 自分とかなり違う人でも，その人を受け入れることができる。
5. 私を傷つけた人々に，仕返しをしたいと思うことがある。
6. 自分の人生には目的や意味がほとんどないと感じることが多い。
7. だれもがうまく行くように，問題の解決を手助けすることが好きだ。
8. 今よりもっとがんばる必要はないと思う。
9. 他の人がほとんど心配しないような時でも，慣れない環境ではしばしば緊張する。
10. 以前の方法を振り返らずに，その時の気分でやってしまうことが多い。

　　　　　　　　　　　：
　　　　　　　　　　　：

(2) ポジティブな心理的特徴

精神医学は医学の一分野であり，疾患や障害があるかどうかを考える。そのためDSMやICDといった疾患分類にしたがって厳密な測定をおこない，診断や重症度を判断する。そのため，生活に支障をきたすようなネガティブな症状や特徴については洗練された測定法が整っていることが多い。一方で，人々を健康にするような方向でのポジティブな特徴については，診断基準や定義が存在しない。心理学においては，以前よりポジティブな特徴についても，さまざまな側面から概念化と測定がおこなわれている。本項では，そのようなポジティブな心理的特徴について，特に有用と考えられる概念とその測定法について紹介する。

自尊感情

自尊感情はself-esteemの訳語であり，自尊心とも呼ばれる。自己の能力や価値についての自己評価のことで，感情や感覚的な部分が重視される。特によく使用される測定法は，ローゼンバーグ（Rosenberg, 1965）による5件法10項目の自記式質問紙尺度である。日本語版は，山本ら（1982）によって作成され，信頼性と妥当性が確認されている。項目数が少なく，文章も短いので実施しやすく，臨床心理学的にも意味のある個人差を測定しやすい尺度である。

表5-25　自尊感情尺度の項目例 (山本ら, 1982)

次の特徴のおのおのについて，あなた自身にどの程度あてはまるかをお答え下さい。他からどう見られているかではなく，あなたが，あなた自身をどのように思っているかを，ありのままにお答え下さい。
（回答選択肢は，1.あてはまらない，2.ややあてはまらない，3.どちらともいえない，4.ややあてはまる，5.あてはまる）

1. 少なくとも人並みには，価値ある人間である。
2. 色々な良い素質を持っている。
3. 敗北者だと思うことがよくある。
4. 物事を人並みには，うまくやれる。
5. 自分には，自慢できるところがあまりない。
6. 自分に対して肯定的である。
　　　　：
　　　　：

レジリエンス

レジリエンス（resilience）とは，困難で脅威的な状態にさらされることで，一時的に心理的不健康な状態に陥っても，それを乗り越え，精神的病理を示さず，良く適応している状態を示す概念である。心理的回復力などと表現されることもある。

国際的に広く使用されている測定ツールは The Resilience Scale（Wagnild & Young, 1993）という自記式質問紙尺度である。一方，日本で広く使用されているのは，精神的回復力尺度（小塩ら，2002）という21項目，5件法からなる自記式質問紙尺度である。この尺度は「新奇性追求」「感情調整」「肯定的な未来志向」の3因子からなるとされ，信頼性と妥当性が確認されている。

表5-26　精神的回復力尺度（小塩ら，2002）の項目例

それぞれの文章が現在のあなたにどれくらいあてはまるかを考えて，1から5のいずれかの数字に○をつけてください。

1：いいえ，2：どちらかというといいえ，3：どちらでもない，
4：どちらかというとはい，5：はい

1. 色々なことにチャレンジするのが好きだ ・・・・・・・ 1 2 3 4 5
2. 自分の感情をコントロールできる方だ ・・・・・・・ 1 2 3 4 5
3. 自分の未来にはきっといいことがあると思う ・・・・・ 1 2 3 4 5
4. 新しいことや珍しいことが好きだ ・・・・・・・・・ 1 2 3 4 5
5. 動揺しても，自分を落ち着かせることができる ・・・・ 1 2 3 4 5
6. 将来の見通しは明るいと思う ・・・・・・・・・・・ 1 2 3 4 5
7. ものごとに対する興味や関心が強い方だ ・・・・・・ 1 2 3 4 5
　　　　　　　　　：

3　ソーシャル —— 社会・対人的データ

3-1　愛着

愛着とは，幼児期までに1人の養育者との特別な情緒的関係を形成することであり，この関係がその後の人に対する信頼感に影響すると考えられている。伝統的には主に1～2歳児を中心とした「ストレンジ・シチュエーション法」

(Ainsworth et al., 1978) という観察法によって測定されている。青年期から成人期についての愛着の測定法として「アダルト・アタッチメント・インタビュー（AAI）」(Main, Kaplan, & Cassidy, 1985) と呼ばれる半構造化面接が広く使われている。この面接法は日本においても数井ら（2000）によって実施されている。AAIでは成人期の愛着が「安定－自律型」「愛着軽視」「とらわれ」「未解決型」の4つに分類される。愛着を測定する自記式質問紙尺度は，対象年齢や目的によって，数多く開発されている。

3-2　ソーシャルサポート

人は過酷なストレス状況下におかれても，他者からの助けがあれば健康を害さずに済む場合もある。このような他者からの援助をソーシャルサポートと呼ぶ。このようなソーシャルサポートには，共感したり信じてあげたりなどの情緒的サポート，仕事を手伝ったりお金を貸したりなどの手段的サポートなどがあるとされている。SSQ (Social Support Questionnaire) は，サラソンら (Sarason et al., 1985) によって作成された，支援してくれる人数とその満足度によってソーシャルサポートの程度を評価する27項目の自記式質問紙尺度である。日本語版は古川ら (Furukawa et al., 1999) によって作成され，信頼性と妥当性が確認されている。6項目の短縮版もあり（SSQ-6），頻繁に使用されている。

3-3　感情表出（EE）

家族メンバー間で感情をどの程度表に表すかということを家族の感情表出（EE: expressed emotion）と呼ぶ。いったん改善を見た統合失調症患者が，高EEの家族と共に暮らしている場合に再発率が高くなるという知見が80年代から多く確認されている。このEEの研究は，現在では統合失調症だけでなく，うつ病など他の疾患についても研究されるようになってきている。

EEは，カンバウェル家族面接（Camberwell Family Interview: CFI）という90分程度の半構造化面接によって厳密に測定されることになっているが，質問紙法による簡便な測定法も開発されている。FAS (Family Attitude Scale) は，カヴァナーら (Kavanagh, 1997) によって開発された4件法30項目の自記式質問紙尺度である。日本語版は，藤田ら (Fujita et al., 2002) によって作成された。英語版ではカットオフポイントを50点としているが，日本においては60点が

良いとされている。

📖 学習を深めるための参考文献

「精神科臨床評価検査法マニュアル」
『臨床精神医学』増刊号（2004）．アークメディア
　雑誌の増刊号であるが，精神科領域で使用される検査や質問紙・面接による尺度を，分野ごとに詳しく解説してある。その分野で標準的に使用されている測定ツールを知ることができる。

『心理測定尺度集1～4』
堀洋道（監修）（2001-2007）．サイエンス社
　日本の心理学分野で発表された心理尺度を精選して掲載した尺度集である。4巻が発刊されており，それぞれ，1: 自己・個人内過程，2: 対人関係・価値観，3: 適応・臨床，4: 子どもの対人関係・適応を扱っている。

第6章

面接調査の実施

面接法とは，音声言語によってリアルタイムに研究参加者と研究者（または調査員）がやり取りし，そのコミュニケーションの中でデータを得る方法である。質問紙法と比較すると次のような特徴がある。質問紙法では，研究参加者は書かれた文章からしか情報を得ることができないが，音声言語を用いる面接法では，声の調子や強弱の情報も伝達でき，リアルタイムのやり取りをおこなうので，わかりにくい点についてもその場で確認して明確化することができる。そのため，面接法では，質問を理解できなかったり誤解したりしてしまうことが比較的少ない。また対面が可能な場合は表情や身振りによる情報が加わり，さらに誤解を減らすことができる。これが，面接調査の大きな利点であり，同じ量的なアセスメントをおこなうにしても，質問紙尺度を用いるより，面接尺度を用いた方が，一般的にはより確実な優れた測定であるとされる。ただ，面接調査には非常に時間がかかるので，大規模なサンプルを取ろうすれば，研究者1人でおこなうのは非現実的であり，複数の調査員を雇ってトレーニングする必要が出てくるため，その分の費用がかかる。

面接法は，質問紙法と比較すると，研究者（調査員）の存在感が圧倒的に大きい。これはメリットとしての側面とデメリットとしての側面がある。まず研究者側で，複数名の調査員で分担しておこなう場合には，調査員の見た目や振る舞い・話し方の印象が，研究参加者の気持ちに与える影響が大きく，調査員によって得られるデータがばらついてしまうことがある。これを，研究者の存在自体がデータに影響を与えてしまうという意味で，**研究者効果**と呼ぶ。調査内容だけでなく，一般的な礼儀や話し方，身だしなみなどについて，調査員を十分に訓練することで，ある程度は防ぐことができる。しかし，その調査員の持つ個性や，研究参加者との相性はどうしても残る部分がある。一方で，研究参加者の方の要素によっても，面接という方法自体がデータのばらつきを生む可能性がある。まず，相手（調査員）にどう思われるだろうという懸念から，口頭による会話では話題にしにくい領域がある。性に関する調査や，犯罪など

101

反社会的行動に関する調査は，十分な信頼関係ができていないと，正直に回答してもらえない可能性が高い。さらに，人間の対人関係能力（社会性）には個人差があり，極端に低い場合には自閉症やアスペルガー障害と呼ばれる。また，社交不安障害（SAD）を持つ人の一部も，面と向かっての対人コミュニケーションが苦手である。研究参加者にこのような人たちがいた場合は，得られるデータは限られたものになったり，偏ったものになったりする可能性が高い。また，境界性人格障害，演技性人格障害などを持つ人々や，性欲の強い人，性的に満たされていない人が，性的な意味で魅力的に見える調査員に当たった場合は，やはり回答は歪む可能性がある。このように対人コミュニケーションに特徴のある人が研究参加者に含まれる場合は，人間が直接介在しない質問紙法による調査をおこなった方が，より良いデータが得られる場合がある。

1　面接調査の種類

　面接調査の種類には，やり取りがどのくらい事前に決められているかによって大きく分けて次の3つがある。1つ目の**構造化面接**は，質問文が決まっており，多くの場合はそれに対する答え方も決まっている（選択肢が用意されている等）。そのまま回答を点数化して用いることも多く，その場合は「構造化面接尺度」とも呼ばれる。もちろん，被面接者の質問に対して標準的な回答をすることや，自然な共感・ねぎらいの言葉をかけることは許されるが，あまりに質問内容から逸脱したやり取りはすべきでない。研究参加者の方も，詳細な回答をするよりは，質問されたことに対して，手短に答えることを要求される。臨床心理学の分野でよく使用される構造化面接には，精神障害の迅速なスクリーニングを目的とした M.I.N.I.，DSM による精神障害の正確な診断を目的とした SCID-I・SCID-II，心的外傷後ストレス障害（PTSD）の診断と重症度評価を目的とした CAPS，うつ病の重症度評価を目的とした HAM-D，WHO（世界保健機関）による CIDI などがある。

　2つ目の**半構造化面接**は，基本的なインタビュー・ガイドは事前に作成しておくものの，ある程度，回答の自由度が高くなっている。まだ不明な部分も多いトピックについて探索的にデータを得ることに向いている。回答の選択肢は決まっていないので，回答を点数化することはできないが，いくつかのカテゴリーに分類すること程度は可能である。トピックに関する自由で豊かな語りが

得られるので，質的研究の方法としても選ばれる場合が多い。有名な半構造化面接としては，E. H. エリクソンの概念に基づいたアイデンティティ地位面接（Marcia, 1966）がある。

3つ目の**非構造化面接**は，研究者の方である程度の方向性は持っているものの，事前に決められた質問も作らず，話の流れの行方は特に定めない方法である。枠（定型性）が非常にゆるいので，何かの結論を導きたい研究に使用されることは少ない。研究テーマを定めるための予備調査としておこなわれたり，非常に萌芽的な初期の仮説生成段階の研究に使用されたりすることがある。共感やカタルシスを主眼においた臨床心理実践における面接は，このタイプになることがある。

構造化面接では，その場で決まった記入フォーム（コンピュータ・プログラムになっていることもある）に書き込んでいき，指示どおりに進めば，診断がついたり，点数がついたりする。そのため，別途面接の録音を取る必要はあまり生じない。評定者間の一致度を評価するために録音を取り，別の評定者が同じやり取りに対して独立に後で点数をつけるようなケースはある。一方で，研究に使用する半構造化面接や非構造化面接では，語りの詳細を重視してその後の分析をおこなうことが多いため，被面接者に許可を取って録音し，書き起こし（**トランスクリプト**）を作成することも多い。

本書は主に量的研究を扱っているので，半構造化面接や構造化面接尺度について重点を置いて解説する。

2　面接調査の実際

面接調査の実施方法には，実際に対面するものと，電話などの手段を用いるものとの2種類があるので，以下にその特徴をまとめる。

2-1　対面インタビュー

対面インタビューは，研究者や調査員が，研究協力者と直接対面し，回答を得るやり方である。健常コントロール群に対する調査や，有病率・存在率を調べるための実態調査の場合は，研究協力者の家や職場に出向き，インタビューをおこなう。医療機関や相談機関を訪れた人々に対する調査であれば，その機

関でインタビューをおこなう。

　この方法は，研究者と研究参加者が直接会話しながらデータを得るため，研究者効果が大きく，表情などの視覚情報も伝わるため，その場でリアルタイムに研究参加者が，回答内容をコントロールしてしまう可能性は一番高い。一方で，研究参加者がたとえ質問してこなかったとしても，不思議そうな顔をしていたり様子がおかしいことは観察ができるため，質問内容の誤解はもっともよく減らすことができる。対面インタビューは，研究参加者か研究者のどちらかが面接場所まで移動し，その場で長い時間拘束されるので，研究参加者にとっても研究者にとっても負担はかなり大きい。

2-2　電話インタビュー

　電話インタビューは，研究者や調査員が，研究参加者に電話をかけ，電話で会話しながら回答を得るやり方である。双方ともに場所を移動しなくて済むので，負担が少ない。普段はわざわざ医療機関・相談機関などに来ない人々，つまり，健常コントロール群や有病率・存在率の調査をおこなうのに適している。また，比較的まれな疾患や状態にある対象に対する調査にも向いている。数が少ない対象の場合は，対面インタビューにすると全国を駆け回らなければならない事態になってしまう。

　この方法は，負担が少ないが，表情などの視覚情報は入らないために，誤解を減らせる効果は，対面に比べれば弱い。また，研究者と距離が離れているという意味で，多少回答が無責任でいい加減なものになったりする可能性もある。一方，性や反社会的行動など，面と向かって話しづらい調査内容の場合には，かえって電話の方が正直に話してくれる場合もあるだろう。

　一時点でしか調査をしない場合には，サンプルの代表性が特に重要になる。できるだけ理想的なランダム・サンプリングに近づけるために，**RDD**（Random Digit Dialing）という方法が取られることがある。この方法は，ランダムな電話番号に電話をかけて，出た人に調査協力を依頼する方法である。母集団を日本全国にすることもできるし，市外局番を制限することで，絞ることもできる。日本では選挙予測などでよく使われている。また海外の臨床心理学や精神医学の研究では比較的よく見かける方法である。この方法は，突然無関係の人に飛び込みで電話をかけることになり，面接者の力量にもよるが，通常は回答率が非常に低くなるという問題点はある。また，固定電話を使用する場合は，企業や団体の電話番号がかなりあること，固定電話を家で取り，さらに回答する時

間のある人には偏りがあること，電話をかける曜日や時間帯によって偏りが生じることというデメリットがある。近年は携帯電話が普及しているので，こちらを使用する場合は，地域を限定するのが難しくなる。携帯電話を持っている層が偏っていることや，落ち着いて話せない状況に至り，電波が途中で途切れてしまったりする可能性はある。

携帯電話やIP電話などでは，テレビ電話のシステムも発展している。移動する負担がなくなり，しかも表情や身振りなどの視覚情報も観察できるので，今後は調査方法として増えてくるのではないかと予想される。

2-3 インフォームド・コンセントの取得

面接法の場合の**インフォームド・コンセント**は，研究者や調査員が直接，口頭と書面によって研究の説明ができる。研究に参加することによる危険性や利益について，参加者の方でわからないことがあれば，その場で質問することもできるので，より質の高いインフォームド・コンセントが得られる。個別に丁寧に説明してもらうため，研究への参加率も高めることができる。一方，直接説明されると参加を断りづらいと感じる者もいる。臨床現場での研究の場合には，研究不参加による不利益を予想してしまうクライエント・患者もいるため，説明して同意を取る人が，担当心理士や主治医と重なることは望ましくない。研究参加するかどうかと，治療・カウンセリングとはまったく無関係にすべきである。

2-4 半構造化面接の実施

実際に面接調査を実施するときに，どのような質問をどのような順番でおこなうか，また研究参加者の回答をどのように記録し，その回答次第ではどのような方向で面接を進めていくかということをまとめたものを，**インタビュー・ガイド**と呼ぶ。面接者は，このインタビュー・ガイドをその場で参照しながら面接を進め，記録を取っていくことになる。研究参加者に迷惑をかけることなく，円滑に面接調査を進め，限られた時間の中で良質なデータを得られるように，インタビュー・ガイドを事前に十分に練っておく必要がある。インタビュー・ガイドには，面接中に起きそうなことへの対処や，質問を受けたときの答え方なども，想定できる限り含めておくと良い。大規模な面接調査で，複数の調査員によって面接するときには，特に誰が読んでも同様の面接がおこなえる

ように，わかりやすくかつ詳細なインタビュー・ガイドを作成しなければならない。

先述した通り，面接調査は構造化の程度によって**構造化面接**，**半構造化面接**，**非構造化面接**の3種類に分けられる。一般的には構造化のレベルが高いほど，詳細で長いインタビュー・ガイドが必要になる。完全に構造化されて，自由度がほとんどない構造化面接の場合には，いつどこで誰が面接をしても，できる限り一定の条件でデータを得て，評価をしなければならないからである。一方，質的研究や萌芽的な研究など，それほど方向性を定めたり焦点を絞ったりせずに，まずは面接を始めてみてから研究テーマを絞っていく目的の面接では，構造化をほとんどしない非構造化面接となる。この場合は，インタビュー・ガイドを詳細にしてしまうと，得られる情報が限定されることになってしまう。「非構造化面接」の場合には，なるべく自由に面接ができ，幅広い情報が得られるように，インタビュー・ガイドは短く簡潔なものになる。

実際のインタビュー・ガイドとして，髙岡（2010）「子ども虐待への初期介入において児童相談所の臨床家チームは何を目指すのか ── 処遇困難な養育者との対峙的関係をめぐって」で実際に使用されたものを，本人の了解の上で紹介する（表6-1）。この研究は，質的研究であり，得られるデータを限定しないように，かなり構造化の程度は低くなっており，インタビューガイドとしては比較的簡潔なものである。このインタビュー・ガイドには含まれていないが，面接調査に慣れていない初学者の場合には，研究の目的や内容の説明，（もしあれば）録音の許可について盛りこんでおくと，スムーズに面接が進められる。

表6-1　児童相談所における子ども虐待への初期介入に関する研究のインタビュー・ガイド（髙岡, 2010）

幅広いエピソードを尋ねられるよう次の4つを中心的な質問項目とした。
  (a) どんな攻撃的・拒否的な養育者との関係構築が困難だったか？
  (b) 対峙的関係を超えて関係性を築くために，どのような工夫をしていたのか？
  (c) 対峙的関係からうまく関係構築できた成功例エピソード
  (d) 対峙的関係から関係構築できなかった失敗例エピソード
  ※本研究は，インフォーマントの守秘義務を遵守し，本研究に掲載するデータは全て事前にインフォーマントから引用許可を得た。

○**面接にあたっての留意点**
  ・虐待対応現場の最前線にいる多忙な児童相談所の支援者にインタビューをおこなうので，なるべく1回のインタビューで詳細なデータを得る
  ・調査参加者がすでに事例について論文や紀要に執筆している場合には，事前に

熟読しておく
- 得られたエピソードについてとにかく具体的な内容を聞いていく
- 調査参加者の意志決定のプロセスについて明らかにするために，根拠となるインタビューデータや，決定をしていくための考え方（認知）についても聞く
- 緊張感・臨場感のある現場のエピソードを得るために，上記項目に並行して，調査参加者の感情に焦点を当てた内容も得ていく。感情の揺れ動きを捉える際は，臨床的面接と同様に，共感的な傾聴，パラフレーズなどを意識して，調査参加者のナラティブに焦点を当てる。
- レトロスペクティブな（過去の出来事についての）調査であるため，当時取ったアプローチの手法はどうだったのか？という内容と，今だったら同様のケースが来た場合，どのようにアプローチするか？という，振り返りの視点を常に意識しながら比較してインタビューすることで現場の臨床知や経験知を浮き彫りにする
- 考え方に関するインタビューデータのバリエーションを広げるために，ソリューション・フォーカスト・アプローチで使うような質問を用いる（例えば，一つの考え方が出た後，すぐにその考え方について深めるのではなく，「他にありますか？」を繰り返して，調査協力者から"もうありません"と言われるまで，バリエーションの範囲を確定させる。その後，出てきた内容について全て一つずつ詳細な情報を得ていく。
- インタビュー中は，調査者の先入観などによって誘導・示唆とならないように，常にオープンクエッションになるよう意識していく。例えば「そのことについて教えてください」「この内容についてもう少し詳しく説明していただけますか」等。
- 調査参加者からの客観的なデータ（例えば一般論など）と主観的なデータ（調査参加者の個人的な体験や考え方，感情の揺れ動き）の質の違いについては常に意識しておく。
- インタビュー調査は一つのコミュニケーションであるので，より質の高いインタビューを得るために，関係性をなるべく短時間で構築できるような調査者のジョイニングスキル，環境設定などについて出来る限り配慮しておく。

　構造化面接の場合には，本調査を始めてからインタビュー・ガイドを研究途中で変更することは通常おこなわない。しかし半構造化面接や非構造化面接の場合には，1つの面接を終えた後に，その内容を踏まえて質問項目の焦点を絞ったり，面接がやりにくいところを改善するために，インタビュー・ガイドを変更していくことはよくある。ここで提示した研究をおこなった髙岡氏に，面接がやりにくかった部分を聞いたところ「調査者が外部の人間なので，守秘義務の関係から，情報を公開してもらえる範囲に限定がかかることが非常に多い」「現場の方へのインタビューなので，インタビュー途中で緊急対応の電話が入ったりして，構造的にインタビュー枠を確保しにくいこと」「失敗事例のような，調査協力者が答えにくい内容に関する質問の仕方」とのことであった。問題点がわかっていれば対策も立てられるし，有効な対策がなかったとしても

事前にわかっているだけでも面接をスムーズに進めることができる。調査者1人では気づかない視点もあるはずなので，インタビュー・ガイドを作成したら，同級生，先輩，指導教員などに見てもらい，意見を求めるとよい。このように改善したインタビュー・ガイドを使えば，面接調査ははるかにスムーズに進めることができ，より良質のデータを得ることができる。

2-5　構造化面接尺度の実施

面接調査の中でも構造化の程度が高い構造化面接は，それ自体が測定尺度や検査になっていることが多い。そのようなものは「構造化面接尺度」と呼ばれる。前節で解説した半構造化面接や，非構造化面接は，萌芽的，仮説生成的など，まだよくわかっていない領域についての初期的な研究の方法としておこなわれる。一方，ある程度確立された領域や概念については，専門家であれば誰でも一定の共通理解をしている必要がある。そのような確立された概念に関するデータを得るために，各々の研究者が自分のオリジナルな方法で面接調査をおこなうようでは，エビデンスの蓄積に悪影響をおよぼす。それぞれの研究者が独りよがりなデータ収集をおこなって，他と比較できない結果になってしまっては，時間や労力を使って研究に参加してくれた人たちに対しても倫理的な問題が出てくる。実際に，専門家の間で共通の定義が使用されるような疾患や状態に対しては，信頼性と妥当性が確認され，国際的にも広く使用されるような構造化面接尺度が存在することが多い。例えば，心的外傷後ストレス障害（PTSD）の症状強度の測定については CAPS（PTSD 臨床診断面接尺度），強迫性障害（OCD）の症状強度の測定については Y-BOCS（Yale-Brown Obsessive Compulsive Scale）のように，国際標準として使われる構造化面接尺度が存在する（第5章を参照）。

構造化面接尺度では，自由な質問と回答をおこなう余地が非常に少なくなっている。面接の内容の説明，質問文，回答の形式は一字一句まで定められていることが多い。特に質問の文章については，少しだけ言い方が変わるだけで，相手への伝わり方が多少変わってきてしまう。症状の強さを測定するような場合には，面接者の質問の仕方の違いで点数にブレが出てしまっては，測定尺度としての正確さに問題が生じる。精神症状のような不快な辛い体験について尋ねる場合は，研究参加者の面接へのモチベーションを維持するために，適切な共感的応答やねぎらいの言葉をかける必要はある。しかし，定められた質問項目から逸れたやり取りを続けてはいけない。定められた質問を読み上げるだけ

であれば，専門家でなくても実施できそうに思えるが，実際には，適切な共感的応答をおこなうという意味ではある程度の臨床的面接の素養が必要である。また質問内容についての専門的理解がなければ，研究参加者が話していることを専門的な文脈で理解し，適切な回答選択肢を選んでいくということもできない。構造化面接尺度の実施には，専門的なトレーニングを必要とする。関連学会などにおいて，面接実施の講習会がおこなわれていることも多い。

　ここでは，構造化面接尺度の実例として，SCID（DSM-IV 第Ⅰ軸障害構造化面接; First et al., 1997）の一部を紹介する。SCID は，DSM-IV の第Ⅰ軸の主な診断カテゴリーごとの診断を下すための半構造化面接である（第 5 章も参照）。DSM-IV の分類と診断基準に習熟している臨床家や訓練を受けた精神医療従事者によって施行されることになっている。SCID は，DSM-IV に収載された精神障害のうちの多くについて判別するため，長大な構造化面接になっている。ここでは，一例として強迫性障害に関する面接の一部を抜粋する（表 6-2）。面接者が，研究参加者に対して質問する文章の内容は，完全な形で示されており，面接者は基本的にはこれを読み上げることになる。ただし，研究参加者が十分

表 6-2　SCID における強迫性障害に関する構造化面接（First et al., 1997; 高橋ら訳, 2002 より抜粋）

SCID スクリーニングモジュール
あなたの問題について少し特別にお尋ねします。
詳しいことは後ほどお聞きします。

肯定的な反応について答える：それについては，後ほどお話ししましょう

1．…

（中略）

8．無意味な考えに悩まされたり，追い払っても浮かんでくる考えに悩まされたことは？

　　　　　　　　　　1　　　2　　3
　　　　　　　　F.20 の「いいえ」　F.20 の「はい」
　　　　　　　　に○をする　　　に○をする

（中略）

強迫性障害	強迫性障害の診断基準					
→スクリーニング質問#8が「いいえ」なら、	*強迫行為*F.21に進む	スクリーニング質問#8 はい┐ └いいえ				
→スクリーニング質問#8が「はい」なら：先ほど、今までに意味のない考えに悩まされて、それを考えないようにしようとしても、繰り返し浮かんできてしまうようなことがあったとおっしゃいましたよね		「いいえ」なら： *強迫行為*F.21に進む				
→スクリーニング質問を使わないなら：これからお尋ねしたいのは、今までに意味のない考えに悩まされて、それを考えないようにしようとしても、繰り返し浮かんできてしまうようなことがあったかどうかです	A. 強迫観念または強迫行為のどちらか： (1),(2),(3),(4)によって定義される強迫観念					
（それはどんな考えでしたか？）	(1) 反復的,持続的な思考,衝動,または心象で,障害の期間の一時期には侵入的で不適切なものとして体験され,強い不安や苦痛を引き起こすことがある	?	1	2	3	F85
被験者が質問の意味をわからないなら：そうしようと思っていないのに実際に誰かを傷つけるとか、ばい菌や不潔なものに汚染されるとかの考えについてはどうですか？	(2) その思考,衝動または心象は,単に現実生活の問題についての過剰な心配ではない	?	1	2	3	F86
そうした考えが浮かんだ時,懸命に頭からふり払おうとしましたか？(どんなことをしましたか？)	(3) この思考,衝動、または心象を無視したり抑制したり、または何か他の思考または行為によって中和しようと試みる	?	1	2	3	F87
はっきりしないなら：この考えがどこから出てくると思っていましたか？	(4) その強迫的な思考,衝動または心象が(思考吹入の場合のように外部から強制されたものではなく)自分自身の心の産物であると認識している	?	1	2	3	F88

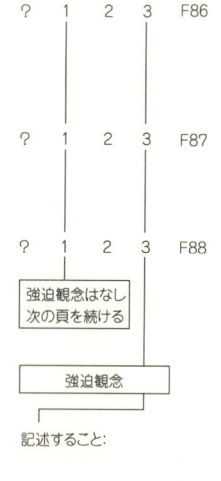

強迫観念はなし 次の頁を続ける

強迫観念

記述すること：

?＝情報不確実　1＝なし,または否定　2＝閾値以下　3＝閾値上,または肯定

（後略）

に質問を理解しているかどうかを観察しながら，面接を実施し，もし理解が不十分なようであれば，もう一度質問文を読み上げたり，適切な言い換えをして説明する必要がある。研究参加者から回答が得られたら，面接者は，それが与えられた回答選択肢のどれに該当するか判断しなければならない。SCIDの場合は「？＝情報不確実／１＝なし，または否定／２＝閾値以下／３＝閾値上，または肯定」という４つの選択肢から，面接者が判断して記入することになっている。SCIDでは，指示通りに面接を進めていけば，DSM-IV第Ⅰ軸の主な精神障害について，診断の有無を判断することができる。SCIDでは診断の有無だけを判断するが，CAPSやY-BOCSでは症状の重症度も点数化して評価することができる。

3 評定者間の一致度を評価する

大規模な研究をする場合には，複数の調査員を使う場合がある。また，研究者が１人でできる面接調査であっても，回答の判断やスコアリングの仕方が独りよがりである可能性もあるので，できれば２名以上で評定をした方が良い。そのような時に，複数の評定者の間で，どの程度評定が一致しているかを確かめる必要がある。２人で別々に構造化面接をおこない，測定をおこなう（または録音した面接を，後で別の評定者が評定する）。一致度の指標が十分に高ければ，その評定者による測定は信頼がおけるということになる。研究参加者が多かったり，測定の機会が多い場合には，信頼のおける複数の評定者が手分けして測定をおこなうということも可能になる。測定がカテゴリー変数（名義尺度，順序尺度）であればκ（カッパ）係数を，量的変数（間隔尺度，比尺度）であればICC（級内相関：Intraclass Correlation Coefficient）を用いる。この評定者間の一致度は，人間の手で身体的な特徴を計測したり，脳の構造の大きさを測ったりする場合にも使用される。具体的な計算方法については対馬（2007）を参照されたい。

📖 学習を深めるための参考文献
『心理学マニュアル　面接法』
保坂亨・大野木裕明・中沢潤（2000）. 北大路書房

心理学の技法としての面接法を，初学者向けにやさしく解説したコンパクトな本である。一般的な調査面接法だけでなく，相談的な面接法やグループ・インタビューについても解説されている。

『調査的面接の技法』（第2版）
鈴木淳子（2005）．ナカニシヤ出版
　調査面接法だけに絞って，詳細に解説した本である。面接法自体の解説だけでなく，面接の際に重要になる信頼関係の形成や，ノンバーバル・コミュニケーションについても触れられている。

第 7 章

質問紙調査の実施

　研究者が回答者に尋ねたい質問項目を羅列した回答用紙を**質問紙**と呼ぶ。**質問紙調査**とは，紙と筆記用具を用いて，回答者が自分で質問文を読み，それに対して質問紙に記入することで回答をおこなう調査である。典型的には，冊子形式になっている質問紙が回答者に配布され，回答者は最初から質問紙を読んでいき，配置されている多肢選択型の質問項目群や，自由記述型の質問に対して回答を考え，自分で筆記用具により記入していく。そして記入し終わったら，調査者に提出するという方法を取る。一般的には**アンケート調査**と呼ばれ，講演会やイベントなどの参加者の感想を集約したり，商品や製品に対する客の反応を調査したりする場合にしばしば用いられるため，多くの人にはなじみがあり，何度か回答者になったことがあるだろう。

　一般的には，質問紙法は構造化面接法に厳密さの点で劣る簡易的な方法と考えられている。質問紙調査では，どうしても回答者の読み間違い・意味の取り違いや記入間違い・記入漏れなどを防ぎきれないからである。つまりたとえば，ある心理療法の技法が本当に効果があるのかとか，ある精神疾患を持つ人が（またはある精神症状を持っている人が）地域に何パーセントいるのか，といった問いについて調査をおこなう場合，質問紙法での測定による研究は，あくまでも覆される可能性もある暫定的な結果として受け取られ，より確定的な質の高いエビデンスにするためには構造化面接法によって測定すべきとされる。質問紙法は安く大量に実施できるスクリーニングのための簡易検査，構造化面接法は結果を確定するための精密検査のように考えてもらえば良い。

　とはいえ，第 6 章「面接調査の実施」でも述べたように，構造化面接法によってある程度の規模の調査をおこなうためには多大な費用と時間がかかるので，ある研究テーマについて初期の段階においては，質問紙調査をおこなって大まかな様子を見ることが役に立つ。卒業論文や修士論文においては，多くの人数に対して構造化面接をおこなうことは通常は不可能なので，質問紙調査が選ばれることが多い。しかし，時間的に可能であれば，できるだけ構造化面接を併

113

用した方が，より妥当性の高い研究とすることができる。

　質問紙調査は，調査者と回答者の関わりが薄くなることも特徴のひとつである。これにはメリットとデメリットがある。質問紙調査の場合には，無記名での調査がおこないやすい。もちろん面接調査でも匿名で回答することはできるが，対面であれば回答者は調査者と顔を合わせなければならないし，電話調査であっても声は聞かれるし電話番号は知られてしまっている。このように，回答者の気軽さや心構えがかなり違っていることが考えられる。悪い面としては，質問紙調査の場合，調査者から1対1で声をかけられるということはほとんどないため，自分の回答は大量の回答者の中の1人に過ぎないという感覚が生まれる可能性がある。「まじめに答えよう」「自分の回答を研究の役に立ててもらおう」といった積極的な動機づけが低くなり，不真面目に，適当に，早く終わらせよう，といった態度で回答されてしまうリスクはある。一方で，面接者の人当たり，魅力，スキルによって，調査にばらつきが生まれてしまうようなことはなく，同じ紙を見て回答するので，研究者効果を減らして条件を一定にコントロールできるというメリットがある。また，性や反社会的行動など，対面では口に出すのに抵抗があるような微妙なテーマについても，紙に対してであれば本音を回答してくれる可能性はある。

1　質問紙調査の分類

1-1　どうやって記入するか ── 紙と鉛筆，コンピュータ，インターネット

　もっとも典型的な質問紙調査は，紙と筆記用具を用いるものである。しかし，次のような調査も，基本的な要素は同じなので，質問紙調査と同様に考えて良い。

　紙と筆記用具の代わりに，コンピュータ，キーボード，マウス，タッチパネルなどを用いる場合もある。コンピュータのモニタ上に質問文が表示され，回答者は，キーボード，マウス，タッチパネルなどの入力装置によって回答する。この方法の利点は，回答者の回答が即時に電子データとなるため，集計・分析作業が容易になることである。そして，回答者の回答によって，回答非該当になる質問項目が自動的にスキップされたり，回答者の属性や回答に適合した質問をオーダーメイド的に表示することができる。心理学の調査ではなく能力テ

ストではあるが，TOEFLのCBTではこのような方式が取られている。しかし，コンピュータ機器の操作に慣れていない人々も多数存在するため，回答者の特徴をよく検討した上で選択する必要があり，紙と筆記用具を選択した方がスムーズに質の良いデータが得られる場合も多い。

さらに，このような質問紙のシステムを，インターネットのサーバ上に置き，回答者がインターネット経由で調査に回答するという方法もある。この場合は，遠隔地からの回答も可能になり，研究参加者を集めやすくなる利点がある。一方，回答者と調査者が顔を合わせず，声も聞かないため，同じ回答者がいたずらで何度も回答してしまう可能性が出てくるので，これを防ぐ何らかの技術的な工夫が必要になる。またインターネットへアクセスできる人々は全体の中ではごく一部であるため，これにより調査参加者に重大な偏りが生じると考えられる場合は不適切である。コンピュータを使用する方法，インターネットを使用する方法の場合，集計が簡単であり入力ミスの心配もないというメリットは大きいが，いずれも何らかのプログラミングの技術が必要になるので，自分で勉強するか，誰かの協力を得なければならない。また紙ベースでの調査に比較して，データの紛失，盗難（コピー）や流出が起こりやすいと考えられるので，十分な対策が必要である。このようなコンピュータなどを用いた手法についても，回答者が自分で質問文を読んで回答するという基本的な要素は同じなので，質問紙法の中に含められることが多い。

1-2　誰が記入するか ── 自己記入式，保護者評定，教師評定など

典型的な質問紙調査は「自己記入式質問紙」（自記式質問紙と略されることもある）と呼ばれ，回答者は自分のことについて自分で回答を考えて記入する。一方，回答者が他者についての回答を記入する方式もある。これは十分に自分で理解し記入することができない子どもについての質問紙の場合や，そもそも他人からの評価自体に興味がある場合に見られる。親などが子どもについて回答する保護者評定（親評定），幼稚園や学校の先生が子どもについて回答する教師評定などが多く見られる。また，職場の同僚同士や，友達同士，カップル・夫婦がお互いに回答するといった形式も考えられる。

1-3　どのように回収するか ── 集団調査，個別調査，郵送調査，委託調査

質問紙調査は，その質問紙の回収方法からも分類することができる。大学や

小学校・中学校・高校の授業の中，また企業や，講演会・市民講座などの中で質問紙を配布し，時間をとって回答してもらい，その場で回収するような方法を**集団調査**と呼ぶ。回収率が良く，短時間で多くの人数の回答が集まり，またもしも不明な点があれば質問にもその場で対応でき，万一質問票に不備（ミスプリントや乱丁など）があってもその場でフォローすることができる。一方，その場から1人だけ退出するとか，1人だけ何もしないということが目立ってしまうため，回答を拒否しづらくならないような配慮が必要である。回答の引き換えに（お礼として）出席点や単位を与えることは，研究参加・不参加の自由な選択を歪めることになるので，研究倫理上望ましいとは言えない。また，授業時間は学生・生徒の勉学のためのものなので，調査に時間を割いてもらう場合には，しかるべき立場の人の許可を得ることが必要である。調査の実際を自分で体験して学ぶとか，後で研究結果を教えてもらうなど，回答者にとって何かメリットがあれば，許可を得やすいだろう。それから，質問票に対する回答内容は，調査者だけが知ることになるのか，（特別な理由がなければそのようにはしないが）回答者が所属する学校・会社などにも伝わることになるのか，ということを，回答者に知らせた上で調査への参加を決めてもらうことも重要である。また，集団調査の場合には，足りなくなる事態が起きないように質問票を多めに準備しておくことが重要である。

　個人宅を訪問して調査したり，学校やアルバイト先の友人に個別に回答を依頼するような方法は，**個別調査**と呼ばれる。その場で回収できる場合もあるが，持ち帰って記入してもらうようにした場合には，回収方法を考えておかねばならない。どのように提出するのかが不明確だと，提出しようという動機づけは減ってしまう。郵送での回収をおこなう場合は，切手付きの封筒を準備する。もしくは，郵便局に申請すれば，投函されたものだけ後払いができるバーコードを作成してもらえる。郵送先は，所属機関にしておくのが一般的である。依頼できる人に個別に依頼した場合は，どのような母集団を想定してどのようなデータを集めたのかというところがあやふやになりがちであるという弱点がある。可能な範囲で配慮することが重要である。

　サンプルの偏りをなくすためにランダム・サンプリングをおこないたい時，質問紙調査の場合は**郵送調査**が有力である。住民基本台帳などを閲覧し，ランダムに抜き出した対象者に対して質問票を送付する。日本の居住者を対象とした研究としては，もっともサンプルが無作為に選ばれる方法であるが，回収率は低くなりがちである。

　調査の実施と回収を，第三者に委託する**委託調査**という方法もある。研究費

が潤沢にある場合には，信頼のおける調査会社に委託する場合もあるが，卒業論文や修士論文では多くの場合，非現実的であろう。学校の生徒や，企業の社員などを調査対象としたい場合は，学校の教師，また企業の管理職などに調査を委託することもある。委託する人物が，回答者にとって信頼できる人望の厚い者であれば，初対面の調査者が入り込んで行って調査するよりも回収率が上がることもある。

いずれの実施・回収方法を取るにせよ，何人に依頼して，何人が回答したかということを，調査の日付とともに記録しておかねばならない。他にも調査実施時の様子や特記すべき状況があれば，同時に記録しておくことが重要である。

2　質問票の作成

質問票の作成にあたって，質問をどのように配置し，どのように印刷して，どのように綴じて，どのように回収するかといったことは，軽視されがちである。このような表面的な問題よりも，質問票の中身，どのような構成概念について尋ねるか，どのように分析するかという方に目が行きがちである。しかし，どんなに鋭く新しい興味深い視点からの研究であっても，質問票の形式が誤解を生みやすかったり，書き間違いを引き起こしやすかったり，わかりにくいものであったりすれば，ミスや誤りだらけのデータしか得られず，このすばらしい研究は台無しになってしまう。この一見表面的に見える形式の問題は，とても奥が深く，質の良いデータを得るために決定的に重要な部分なので，時間をかけて細心の注意を払うべきである。紙と筆記用具を用いる質問紙の調査票の各部分について，以下に解説する。

2-1　インフォームド・コンセント

質問紙調査におけるインフォームド・コンセントの取り方と，質問票への組み込み方には3種類が考えられる。まず記名調査にする場合には，質問票の冊子の中にインフォームド・コンセントを組み込んで良い。表紙の次に，研究の説明文を入れ，その次に同意書を入れ，各項目を理解したことを示すチェックリストと署名欄を設ける。

2つ目のやり方として，無記名調査とする場合には，インフォームド・コン

セントの同意書を別紙として別々に提出できるようにしておく必要がある。質問票冊子の中に入れてしまうと，署名によって誰の回答であるかがわかってしまうからである。この方法では，回収した個別の質問票が誰の回答であるかはわからなくなるが，同意書を別に集めるため，回答した人のリストは作成することができる。

　さらに簡略化した3つ目の方法として，同意書は用意せず，研究の内容と条件に同意した者のみが回答を提出し，同意しないものは提出しないことでその意思を表示するというやり方もある。提出という行為によって同意の意思とみなすやり方であるが，同意書という形式は残らないというデメリットはある。研究参加による有害事象や不利益が非常に少ないと考えられる場合には，このような方法も許容されるであろう。どの方法を取るのが適切かについては，所属施設の倫理審査委員会や指導教員の意見を聞くことが大切である。

　いずれのやり方においても，研究の説明文書は，参加者の手元に残るようにしておくことが望ましい。通常，研究の説明文書においては，いったん研究に参加しても，いつでも同意を撤回し，参加をやめたり，自分のデータを破棄してもらったりすることができるという趣旨の内容が含まれる。しかし，上記の2つ目と3つ目の方法においては，誰の回答であるかがわからなくなるため，個別のデータの破棄という対応はできなくなる。

　2つ目と3つ目の方法は，質問票は匿名化される（後から誰の回答であるかを調べようとしても不可能なため「連結不可能匿名化」と呼ぶ）が，同じ参加者に対して複数回の調査をおこなうような縦断調査の場合には，名前以外の番号やコード（たとえば電話番号や誕生日などの一部など）を用いることで，匿名化したままでの個別データの照合が可能となる。

　面接調査と比較した時の質問紙調査のメリットのひとつは，調査者との距離が遠く，社会的に望ましくないような回答も正直にしやすいことであるため，1つ目のような記名調査は，実際には実施されることは少ない。記名調査のメリットのひとつには，参加者が特定できるため，研究結果を参加者に伝える際に，本人の個別結果を含めることができるということがある。

2-2　表紙

　質問票冊子の表紙には，大き目の文字で調査のタイトルを入れる。研究計画を倫理審査委員会に通している場合には，その正式な研究名を入れても良い。ただ，正式な研究名だと，専門用語が使用されていて，研究参加者には理解で

きないことも多い。理解できなければタイトルを入れる意味がないので，多少わかりやすいタイトルに変えることもある。また，調査の意図が参加者に伝わることで，回答に何らかの歪みが生じる可能性が考えられる場合には，少し曖昧にしたタイトルが使用されることもある。

次に，表紙には，ごく大まかな調査の概要を書いておくと親切である。表紙に10行20行と文章が書いてあってもじっくり読まれないことがあるので，できるだけ簡潔にすべきである。詳細な調査概要は，研究の説明文書の箇所で提示する。表紙に書くこととしては，参加者の多くが知りたいと思われる調査の所要時間，参加によるメリット・デメリット（謝金が出るかどうかや，調査結果を知ることができるかどうか等）など数点にとどめる。ごく短い質問紙調査の場合は，表紙をつけず，簡単な表題とインストラクションの後に1ページ目から質問を始めることもある。しかし，一般的には，表紙部分に回答をするような設計だと，提出時にその回答が人の目に触れることになり抵抗が生じるので避けるか，当たり障りのない質問を配置するようにすると良い。

可能であれば，表紙に調査の情報を入れておくと後で便利である。いくつかの場所で調査をする場合には，どの場所でいつの日付に実施した調査の回答であるかわからなくなってしまうことがある。回答者にもわかるように日付や回答場所・施設を表紙に入れてしまうと，匿名性が薄らいでしまうような印象を回答者に与える懸念もあるので，目立たないような小さな字で，実施場所や実施日付に関する調査者だけがわかるようなコードを入れておくのも良い。

さらに，あらかじめ表紙にすべて連番を印刷しておけば，配った数と回収した数を確実に知ることができる。しかし，この場合はさらに匿名性が薄まった印象を回答者に与えかねないことと，単純にコピーによって質問票を準備できなくなるので，作業が煩雑になるデメリットがある。

2-3 本体部分・既存の尺度の扱い

通常は表紙の次のページから質問項目を配置していく。多くの場合，質問紙調査の主要部分はリッカート式尺度が占めることになる。オリジナルに作成した尺度や質問項目のみで質問票を作成すると，その妥当性を確認することが難しく，またこれまでの先行研究との比較も困難となり，得られた知見の位置づけが不明瞭になり良い評価が得られにくい。そのため，質問票の中には，これまでに信頼性と妥当性が確認されている既存の尺度を，できれば頻繁に使用される尺度を含めておくことが望ましい。

既存の尺度を使用する場合，一字一句変更することなく使用しなければならない。尺度を一部改変して使うことには慎重であるべきである。信頼性と妥当性が確認されている尺度であっても，インストラクションを変えたり，項目数を増減させたり，評定の仕方を変えたり（5件法を7件法に変えるなど），質問項目の言葉遣いを変えたりした場合には，それはすでに違う尺度になってしまうので，厳密な意味では，変更後に信頼性と妥当性が十分かどうかわからなくなってしまう。体重計の乗る部分にデコレーションを加えたり，身長計の頭に当たる部分をオリジナルのものに付け替えたりしたら，きちんと測れているのかわからなくなってしまうのと同じである。質問票全体として回答形式の不統一が目立つ場合は最小限のレイアウト変更をおこなうこともあるが，できるだけ体裁もそのままに配置した方が良い。

しかし，やむを得ず，元の尺度からの変更をしなければならない場合もある。たとえば，あまりにも不適切な言葉や近年見かけない言葉が使われている，言葉遣いが難しくて理解されない可能性がある，質問票全体が長すぎるために項目を減らさなければならない，などの場合である。この場合，改変することのメリットが，先行研究と比較できなくなってしまうデメリットを上回るのかどうか，先輩や指導教員と十分に相談すべきである。

2-4　体裁の工夫

質問票を設計する際に大事なことのひとつは，回答者にとってわかりやすく，記入漏れや回答ミスができるだけ少なくなるような形式を工夫することである。また，回収した回答をパソコンに入力する時に，入力ミスが起きないように工夫した方が良い。

カラー印刷ができれば，わかりやすさが格段に上がるが，印刷にコストがかさむので難しい場合が多い。白黒コピーやリソグラフで対応できるモノクロ印刷で対応できる工夫を以下にいくつか提示する。多くの質問項目に対して，（等間隔とみなす）5段階・7段階などの選択肢から1つを選ぶという方法で回答するリッカート式の評定尺度は非常に多用されるが，その回答選択肢の提示方法にもいくつかの方法がある。

(1) 質問項目

それぞれの項目に1から順番に連番を振っておくと良い。参加者が回答する際には項目番号は必要なものではないが，後で入力したり分析したりする時

項目番号があると取り扱いが便利になる。

　また，質問項目は5個ずつおきくらいで区切りを入れておくととても便利である。リッカート式の評定尺度は数十もの項目がずっと続いていくことが多いため，回収した回答を入力する際にミスが起きやすい。1ページあたり30項目程度の質問が入っていることもあり，それだけの数字の羅列をいっぺんに記憶して入力することは，人間の短期記憶では不可能である。そのため，5個とか6個とかの回答を記憶して，それをパソコンに入力し，また質問票に戻って，5,6個の回答を見て憶えてから入力するという繰り返しの作業になる。その際に，どの項目までを入力したのかがわからなくなってしまうということがある。通常，解答欄は質問項目の右側にあるが，項目番号は質問項目の左側にある。そのため，項目番号を追いかけながら入力することが難しいのである。どこまで入力したかに気をつけながら，ミスしないように作業していくとかなりの負担がかかる。このような負担を軽減し，ミスを減らすためには，5項目ごとに区切りを入れておくことが非常に役に立つ。具体的には，5項目ごとに罫線を太くしたり，別の種類の罫線を使ったり，大き目の空白を入れたりなどの方法がある。

　リッカート尺度では，場合によっては長い文章と短い文章が混在した質問項目が多く続くので，特に質問分と回答欄との対応をわかりやすく表示する工夫も必要である。たとえば，質問項目と回答欄を揃った表形式のマス目に入れるようにしたり，質問文から回答欄へ点線などを引いてつないだり，1つおきに網がけをして上下の項目と混同しないようにするなどの方法がある（表7-1）。

　パソコンから印刷した時の仕上がりと，コピー機やリソグラフで大量に刷った時の仕上がりが違ってくることもあるので，注意が必要である。特に，階調表現が荒くなるような印刷機を使った場合には，網がけの項目が黒くなって非常に読みづらくなったり，罫線の太さを変えたり，重要な部分を太字やゴシック体で強調したつもりでも，印刷したら違いがわからなくなっていたりすることがよくある。

　回答者の記入ミスや記入漏れをさらに防ぐためには，質問文1つに対して，その下に回答の選択肢を毎回提示する方法もある。この方法の場合は，回答者が，質問文と回答選択肢との対応関係を確認する必要がなくなるため，回答が楽になる。ただしこの方法を使うと，スペースが多く必要になり，質問票のページ数が増えてしまうというデメリットはある。なお，この方法を使った場合には，質問項目1つずつに対して，回答選択肢を変えることができる。たとえば項目1では「あてはまらない」「あまりあてはまらない」「少しあてはまる」

「あてはまる」，質問 2 では「ない」「月に 1 回程度」「週に 1 回程度」「週に 2, 3 回以上」のようにすることができる。ただ，毎回選択肢が変わると，質問紙が複雑になり，項目数が多くなれば回答者が混乱する可能性もあるので注意が必要である。

表 7-1　リッカート尺度のさまざまな提示の仕方

(1) 表形式

以下の 12 の質問について，あてはまる選択肢に○をつけてください。	とてもあてはまる	ややあてはまる	どちらともいえない	あまりあてはまらな	まったくあてはまらな
1. 私は，男性のように行動したいと思う。	1	2	3	4	5
2. 誰かが私を女性扱いするたびに，私は傷つく。	1	2	3	4	5
3. 私は女性として生きていきたい。	1	2	3	4	5
4. 私は，ずっと男性として扱われたい。	1	2	3	4	5
5. 女性としての人生よりも，男性としての人生の方が私にとっては魅力的だ。	1	2	3	4	5
6. 女性として行動しなければならないので，私は不幸だ。	1	2	3	4	5
7. 女性として生きるのは，私にとって良いことだ。	1	2	3	4	5
⋮					

(2) 点線リーダ形式

以下の 12 の質問について，あてはまる選択肢に○をつけてください。

とてもあてはまる　ややあてはまる　どちらともいえない　あまりあてはまらな　まったくあてはまらな

1. 私は，男性のように行動したいと思う。……　├──┼──┼──┼──┤
2. 誰かが私を女性扱いするたびに，私は傷つく。………………………………　├──┼──┼──┼──┤
3. 私は女性として生きていきたい。…………　├──┼──┼──┼──┤
4. 私は，ずっと男性として扱われたい。………　├──┼──┼──┼──┤

5. 女性としての人生よりも，男性としての人生の方が私にとっては魅力的だ。⋯⋯⋯⋯⋯
6. 女性として行動しなければならないので，私は不幸だ。⋯⋯⋯⋯⋯
7. 女性として生きるのは，私にとって良いことだ。⋯⋯⋯⋯⋯⋯⋯⋯⋯⋯⋯⋯⋯⋯⋯⋯⋯

　　　　　　　　　　：
　　　　　　　　　　：

(3) 網がけ方式

以下の12の質問について，あてはまる選択肢に○をつけてください。

あてはまる / とてもあてはまる / ややあてはまる / どちらともいえない / あまりあてはまらない / まったくあてはまらない

1. 私は，男性のように行動したいと思う。
2. 誰かが私を女性扱いするたびに，私は傷つく。
3. 私は女性として生きていきたい。
4. 私は，ずっと男性として扱われたい。
5. 女性としての人生よりも，男性としての人生の方が私にとっては魅力的だ。
6. 女性として行動しなければならないので，私は不幸だ。
7. 女性として生きるのは，私にとって良いことだ。

　　　　　　　　　　：
　　　　　　　　　　：

(4) 毎回選択肢を提示する形式

以下の12の質問について，あてはまる選択肢に○をつけてください。

1. 私は，男性のように行動したいと思う。
　　1. とてもあてはまる　　2. ややあてはまる　　3. どちらともいえない
　　4. あまりあてはまらない　　5. まったくあてはまらない

2. 誰かが私を女性扱いするたびに，私は傷つく。
　　1. とてもあてはまる　　2. ややあてはまる　　3. どちらともいえない
　　4. あまりあてはまらない　　5. まったくあてはまらない

3. 私は女性として生きていきたい。
　　1. とてもあてはまる　　2. ややあてはまる　　3. どちらともいえない
　　4. あまりあてはまらない　　5. まったくあてはまらない

第7章　質問紙調査の実施

4. 私は，ずっと男性として扱われたい。
    1. とてもあてはまる　　　2. ややあてはまる　　　3. どちらともいえない
    4. あまりあてはまらない　5. まったくあてはまらない

5. 女性としての人生よりも，男性としての人生の方が私にとっては魅力的だ。
    1. とてもあてはまる　　　2. ややあてはまる　　　3. どちらともいえない
    4. あまりあてはまらない　5. まったくあてはまらない

6. 女性として行動しなければならないので，私は不幸だ。
    1. とてもあてはまる　　　2. ややあてはまる　　　3. どちらともいえない
    4. あまりあてはまらない　5. まったくあてはまらない

7. 女性として生きるのは，私にとって良いことだ。
    1. とてもあてはまる　　　2. ややあてはまる　　　3. どちらともいえない
    4. あまりあてはまらない　5. まったくあてはまらない
          ⋮
          ⋮

（2）回答の形式

　リッカート尺度では，質問項目に対して5段階とか7段階などの選択肢に回答してもらう。5件法の場合であれば，1, 2, 3, 4, 5 とか a, b, c, d, e などの数字・記号に○をつけてもらう方法がある。数字とアルファベットではそれほど回答しやすさに差はないと考えられるので，数字を使う方が便利である。これは入力した時にそのまま数値として扱えるので，逆転項目の処理や分析の際に余計な変換をする必要がなくスムーズだからである。日本においては，アルファベットよりも，数字の方が幅広い世代に対して使いやすいであろう。

　ところで，その後の統計解析においては，各選択肢の間は，等しい間隔になっている方が，さまざまな点で都合が良い。つまり，尺度水準において「順序尺度」ではなく，1つ上の「間隔尺度」として扱えるので，さまざまな指標（平均値，標準偏差，ピアソンの相関係数など）や多変量解析（重回帰分析，因子分析，共分散構造分析など）を適用することができるのである。一方，選択肢の間が等間隔でなければ，上下関係，つまりどちらが大きいのかはわかっても，「どの程度大きいのか」の情報はまったくなくなってしまうのである。それは例えば100m走で優勝者や順位がわかっても，タイム差を記録しておかなかったような状況である。ストップウォッチで測っていれば，「秒」という共通の単位で，どの程度の差であるかがわかるのである。そのため，特別な理由がな

ければ，選択肢の間の距離は等間隔にしておくことをお勧めする。さて，この等間隔性を強調するために，回答欄に数直線のようなものを提示して，その目盛り部分に丸をつけてもらうやり方もある。こちらの方法の場合には，どこに丸をつけて良いのかわからない回答者もいることが想像されるため，回答例をつけておくことが必要である。

　このような，選択肢の数字に〇をつける，数直線の目盛りに〇をつけるという2つの方法に対して，選択肢の程度・頻度の表現をどの程度提示するかということにもバリエーションがある。5段階評定（5件法）であれば，選択肢の1，2，3，4，5に対して「まったく当てはまらない」「あてはまらない」「どちらでもない」「あてはまる」「非常にあてはまる」などを割り当てて提示する方法がある。数直線の目盛りのタイプであれば，同じように選択肢を提示することもできるが，たとえば両端の2ヶ所にだけ「あてはまらない」「あてはまる」を，または両端と真ん中の3ヶ所にだけ「あてはまらない」「どちらともいえない」「あてはまる」のように提示することも可能である。他の選択肢（目盛り）には敢えて程度・頻度の表現を提示せずに，「等間隔である」という情報だけで回答の判断をしてもらうのである。このようにすると，評定段階を増やすことが容易である。たとえば20件法の項目を作ったとして，20個の選択肢にすべて程度・頻度の形容表現をつけるのは困難である。後の統計解析の観点からは，評定段階は多い方が望ましい。多くの場合，得られた回答を間隔尺度の連続変数として扱うが，実際は離散変数となっている。つまり，5件法であれば，1，2，3，4，5というデータしか得られず，1.34とか4.21などという中間のデータは得られない。このことは，統計解析に悪影響を及ぼすとも言われているので，複雑になりすぎない範囲で，評定段階は多い方が良い。

　このような考え方をさらに進めた回答方式としてVASと呼ばれる回答方法がある（図7-1）。これはVisual Analog Scaleの略称である。これは，直線（線分）を提示して，両端にたとえば「まったく思い出せない」「完全に思い出せる」などの両極端の表現を提示しておく。回答者は，その両極端の間の好きなところに×印をつけてもらう方法である。〇印にすると回答のポイントが曖昧になってしまうので，×印をつけてもらうのが良い。VASを使うと，得られ

痛みの程度

痛み   最
み   大
な   の
し   痛
            み

図7-1　VAS（Visual Analog Scale）

る値は連続変数となるので，統計解析の観点からは望ましい。提示する線分は，測定の便宜上 10cm としておくことが多い。しかし VAS はデータの入力には手間がかかる。ものさしかノギスを使って長さを計測する必要があるからである。さらに厳密には，測定者によって癖などの誤差が生じるので，2 名以上の測定者によって測定し，十分な一致度が見られるかどうか確認するのが良い。VAS の簡便法として，線分の上に 0, 10, 20, 30, 40, 50, 60, 70, 80, 90, 100 という数字を提示して，どれかに○をつけてもらうといった方法もある。これは解離症状を測定する DES という質問紙で採用されている。この方法は実質的には 11 件法での回答と同等である。

3 長さ・印刷・綴じ方

　質問票には，研究テーマから必要と考えられる変数について測定する質問を入れていく。何らかの結果を出そうとすると，さまざまな変数を盛り込んでおきたくなり，質問票は長くなりがちである。しかし，たとえば授業中の時間を借りて調査したり，友人や先輩後輩などのツテで依頼したりする場合には，10～20 分程度で回答できるものが上限だろう。それ以上の長い調査が必要な場合もあるが，その場合は，個別の詳細な結果報告をするとか，謝金を出すなど参加者が負担ばかりにならないようにする配慮が必要である。

　質問票の印刷については，リソグラフを使用するのが安価だが，仕上がりはそれほどきれいではない。質問票の印刷品質も，回答者の心構えに影響するので，あまりに素人っぽさが出るのは良くないだろう。通常のコピー機を使用したり，印刷業者に依頼したりすることもできる。白黒印刷であれば，それほど高額にはならないはずである。印刷品質と同様に，質問票のレイアウトやデザインも，あまりにわかりにくいと回答ミスを生みやすくなる。まず，誰か自分以外の人に一度回答してもらい，わかりにくいところがないかどうか確認すると良い。またデザインの素養のある人に見てもらうと，より洗練された見た目の質問票にすることができる。

　質問票は通常，数ページにわたる。そのため，何らかのかたちで製本のようなことをしなければならない。よくおこなわれるのはホッチキス止めである。ホッチキス止めの場合は，通常とじしろが必要なので，余白を十分に取っておく必要がある。ホッチキス（ステープラー）にはさまざまな種類があり，やや

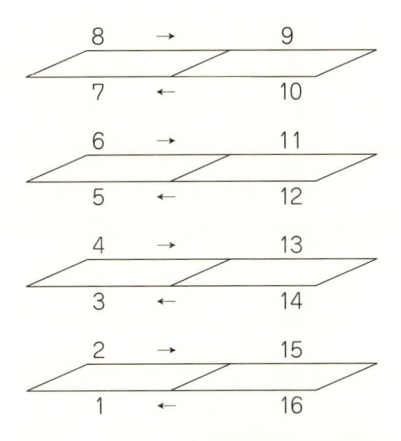

図7-2 16ページの質問紙の台割の例

高級なものを使用した方が，大量の作業をするには楽である。フラットクリンチ型のものであれば，綴じた時に針が丸くならず，平らになるので，綴じた質問票を重ねてもかさばりにくい。

　ホッチキスで閉じなくても，A3サイズで両面印刷してから2つ折にしたものを重ねれば，簡易的にA4サイズの冊子状になる（B4で印刷してB5にしても良い）。外せばばらばらになってしまうが，実用上それほど不都合は生じない。念のためページ番号は打っておくべきである。この方法は，とじしろが必要なく，ホッチキス止めの作業も不要であり，複数部を重ねてもかさばらないのでお勧めである。印刷の段階では若干複雑になるので，図7-2のような台割を作っておいて，それにしたがって印刷すると良い。紙折り機がない場合は，手作業で折る必要は出てくる。たとえば単1電池のような重みのある丸いもので押さえると，楽に折ることができる。

学習を深めるための参考文献

『質問紙調査の手順』
小塩真司・西口利文（編）(2007)．(心理学基礎演習) ナカニシヤ出版
　調査テーマの設定，質問票の作成，実施・回収，データ分析までをスモールステップでわかりやすく解説した本である。トピックが1つ1つ区切られて演習形式になっているので，学習を進めやすい。

『心理学マニュアル　質問紙法』
鎌原雅彦・大野木裕明・宮下一博・中沢潤（1998）．北大路書房

質問紙を使った研究法について，初学者向けにやさしく解説した実用的な本である。質問項目の作成から，実施，入力，データ処理まで網羅されている。

第 8 章
調査データの分析と報告の仕方

　研究の大きな山場である研究参加者からのデータの収集（調査）を終えると，次に，得られたデータを整理・入力し，分析・報告をおこなう段階へ進む。本章では，調査データの入力・分析と，結果の報告の仕方について簡単に解説する。

1 参加者の動向の把握と調査票の整理

　構造化面接調査では調査者が記入した調査票，質問紙調査では回答者が記入して回収した調査票が，研究に用いるデータの原簿となる。紛失したり，順番がおかしくなったり，必要な情報が抜けたりしないように，注意深く管理する必要がある。紛失や順序の混乱などによってデータの質が低下すれば，もちろん研究の妥当性が下がり，その結論が信用できないものになってしまう。また，それだけではなく，研究参加者から取得したデータを紛失したり流出させたりするようなことがあれば，倫理的な問題も発生する。この2つの点から，調査票の慎重な保管と，正確なデータの入力・管理は非常に大切である。
　調査研究においては，どのような人を対象とし，何人に調査への参加を依頼し，何人が参加に同意し，何人が参加を拒否し，何人が調査票を提出し，そのうち何人のデータが使用可能であったかなどを詳細に記録し，報告する必要がある。面接調査であれば調査参加率，質問紙調査であれば回収率の報告がなされる必要があると言われる。しかし，たとえば参加に同意したものの，まじめに回答していないとか，途中で回答をやめてしまっているなどのケースも少なくないので，回収した方に含めれば良いか，回収できなかった方に含めれば良いか迷うこともある。このような細かい事情はすべて記録してまとめておき，報告ができるようにしておくと良い。報告の際に，回収率といった数字のみで

129

済ませるのではなく，時間やスペースが許せば，図8-1のような**フローチャート**にして提示すると良い。この図は，海外の介入研究の例であるが，研究終了までに，非常に多くの人数がドロップアウトすることがわかる。介入をおこなわない観察的調査研究であっても，コホート研究のように追跡調査をおこなうのであれば，ドロップアウトが発生するので詳細に記録して提示しなければならない。単回の調査であっても，何人に依頼し，うち何人が選択基準を満たし，うち何人が同意し，うち何人の調査票を回収し，うち何人が回答不備などにより除外され，その結果何人が分析対象になったかということは報告する必要がある。特に卒業論文や修士論文では，紙数制限はないことが多いので，丁寧に詳細まで報告することができる。

さて，何はともあれ集まった調査票にはまず通し番号（シリアルナンバー，

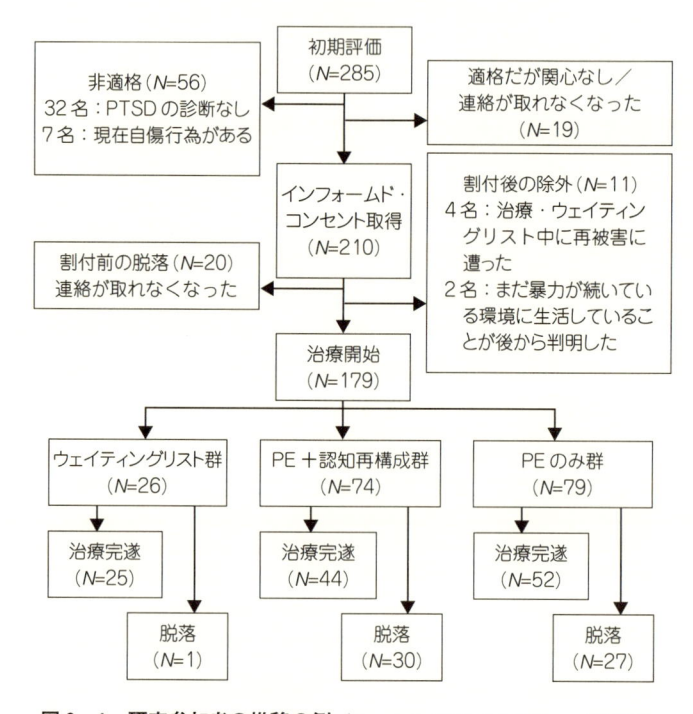

図8-1 研究参加者の推移の例 (Foa et al., 2005 より和訳・一部改変)

　この研究は慢性の心的外傷後ストレス障害（PTSD）を持つ対人暴力被害女性に対する持続エクスポージャー法（PE）と，それに認知再構成法（いずれも 9-12 セッション）を加えた場合との効果を検討するために実行された。その結果いずれの群もウェイティングリストに比べてPTSD症状が下がった。認知再構成を追加しても，PEのみの場合と治療効果に差がなかった。

連番）を打つ必要がある。調査票は，番号によって1つに特定されるよう背番号をつけなければならない。後で入力ミスが発覚した時に，調査票に戻って確認できるようにしておくためである。無記名調査であるなら番号を打っておかなければ後でどうしようもなくなるし，記名の調査であったとしても，固有名詞である姓名ではコンピュータ上で管理がしにくい。調査票は通し番号を振り，その番号順に重ねて，鍵のかかるロッカーなどに厳重に保管しておくと良い。

通し番号は「001」「002」「003」…のように，調査票の表紙の右上や左上などに振っておく。表紙の真ん中あたりや，表紙以外のページに振ると後で探すのが大変になる。複数の場所で調査をおこなった場合には，A大学で回収した調査票には「A001」「A002」「A003」…，B大学で回収した調査票には「B001」「B002」「B003」…などと振ると良い。複数の調査場所にわたって，統一の通し番号を振ろうとすることはお勧めできない。それは，後からばらばらに回収されてきた場合に混乱するし，調査票を調査場所ごとにまとめて保管した方が管理上便利だからである。余裕があれば，また印刷の事情が許せば，あらかじめ調査者だけにわかるような調査場所コードを，小さな字で調査票の表紙の隅に入れておくと，後の作業量とミスを減らせる。

「ナンバリング」「ナンバリングスタンプ」という文具があり，これを使うとスタンプを押すごとに1つずつ進んだ数字を印字することができる。ただ，これはあまり日常生活では使われない文具であり，使い慣れていない場合には，手書きで番号を振ってもあまりスピードが変わらない。特に，郵送法や手渡しなどで徐々に調査票が集まってくる場合には，いちいち番号を確認して数字を合わせる作業が必要になるので，手間がかかる。しかし，手書きで番号を振る場合には，字のクセにより，1と7，4と9など後から判別できなくなることが意外と起きがちである。そのようなことが予想される場合にはナンバリングスタンプの使用を検討するのも良いだろう。

音声・画像・映像・試料などの質問票以外のデータを同時に取っている場合には，質問票と同じ番号を注意深く振っておかなければならない。そのようなデータから，計測などをおこなう場合も同様である。特にこのようなデータは，記名されているわけではないから，後で個人を特定しようと思っても困難であるので，この作業は特に慎重におこなう必要がある。

研究参加への同意書を別紙で取ってある場合には，通常は同意書にも同じ通し番号を振っておく。後から，参加同意の撤回や，回答内容についての問い合わせ，結果報告の希望などがあった場合に，その個人のデータを特定するためである。同意書には研究参加者が署名するため，匿名にはならない。一方，分

析には氏名は必要なく，通し番号のみがデータとして入力されるので，分析の段階では匿名になっていると言える。このように匿名化されたデータを分析に使用するが，IDと氏名を後から照合すれば，個人を特定できるようなやり方を「連結可能匿名化」と呼ぶ。逆に，同意書や記名されたものとの照合をできなくしてしまうやり方を「連結不可能匿名化」と呼んでいる。連結可能匿名化をおこなう場合には，IDと氏名の対照表（通し番号を振った同意書など）と，調査票そのものとは，別の場所に保管するのが望ましい。これは，万一盗難にあったり紛失したりした場合でも，個人の特定を防ぐためである。また，連結に使用するIDは，他には何も意味を持たないような番号でなければならない。つまり，カルテ番号，学籍番号などをIDとしてはいけない。

2 データの入力とクリーニング

　質問票の整理が済んだら，次にコンピュータにデータを入力する必要がある。データを入力した後に，入力ミスや記入ミスなどを洗い出し，可能な場合は正確なデータに修正していく作業をデータクリーニングと呼ぶ。研究費に余裕があるなら，信頼できるデータ入力業者に頼むこともできるが，多くの場合は自分で入力することになるだろう。初心者のうちは，自分で入力した方が，データや項目・変数に対する理解が深まるのでメリットもある。データ入力には大きく分けて，Microsoft Excelなどの表計算アプリ（スプレッドシート）に入力する方法と，メモ帳（notepad）や秀丸などのテキストエディタに入力してから，それを表計算アプリに移す方法がある。どちらにも一長一短があるが，慣れないうちは表計算アプリを使い，慣れてきてから，またはデータが大量にある場合には，キーの打数が少なくて済むテキストエディタを使用することをお勧めする。実際の統計分析には，SPSSなどの統計パッケージソフトを使用することが多い。このような専門の統計ソフトに最初から入力していくことはお勧めできない。このような統計ソフトは，多様な統計分析ができるようになっているが，データ入力に特化したものではなく，広く使用されている表計算アプリに比べて，入力の際に便利とは言えないからである。Excelのような表計算アプリの方が圧倒的にユーザーが多く，使用方法を簡単に調べやすいし，さまざまな便利な使い方が知られている。表計算アプリに入力して，データを確認し，入力ミスのチェックを終えてから，SPSSなどの統計ソフトにコピー＆ペース

トをおこなうと良い。

2-1 表計算アプリを使う

　慣れないうちは，Excelなどの表計算アプリに入力していきながら，データの特徴をよく見ていくのが良い。Excelなどの有料ソフトが使用できる環境にない場合は，Open Office.orgなど，無料で使用できる表計算ソフトもある。官公庁を中心に広まりつつあるソフトで，かなりの機能が使用でき，ファイル形式もExcelと互換性があるので，使用を検討すると良い。本項では，Microsoft Excelの場合を基本として解説する。

　まず，データを入力していく前に，入力用のシートを作る作業から開始する。表計算のシートは，数学の行列と同じく，横方向を「行（row）」，縦方向を「列（column）」と呼ぶ。1つ1つのマス目は「セル」と呼ぶ。まず1行目に，調査票に出てくる順番に項目名を横に並べていく。まず最初に，一番左上のセル（A1）に表紙に振った通し番号（ID）を入力する。その右方向に，調査票に現れる順番に，たとえば抑うつを測定するCES-Dの項目であれば「CESD1」「CESD2」「CESD3」…などと並べていく。

　並べる順番は，必ず調査票に出てくる順番にすべきである。同じようなものを測定しているからと言って，少し飛ばした先の項目を入力して，その後少し戻って入力するというような順番にしてはいけない。これは，誰か他人が入力する場合には，説明しないといけないし，説明し忘れると入力ミスや混乱につながる。自分1人しか入力しないとしても，数日経ってから続きを入力しようとすると，入力の順番を忘れていたりするものである。だから，まったく説明がなくても間違えないような，初めて見ても誰が見ても自然にその順番で入力できるようにしておいた方が，ミスがなくなるし，入力作業の疲労も軽減される。気をつけなければいけないことが1つ増えるだけでも，100人分，200人分入力するとなると，かなりのエネルギーを使ってしまうことになる。調査票上で離れた項目を組み合わせたり加算したりすることは，後からコンピュータ上の計算で，いくらでもできることである。

　その後，2行目以降に，1人1行を使って，データを入力していく。まずは1人分を入力して，不都合や不具合がないか，十分に入力しやすい状態になっているか，様子を見ると良い。「B2」のセル（上から2行目，左から2列目）にカーソルを置き，「ウィンドウ枠の固定」をおこなうと便利である。こうすると，数十人分入力して画面がスクロールしていっても，1行目の項目名はスク

ロールせずに固定され表示されたままになる。同じく1列目のID番号もスクロールされずに固定表示されるので，非常に見やすくなり，入力すべき行や列を間違えるようなミスを減らすことができる。

　ありがちな困りごととして，入力したデータが思ったとおりの表示にならないことがある。たとえばIDに「001」と入力したにもかかわらず，表示は「1」となる。これはデータが数値だと認識されたためである。このような場合は，該当する縦1列を選択し，右クリックでセルの書式設定を変更しておく必要がある。数値のままで「001」と表示させたい場合は，表示形式のユーザー定義で「000」と入力しておく。「0001」のように表示させたい場合には「0000」と4桁にしておけば良い。また，「001」と「003a」のように数字のみと文字も含むものが混在する場合には，表示形式をあらかじめ文字列にしておくと良い。

　回答日など日付の情報を入れる場合には，「3/6」などと入力すれば，自動的に入力した年の3月6日と認識される。この場合も，表示形式をユーザー定義で「yyyy"年" m"月" d"日" (aaa)」と入力しておくと，内蔵カレンダーにより曜日まで表示されるので，入力ミスをした時に気づきやすい。多くの表計算アプリでは，日付を足し算・引き算することができる。たとえば，回答日から生年月日を引き算し，閏年を加味して365.25で割っておけば，正確な研究参加者の回答時の年齢を表示することができる。

　入力ミスのパターンのひとつに，1，2，3，4，5の値しか取らないはずの評定尺度の項目に，7や9などありえない数値を入力してしまうことがある。このような入力ミスを防ぐためには，「条件付き書式」の機能を使うと良い。条件付き書式とは，入力された値によって，書式を変えて表示させる機能である。セルの値が0以下だったり6以上だったりする場合（ありえない値の場合）に，セルの背景色を赤くするようにしておけば，入力ミスに嫌でも気づくことができる。

　見やすさについて工夫して，一目見ただけで情報がすぐに入ってきやすくしておけば，無駄な疲労を防ぎ，ミスを減らすことができる。そのためには，書体，フォントサイズ，配色などを工夫して，よりわかりやすく，見やすい入力シートを作るよう心がけると良い。

　表計算アプリでは，セルにデータを入力した後，次のセルに移りたい場合には，カーソルキーかエンターキーを押す必要がある。エンターキーを押した時に，カーソルが右に動くか下に動くかは，オプションで設定することができるので，右に動くようにしておくと良い。1人分を入力し終えた後に，次の人の分に移る時には，マウスクリックでカーソルを移動することになる。キーボー

ドから手を離して，マウスに持ち替えるのが大変であれば，カーソルキー↓を1回押して，Ctrl +←を押すと，入力されていない行を飛ばして，データが入っているセルまでカーソルが飛ぶので便利である。また，1行目の項目名を除いたデータ入力部分を，マウスを使ってすべて選択しておいてから入力を始め，エンターキーで進んでいくと，選択部分の右端まで行ってエンターキーを押せば，次の行の先頭に移動してくれる。

　また表計算アプリを使う場合には，データを入力するごとに，その時点での平均値や標準偏差を表示させておくことができる。このくらいの人数のデータにこのくらいの値が入ると，平均値や標準偏差がどのくらい影響を受けて変化するのか，ということの体感理解ができて興味深い。平均値はAVG関数，標準偏差はSTDEV関数（不偏分散による標準偏差）を使用する。標準偏差に関してはSTDEVP関数（通常の標準偏差）もあるが，多くの場合は母集団を想定した上で，一部の標本（サンプル）を抜き出しておこなう調査なので，STDEV関数の方を見れば良い。

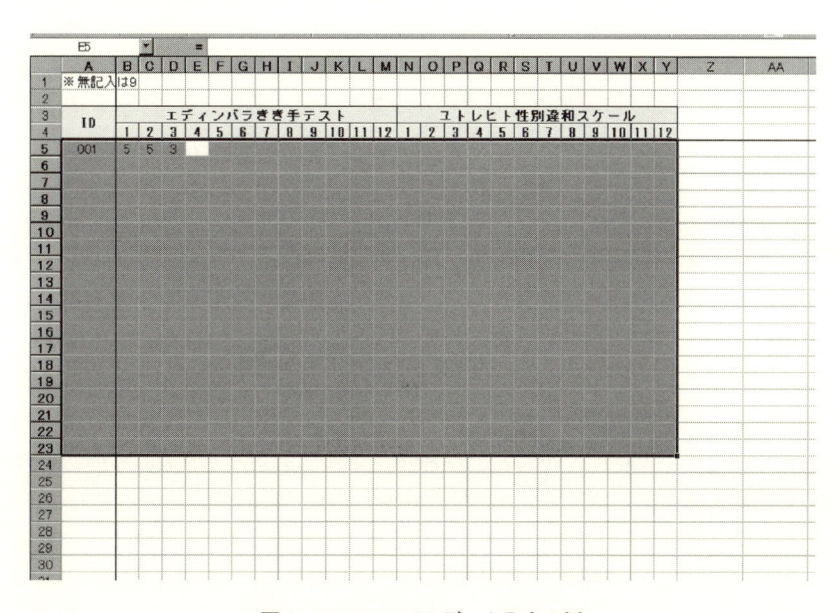

図8-2　Excelでのデータ入力の例

2-2　テキストエディタを使う

　Excelなどの表計算アプリは，多くの機能を持っているため，データ入力を

しながらミスや疲労を軽減したり，データの様子を観察したりすることに向いている。一方で，1つのデータを入力したら，次のセルに移動するためにエンターキーかカーソルキーを使わなければならないために，キーの打数は多くなってしまう。ある程度データ入力に慣れてきたり，また回収した調査票が多量になる場合には，キーの打数が少なくて済むテキストエディタへの入力を検討しても良い。テキストエディタとは，Windowsには標準で入っているメモ帳（notepad）などのように，テキストデータの入力・編集に特化したアプリである。データ入力にはメモ帳でも十分ではあるが，より多くの機能を持っている秀丸などのアプリを使うとさらに便利である。

　テキストエディタには表計算アプリのようなセルがないので，データを区切らずに，羅列するように続けて入力していく。そのため，表計算アプリのように1つのデータごとにエンターキーやカーソルキーを毎回押す必要がない。1人分のデータを入力し終えて，次の行に行きたい時には，エンターキーを1度押せば済む。このように，表計算アプリより，キーの打数が少なくて済む（約半分になる）ため，多量のデータを入力したい時には時間短縮になり有利である。その代わり，リアルタイムでの（ありえない値などの）ミスのチェックはできない。1桁のデータのはずが2桁打ってしまったとか，入力すべきデータを入力しなかったなどのミスについては，1人分入力した時に桁がずれていることがわかるのでチェックが可能である。ミスの防止と入力しやすさのために，表計算アプリの時と同様に，1行目には項目名を入力しておくと良い。ただし，データの桁数と合わせる必要があるので，工夫して入力する必要がある。メモ帳を使用すると，現在どの項目を入力しているのかは，目分量で位置を確認するしかないが，秀丸などの高機能エディタを使うと，カーソル位置でガイドの縦線を引いてくれる設定があり，現在の位置を，1行目の項目名に照らして確認しながら入力ができる。

　さて，テキストエディタへの入力を終えたら，このデータを表計算アプリへ移す必要がある。この時，2つの方法が存在する。1つ目は，Excelの機能を使って，直接読み込む方法である。Excelを立ち上げ，メニューからファイル→開くを選び，「ファイルの種類」で「すべてのファイル」を選ぶと，.xlsや.xlsxなどのExcelファイルだけでなく，.txtなどのテキストファイルも選択できるようになる。このようにしてExcelからテキストファイルを開くと，どこでデータを区切れば良いかを聞いてきてくれるので，データの区切り位置をマウスで1つ1つ指定してやると，スプレッドシート上にデータが入力された状態になる。このままではテキストファイルのままなので，.xlsや.xlsxなどの

Excelの形式で改めて保存しておく必要がある。なお，ほぼ同じやり方でSPSSから直接テキストファイルを開くことも可能である。

このExcelからテキストファイルを直接開く方法では，データの区切り位置をマウスで1つ1つ指定してやる必要があり，項目数が多い場合は，マウスによる細かい指定の作業が必要である。これを避けることができるもうひとつの方法は，テキストファイルの方を加工して，Excelに貼り付け（ペースト）ができるようにするやり方である。Excelにデータをペーストする時，タブ記号があればデータ区切りとして自動的に認識してくれる。つまり入力したテキストファイルの区切り位置となる箇所にタブ記号を入れておけば，すべて選択（[Ctrl] + [a]）し，そのままExcelにコピー＆ペーストをすることができる。

テキストファイルにタブ記号を挿入するのは，秀丸などの高機能エディタなら容易に可能である。秀丸の大きな特徴のひとつは，BOX選択ができることである。BOX選択とは，その名のとおり箱型（長方形の形）に選択することであり，そのままコピー・カット・ペーストができる。たとえば36人分（36行）のデータであれば，別の秀丸ウィンドウを開いて，タブ記号1つで改行したもの36行のデータを（コピー・ペースト機能を使って）作り，そのタブ記号の部分をBOX選択・コピーして，入力したデータの区切り位置となる部分にペーストしていけば良い。これも繰り返しペーストする作業が必要にはなるが，マウスで細かく指定するよりは楽なことも多い。BOX選択の機能は非常に便利であるが，デフォルトではメニューの奥深くに入ってしまっている。[Alt] → [o] → [o] → [1] → [カーソル↓] → [Enter]と打てば呼び出せるので，後はカーソルキーや，[Shift]を押しながら左クリックで選択すれば良い。選択すれば，コピー，カットができるのはもちろんのこと，ただ単に長方形の形に削除したい場合も，選択した後に[BackSpace]や[Delete]で削除することができる。なお，タブ記号は，秀丸の設定（デザイン・表示）から「タブ文字を記号で表示」にチェックして，目で見えるようにしておくと便利である。そうしておかないと，スペースとタブの区別がつかなくなることがある。

項目数が多く，区切り位置にすべてペーストしていく作業が大変な場合には，秀丸の置換機能を使うと，非常に楽に作業ができる。たいていの場合，項目への回答は，5件法であれば1, 2, 3, 4, 5などと1桁のデータになる。したがって，多くの場合は1桁ごとにタブ記号を挿入していくことになる。言い換えれば，すべての文字・数字の後ろにタブ記号を挿入していけば良いのである。秀丸の置換ダイアログを出し（[Ctrl] + [r]），「正規表現」にチェックを入れておく。「検索」欄には「.」（ピリオド），「置換」欄には「¥0¥t」（エンゼロエン

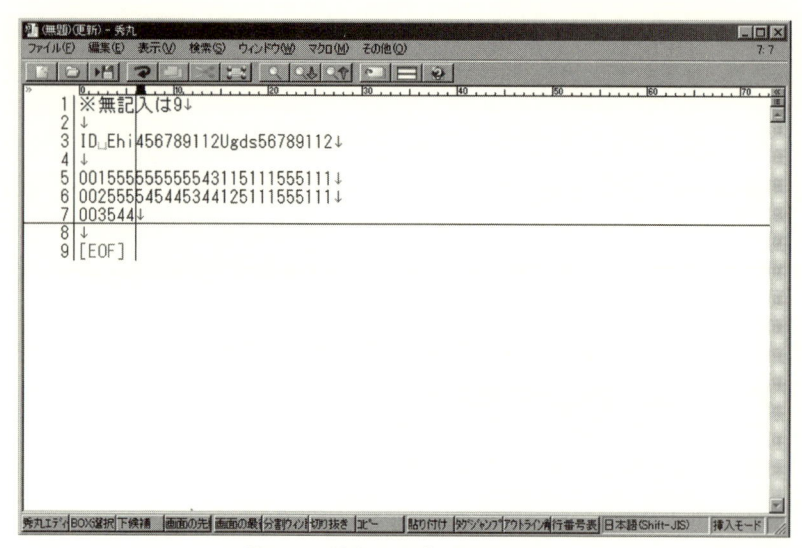

図 8-3　秀丸でのデータ入力の例

ティー) と入れ (両方とも半角),「全置換」をクリックするだけである。正規表現において, 検索欄の「.」ピリオドは任意の 1 文字を表す。そして, 置換欄の「¥0」は検索された文字列 (この場合は任意の 1 文字),「¥t」はタブ記号を表している。そのため, すべての 1 文字 1 文字に対して, その後ろにタブ記号を挿入するという動作になるわけである。たまに ID 番号など, 2 桁, 3 桁になるデータがある。そのようなデータにまでタブ記号が挿入されてしまうが, それに関しては, 不要なところだけ, 先述の BOX 選択をして削除すればよい。

　Excel と秀丸の BOX 選択・置換機能を使って, 両アプリ間でデータを行ったり来たりさせると, 非常に柔軟なデータの加工整形が可能になる。秀丸において BOX 選択してから, 別の位置にカット・ペーストすれば, あたかも Excel のように簡単に変数の並び順を変えることができる。また, たとえば「19760402」などの 8 桁の生年月日のデータがあったならば, 秀丸に貼り付けておいて, 最初の 4 桁を BOX 選択して, Excel にコピー・ペーストすれば生年だけを簡単に取り出すことができる。また, 電子カルテなどのべた打ちされたテキストデータから,「家族」という文字列の後に続くデータだけを切り出すようなこともできる。1 人分のデータが 1 行になるように加工した後,「家族」の前後にタブ記号を挿入してから Excel に貼り付ければ, 取り出したい部分だけを縦 1 列のセルとして取り出すことが可能である。1 人分のデータが 1 行になるように加工するには, 改行記号を操作する必要がある。改行記号は,

秀丸の正規表現では「¥n」と表す。

これまで省略してきたが，高速に作業を進めるためには，基本的なショートカットキーの使用は必須である。カット（[Ctrl] + [x]），コピー（[Ctrl] + [c]），ペースト（[Ctrl] + [v]）はキーボードの左下方に並んでいるので憶えやすい。これらはBOX選択においても，まったく同様に使うことができる。[Shift] を押しながら，カーソルキーや左クリックで選択する方法も使う場面が多い。

2-3　その他の留意点

データ入力におけるその他の留意点をいくつか挙げる。逆転項目を，入力時に頭で計算してから入力しようとする人もいるが，これはやってはいけない。少数の項目，小さなサンプルサイズであれば可能かもしれないが，大量のデータを入力する場合には，かなりスピードが落ち，疲労も増し，計算間違いが起きる可能性が非常に高い。計算のようなコンピュータの方でできることはコンピュータに任せ，できるだけ人間がおこなう作業は減らすべきである。人間は疲れてくるとミスをするので，人間がおこなう作業が増えれば増えるほど，ミスが起きる可能性が高まるのである。質問票の順序どおりに，その選択肢の数字・記号どおりに（何も考えなくて済むように）入力する。見たままを入力するようなやり方を採用しておけば，誰か他の人に入力を依頼する場合にも，多くの説明をすることなく自然に入力をしてもらうことができる。

次に，数字の入力はテンキーを使うのが良い。ノートパソコンにはテンキーがついていないことも多いが，どこかから調達した方が良い。通常のQWERTY配列キーボードの上部の数字キーは，1から順番に左から1列に並んでいるので，入力には都合が良いはずなのだが，位置が悪く，どうしても下にある英字キーを誤って押してしまう可能性が高い。テンキーの方で，親指をゼロに，人差し指・中指・薬指を1, 2, 3／4, 5, 6に割り当てて入力するのが良いようである。慣れてくるまでは，あまりスピードを上げずに慎重に入力すると良い。

セルにデータがない状態，つまり欠損値の扱いも注意が必要である。データの「無回答（回答漏れ）」と「非該当」の区別をはっきりさせ，区別して入力しておかなければいけない。「無回答（回答漏れ）」とは，回答者の不注意などで，回答すべき項目に回答しておらず，データが得られていない状態である。「非該当」とは，前段階の項目などで該当しないため，回答する必要がないのでデ

ータがない状態である。たとえば「既婚者のみにお伺いします。配偶者の年齢はおいくつですか？」という質問に対して，独身者は答えられないので非該当になる。SASの場合はピリオドが欠損値として扱われ，Excelにおいてもピリオドは文字列と認識されるので，平均値・標準偏差などの数値計算には含まれない。一方SPSSでは，変数の型の定義があるので，数値型の変数にはピリオドのような文字列を入力することができない。このため，ExcelとSPSSの両方を使用する場合には注意が必要である。

　一般的には「非該当」の場合は，セルを空白にしておくと，Excelでは数値計算には含まれないし，SPSSではシステム欠損値（集計に含まれない）として扱われる。「無回答（回答漏れ）」の場合には，SPSSでは「9」など使用しない数値を当てておき，後から9を欠損値として定義（ユーザー定義の欠損値：集計に含めることができる）とするのが良いようである。ただし，「9」を使うとExcelでは平均値や標準偏差の数値計算には含まれてしまい，結果がおかしくなる不都合が生じる。Excelに入力する段階では@やピリオドなど文字列にしておいて，SPSSに貼り付ける時には，一括置換で「9」などにするのが良さそうである。ところで「無回答（回答漏れ）」の場合は，連絡がつくのであれば，そして回答する時間がずれても大きな影響がない場合には，まずは回答者に問い合わせてデータを埋めるのが一番良い。

　より厳密にデータ入力をおこなう場合には，2名以上の別々の人間がそれぞれ同じデータを入力し，その2つを照合して最終的な入力データとする場合もある。信頼のおけるデータ入力会社は，このような方式を取っている。先述のいずれかの方法でデータを入力した後に，2つのデータセットに相違がないかを確かめるには，次のような方法がある。Excelを使って，Sheet1に1人目のデータをペーストし，Sheet2に2人目のデータを同じように配置する。Sheet3に，照合結果を表示させるには，Sheet3のA1セルに「=Sheet1!A1-Sheet2!A1」と入力する。つまり，Sheet1のセルから，Sheet2の対応するセルを引き算する。2つのデータが同一であれば，Sheet3に表示される結果は0になるはずである。後は，連続データ作成で，セルの右下の小さな四角をマウスで下に，次に右にデータの分だけ引っ張れば，すべてのデータに対して引き算の結果を表示させることができる。そして，Sheet3で0になっていないセルがあれば，そこは2つのデータセットで相違があるということなので，質問票に戻って，入力ミスを確認する。データが多い場合，ゼロ以外になっているセルを発見するのが大変になる場合がある。オプションの「表示」の「ゼロ値」のチェックを外すと，ゼロのセルは空白が表示されるようになり，相違がある

セルだけに数字が表示され，目立つようにすることができる。また，別の簡便な方法として，Excelの「形式を選択して貼り付け」の機能を使うこともできる。1人目のデータを配置したシートに，2人目のデータをコピーして貼り付ける。この貼り付けをおこなう時に「形式を選択して貼り付け（[Alt] → [e] → [s]）」で，「減算」を選んで同じ位置に貼り付けると，引き算をしながら貼り付けてくれるので，やはり相違がある場合にはゼロ以外の値が残る。なお，このExcelの「形式を選択して貼り付け」の機能も，データのクリーニングや加工整形の際には非常に便利である。通常のコピー・貼り付けでは，数式が貼り付けられるが，この機能を使えば計算結果としての値だけを貼り付けることもできるし，行列を入れ替えて（対角線で反転させて）貼り付けることもできる。

　データ入力の新たな方法として，光学的な読み取り装置を使用することも考えられる。光学的な読み取りの精度が高ければ，人間が質問票を目で見て，それを手入力するよりも正確でミスのないデータが得られる。スキャナーはかなり手軽に利用できるようになったが，数字や記号に〇をつけた箇所を正確に読み取るような技術は未だ手軽に利用できる状況ではない。現時点で比較的利用可能性があるのは，大学入試センター試験や各種の資格試験で使用されているマークシートだろう。整然と並んだ回答用紙の〇を鉛筆などで塗りつぶしてもらい，それを後で光学的に読み取る方式である。マークシートを読み取る環境を備えている大学や研究室もあるだろう。項目の多い調査や，サンプルサイズの大きい調査では効果を発揮する。しかし，選択肢以外の自由記述などのデータはもちろん読み取ることができないので，回答用紙をあらかじめ分けておく必要がある。さらに大きい問題として，マークシートの回答用紙は，世代，文化などによって，まったく慣れていない人々もいることを注意しておく必要がある。質問票と回答用紙が分かれているので，回答位置を確認しながら記入する手間が生じるし，そもそも回答の仕方が難しいので，慣れていない層に対しては，調査自体がスムーズにいかない場合もある。回答者にはより大きい負担をかける形式であることは確かであるが，今後数年のうちには，より一般ユーザーにも利用しやすい光学読み取りシステムが出てくるかもしれない。

　最後に，電子データは案外失われやすいものである。パソコンのハードディスクやUSBメモリは，いつかは壊れるものである。また，盗難にあったり紛失したりすることもある。データを別の場所にこまめにバックアップしておくことが重要である。その際に，流出したり盗難されたりする危険のない場所に保管しておくべきである。

3 主な分析方法

　調査研究における分析は，研究のタイプによってさまざまであるが，大まかには，1つずつの変数の様子を見て特徴を記述し，次に平均値の差を見たり，2つの変数間の関係を見たりして，最後に3つ以上の変数の関係を見る（多変量解析）という流れになることが多くある。以下で，そのそれぞれについて簡単に解説する。

3-1　それぞれの変数の特徴を記述する

　平均値という値があることは，ほとんど誰でも知っている。何かの集団の特徴を伝えようとする時には，私たちはすぐに平均値を用いがちである。たとえばある大学のクラスの学生40名のCES-Dによる抑うつ得点を調べたとすると，個々の得点は2点，7点，3点，15点，2点，…などとさまざまあるのだが，一言でどの程度の抑うつ度のクラスなのかを知りたければ「平均9.4点であった」などと言う。このようにある集団が持つ特徴をまとめて1つの数値で言い表すような値を**代表値**と呼ぶ。代表値には，平均値の他に**中央値**，**最頻値**がある。最頻値が使用されることは少ないが，中央値は頻繁に使用される。中央値とはデータを小さい順に並べた時に，ちょうど真ん中に来るデータの値になる（50パーセンタイル点）。データが偶数個の場合は，真ん中に来るデータが2つになるが，その場合はその2つの平均値となる。中央値のメリットは，少数の極端な値に対してあまり影響を受けないことである。平均値と中央値にはそれぞれメリットとデメリットがあるため，両方を記載しておくと良い。ちなみに，平均値，中央値，最頻値は，それぞれ英語ではMean, Median, Modeであり，頭文字はすべてMになっている。

　代表値だけでなく**散布度**を見ることも重要である。散布度とは，データがどの程度ばらついているかを示す指標である。よく使われる指標は**標準偏差**である。これは，データが平均値からどの程度離れているかを示す目安となる。標準偏差はStandard Deviationの訳でSDと略記される。また平均値の後に±の記号をつけて示すことがある。これに**範囲**（レンジ）という散布度指標を加えることも多い。範囲とは文字通り，データの最小値と最大値のことである。た

とえば「研究参加者の年齢は，18歳から24歳まで，平均20.7 ± 1.1歳であった」などのように表現する。

上記のような要約統計量を計算するだけでなく，すべての変数について**ヒストグラム**によって分布を図示し，様子を見ておくと良い。特に，天井効果や床効果が起きていないかどうかはチェックしておく。

3-2 2つの変数の関係を見る

調査研究においては，2つの変数同士の関係を見ることも多い。2つの変数にどの程度の関係があるかを**関連**と呼ぶ。言葉の使い方として，関連の中に，**連関**と**相関**の2種類があるとされている。連関は質的（カテゴリー）変数（名義尺度）同士の関連であり，相関は量的変数（間隔尺度，比尺度）同士の関連を言う。

カテゴリー変数同士の関連（連関）を見る時には，**カイ二乗検定**や，N が少ない場合には**フィッシャーの正確確率検定**をおこなう。どの程度の関連が見られるかを示す指標に，**クラメルの連関係数**がある。2つの変数が両方とも2値変数である場合には，**ファイ係数**を使用することもできる。

順序尺度の変数同士の関連については，**スピアマンの順位相関係数**を用いる。また，量的変数同士の関連（相関）については，**ピアソンの積率相関係数**を用いる。相関係数は，−1から+1までの値を取り，0であれば両者にはまったく関係がないということになる。母集団での値がゼロであるかどうかについての検定をすることができる。

3-3 平均値の差を見る

平均値の差は，量的変数とカテゴリー変数との関連である。両者に関係がなければ，平均値の差は見られない。そのような意味では2つの変数の関係に含まれる。まず，男性と女性とか，ケースとコントロールなどのように，2群間の平均値差を見る場合には **t 検定**を用いる。t 検定は，2群の間に多少人数の違いがあっても使用することができる。しかし，2群の標準偏差にあまりに差がある場合には別の方法を検討しなければならない。

ケースコントロール研究においてもマッチ・コントロール（年齢や性別などを1人ずつ合わせてコントロール群を選ぶこと）をおこなった場合や，縦断的に個人内の変化を2時点で測定した場合には，比べる対象が群と群ではなく，

第8章 調査データの分析と報告の仕方 | 143

個人と個人，1対1でデータを比較することになる。この場合には**対応のあるt検定**を使用する。この場合はもちろん比べる2つのデータは同数になる。一般的に，対応のあるt検定の方が，通常のt検定よりも検定力が強い。つまり，結果を出すために必要な研究参加者の人数（N）が少なくて済む。

3群以上の群がある時に群間平均値差を見る場合には，**1元配置分散分析（1要因分散分析）**と事後検定を用いる。これも各群の人数は多少異なっていても使用することができる。3群以上の群がある時に，分散分析では全体として差があるかないかという結果が出る。さらに，どの群とどの群との間に差があるのかを見るための検定が事後検定である。事後検定には多くの種類があり，分散分析の結果と一貫するとは限らない。

3-4　3つ以上の変数間の関係を見る

3つ以上の変数間の関係を見ることを**多変量解析**と呼ぶ。2つの変数間の関係を見て，相関係数が高かったとしても，それは偽の相関だというケースがある。第3の変数Aが両者に影響を与えている場合には，見かけ上相関が高くなるのである。このような第3の変数の影響を取り除いた相関を**偏相関**と呼ぶ。このように，関心のある2変数の両方に影響を与えている要因Aの影響を，多変量解析によって統計的に取り除くことができる。このような手続きを「要因Aをコントロールする」という言い方をする。こうして実質的な関連を知るためにおこなう多変量解析には，**重回帰分析，2元配置分散分析（2要因分散分析），共分散構造分析（構造方程式モデリング），ロジスティック回帰分析**などがある。

3-5　統計的分析をおこなう際の留意点

ここで挙げた分析方法においては，**統計的仮説検定（有意性検定）**が使用されている。それぞれの検定は，母集団において差があると考えられるかどうか等というゼロイチの判断をおこなうためのものである。しかし，実際どの程度の差であるのかを考慮しなければ，事実を見誤ることもある。そのため，近年では「信頼区間」が重視されており，これについても報告すべきである。これはゼロイチの判断ではなく，量的な推定である。

統計的な分析は奥が深く難しいため，1人でおこなわずに，詳しい人に指導を仰ぐのが良い。研究チームを組んでおこなう研究においては，チーム内に分

析専門の統計家を入れることが多い。

4 研究報告の仕方

　研究をおこなったら，発表・報告をおこなう。研究参加者に時間などの負担をかけているので，その結果は発表・報告という形で社会に還元するのが倫理的である。研究報告には，文章による報告（レポート・論文）と，簡易的な口頭コミュニケーションによる発表（ポスター発表・口頭発表）がある。ここでは，レポートや論文による研究報告について解説する。

　研究は，最終的には論文として報告する。論文には，研究を評価・判断するための情報が過不足なく含まれる。レポートは，講義の課題などとして出される簡易的なものだが，基本的な構成は論文の書き方を元にすべきである。論文の基本的な構成は，典型的には，タイトル，著者名，キーワード，要約（アブストラクト），問題と目的（イントロダクション，見出しをつけない場合もある），方法，結果，考察，利益相反，文献からなる。

　タイトルは非常に重要であるが，扱った要因とアウトカム，研究参加者，重要な研究方法などを効率よく盛り込むことが大切である。要約は，論文の問題と目的・方法・結果・考察のそれぞれのポイントを含むように作成する。ひとつづきの文章として作成する形式と，この4つの要素を明示して箇条書きのように作成する形式がある。要約においては普通，引用はおこなわない。

　論文の本体は，問題と目的，方法，結果，考察の4つのパートからなる。問題と目的においては，なぜこの研究テーマを選んだのかということに根拠を与え，その研究テーマと関連トピックに関する必要な先行研究の流れをまとめる。また，使用している概念の定義もおこなっておくと良い。そして，明らかになっていることと未だ不明なことを整理し，最後に仮説や予測を記述する。次のパートは方法である。この部分は，他者が研究の実際を十分に理解できるように，十分に詳細に書く必要がある。紙面を節約しながらも，必要な読者には十分な情報を与えられるように，論文雑誌によっては，他のパートよりも小さな活字で書かれていることがある。具体的には，研究参加者の特徴，リクルートの方法，測定ツールの詳細，研究の手続きや流れ，使用した統計的方法や統計ソフトについて記載する。結果のパートでは，研究者による解釈は避け，客観的に得られた分析結果だけを正確に記述する。統計的な分析結果の記述方法に

は慣用的なルールがあるので，他の出版された論文の書き方を参考にすると良い。考察の部分では，得られた結果をどのように理解し，解釈したのかという研究者の考えを記述する。考察の冒頭では，得られた結果の要約を書くのが普通である。そして，仮説は支持されたかどうか，どうしてそのような結果が得られたのかについて考えられる可能性を書く。この時，理論的な部分からの考察をしがちだが，方法論的な問題によって結果が左右されている可能性もある。理論的な考察と方法論的な考察の両方を考慮すべきである。また，予期していなかった興味深い結果があれば，それについても触れておく。最後に，研究の限界について記述する。この研究によって明らかになったこととならなかったことを整理し，研究の弱点をまとめ，克服するための今後の研究の可能性について述べる。

　研究の本体の後には，利益相反についての言及がされることがある。心理学の研究においては，まだ問題になることが少ないが，たとえばある治療法を管理している団体とか，ある食品メーカーとか，製薬会社などから，多くの研究費を得て研究をおこなうと，そのことが研究プロセスや結果に影響を及ぼすことがある。このような状況を利益相反と呼ぶ。論文雑誌によっては，研究に使用されている治療法や薬物などに関連する研究費を多額に得ていないかどうかを申告しなければならない。最後の文献欄は，本文中に引用された文献について，もれなく正確に書誌情報を記述する。論文は，科学研究の結果に関する情報を過不足なく効率よく他の研究者に伝えるために洗練されてきた形式である。そのため，さまざまな作法や慣行があり，初心者が適切に書くことは非常に難しい。出版された論文を参考にして書くことはもちろん，それに加えて，良い指導者を見つけて読んでもらい，指導を受けるのが早道である。

📖 学習を深めるための参考文献

『よくわかる心理統計』
山田剛史・村井潤一郎（2004）．（やわらかアカデミズム・わかるシリーズ）ミネルヴァ書房
　初学者向けの統計的なデータ分析を解説した本である。心理学に統計が必要な理由から，基本的な心理統計の概念や技法について平易に解説がなされている。臨床心理学に使われる統計技法についても触れられている。

『心理統計学の基礎 ── 統合的理解のために』

南風原朝和（2002）．（有斐閣アルマ）有斐閣
　こちらも心理学で使用する統計技法に関して解説した本である。決して難しくはないが，より正確で深く多面的な理解を目指す内容になっている。扱う技法も重回帰分析，因子分析，共分散構造分析といった多変量解析まで触れられている。

第9章

測定尺度の作成

1 測定尺度を作成する前に

　本章では，質問紙尺度や面接尺度の作成について解説する。量的研究においてもっとも重要なことは，現象を正確かつ適切に測定することだと考えている。現象の測定があやふやであれば，その後，非常に高度な多変量解析をして，何らかの関連や影響が見られたと結論づけても，その結果は信用できない。取ったデータの質が悪ければ，いくら高度な統計技法を使って補正するといっても限りがあるし，結果は理解しにくく歯切れの悪いものになる。逆に，良質な信頼できるデータであれば，誰にでも理解できるごくシンプルな統計技法を使って，シンプルでわかりやすい結論を出すことができる。良質なデータを得るためには，良質な測定ツールを用いる必要がある。

　ここで，生物学的なデータの測定と，心理社会的なデータの測定とでは，かなり違う点がある。生物学的なデータの多くは，直接観測することが可能な実体概念であるのに対して，心理社会的なデータの多くは，直接観測することができない（目に見えない）構成概念であるということである。体重，胴囲，血圧，ホルモンの量，MRIで撮像した脳の構造物の大きさなど，生物学的な変数は，直接見ることができたり，信頼のおける測定法が確立されていたりするので，少ない誤差でかなり正確に測定することができる。そして，そのような信頼できるデータから導いた分析結果は，これもまた信頼できる結果となる。しかし，心理社会的な変数を，少ない誤差で測定することは困難である。というよりも，例えば「自尊感情」「抑うつ」「愛着」などの心理社会的な変数は，そもそもそんなものが存在しているのかどうか不明であるとすら言える。この点に，臨床心理学を科学として研究することの難しさのひとつがある。

　臨床心理学やその他の心理学では，このように目に見えないものを研究するために，**構成概念**という考え方を使っている。目に見えないのに「自尊感情」

や「抑うつ」といった構成概念を専門家が使用する理由は，便利であるから，そして有用であるからである。学校や会社に行けない，自宅にひきこもる，自殺する，などの現象は目に見えるし，その事実を確認したり，頻度を調べたりすることで，実体概念として測定することが可能である。そして，このような現象が起きる原因として，自尊感情が低いこと，また抑うつが強いことなどを想定すると，説明がつきやすく，便利であり，治療援助や改善を目指すという目的でも有用なのである。会社に行けない，ひきこもるといった現象の原因は1つではないことは容易にわかるであろう。この例のように自尊感情が低いからとか，抑うつが強いからということも考えられるが，強迫症状が強いからとか，多額の借金があるからなど，他の理由もたくさん考えられる。会社に行けないといった不適応現象の有力な原因の1つとして有用で便利であるから，目に見えないにもかかわらず，自尊感情や抑うつといった構成概念を使用する。実際はそんなものは存在しないかもしれないが，あたかも存在すると考えた方が役に立つから使っているのである。

　構成概念を測定するために，心理尺度・測定尺度と呼ばれるツールを用いる。現在，心理学の分野では非常に多くの測定尺度が作成されている。たとえば自尊感情といった1つの構成概念についても，多数の測定尺度が作成されている。しかし，このような状況は好ましくない。便利で有用であるから構成概念を使うのに，あまりに多くの構成概念が使われたり，あまりに多くの尺度が存在して相互比較ができなかったりすると，逆に不便ということになってしまい，意味がない。新たに測定尺度を作成する前には，その構成概念が本当に有用であるかどうか，そして既存の類似尺度と比べてはるかにメリットがあるかどうかを十分に考えなければならない。同じような概念を測るために，既存のものとは別の尺度を作成することは，先行研究と比較できなくなってしまい，エビデンスの蓄積を阻害するということである。新たな尺度を作成する時には，この大きなデメリットを上回るメリットが必要である。

　測定尺度をめぐる理想的な状況は，まず測定する構成概念が非常に重要でよく知られていて，有用であること。そして，その構成概念を測定する広く使われるスタンダードな尺度が少数のみ存在することである。スクリーニングのための短い質問紙尺度と，厳密な測定のための構造化面接尺度があるとよい。測定尺度は，その有用性を見るためには，長い期間，さまざまな場所や状況で，何度も繰り返し使用され，きたえられたほうがよい。さまざまな状況で何度も繰り返し使われても，正確に測定ができることが重要である。その意味では，少数回しか使われない尺度が多数氾濫するような状況は，科学としては好まし

くないと考えられる。たとえば，インフルエンザの検査や，HIVの検査が，各医療機関が自主的に開発したオリジナリティあふれる検査法だったとしたら，こちらの医療機関では陽性だったのに，あちらの医療機関では陰性だったということが起きてしまい，利用者は困ってしまうのである。病態や治療法についての研究も非常にやりにくくなる。臨床心理学においても事は同様で，測定尺度は，国際的に使用されている信頼のおけるものが少数あればよい。

　非常によく使用される概念で，臨床心理学的に，または社会的にインパクトを持っている概念なのに適切に測定する方法がない場合には，測定尺度を作成することを考えるとよい。また，国際的に広く使用されている英語の測定尺度について，日本では信頼性や妥当性の確認がされていない場合には，その尺度の日本語版を確立するのは重要な仕事となる。海外と同じ尺度が日本でも使用できれば，比較可能な先行研究が多くなり，エビデンスの蓄積に大きく寄与することができる。

2　測定尺度作成の計画

　測定尺度を作成するには，まず「何を測るのか」「どのような構成概念を測定するか」を詳細に決める必要がある。臨床心理学で頻繁に使われる構成概念は，精神医学的な障害や症状である。このような概念は，アメリカ精神医学会のDSM-IVや，世界保健機関のICD-10など，明文化された専門家たちの共通理解が存在する。もちろん枝葉の部分では個々に意見の違いはあっても，このような診断基準においては一応の共通認識を持っているということである。このように明文化された定義がある構成概念については，測定尺度を作成しやすい。ほとんどの主要な精神障害については，測定尺度が作成されてはいるが，マイナーな障害については，まだ光の当たっていないものもある。また，子どもの障害や，虚偽性障害など，本人の自己報告による測定が難しい障害では，まだ測定尺度が整備されていないものもある。精神障害の場合には，経験のある精神科医の診断がもっとも重視されるが，ここで測定尺度を作成するメリットとしては，症状強度や重症度を量的に把握できること，そして医師が診察しなくても容易かつ迅速にある程度のスクリーニングができることである。

　医療以外の領域でも，学校，司法，産業などで，現場で注目されている現象や概念があり，実践において有用でありそうなら，測定して研究ができるよう

に尺度を作るのもよい。臨床の現場や社会で注目されている現象や用語は，何か人々の心に訴えるものがあるから流行するのであり，その意味では注目すべき概念を含んでいることもある。ただし，従来から存在していて既に測定尺度も作られているような概念によって説明されてしまうこともあるので注意が必要である。先にも述べたように，構成概念とは所詮，目に見えない，実在しないかもしれないものである。そのため何かの目的のために，一番便利なように，有用になるように作ればよい。ここでは，(1) 従来なかった新しい概念についての尺度作成，(2) ある程度確立された概念についての尺度作成，(3) 国際的に使用されている尺度の日本語版の作成，という3つのケースについて，尺度を設計するための留意点を述べる。

(1) 従来なかった新しい概念についての尺度作成

　まず，従来臨床心理学の分野では論じられなかったような新たな概念について尺度作成する場合，この新たに作られた概念と尺度が，将来に渡って長く使い続けられるかどうかは誰にもわからない。少なくとも，後に誰も続かずに埋もれていくよりは，さまざまな場面や状況や対象に対して実施されて，有用性がある概念なのかどうか試される方がよい。そのことを考えると，できるだけ項目数の少ない質問紙尺度がよいだろう。その方が少ない時間で回答できるので忙しく時間のない対象者にも実施でき，質問用紙の中でも場所を取らないので調査に含めてもらえる機会も増えるだろう。まだ有用性がはっきりとわからないような尺度なのに，100項目以上もあったとしたら，実施される機会はほとんどないだろう。純粋に測定のことを考えれば，通常は項目数が多い方が正確な測定ができる。しかし，新たな概念の導入は，いわば様子見であり，最初は少ない項目によって概念の有用性を試すのがよいだろう。20項目程度までであれば，調査依頼もしやすくなる。まだ将来性のわからない尺度について，その中に複数の下位尺度があっても議論が複雑になって焦点がぼやけるので，1因子として使用できるもの，下位尺度があったとしても総合計点で議論できる方がよいだろう。既存の自尊感情の尺度や，抑うつの尺度を考えると，本当に有用な概念であれば，少ない項目数であっても十分に研究に耐える正確な測定ができる。実際，不安・抑うつを中心としたメンタルヘルスの迅速なスクリーニング検査としてK6 (Kessler et al., 2002) という6項目の非常に短い自記式質問紙尺度も，国際的に広く使用され，有用性が確認されている。短い尺度によって様子を見て，将来性のありそうな概念であれば，より精密に測定できる尺度を開発すればよい。

(2) ある程度確立された概念についての尺度作成

次に，ある程度確立された概念についての尺度作成について述べる。すでにその研究領域では話題になっていたり議論がされていたりして，有用性がありそうに見える概念については既に質問紙尺度も作成されているかもしれない。その場合，いわば精密検査として，詳細に測定ができる尺度を作成するのがよい。質問紙では測定の精密さに限りがあるので，構造化面接尺度にするのが望ましい。既に，その概念について複数の研究者や実践家たちが意見を述べたり研究をしたりしている場合には，それらを精査して網羅的に測定できるよう，項目を作成していく。精密検査として作成するので，項目数が多くなるのは仕方がない面もある。それまでの議論の中で，1つの概念についてもさまざまな側面が指摘されていることが普通なので，それぞれの側面を落とさずに測定できるようにしておくとよい。さまざまな側面が測定できれば，その尺度を使用したその後の研究で，どの側面が重要なのかという議論も可能になる。このような詳細な構造化面接尺度を作成するのは，多大な労力がかかるため，本調査をおこなう前に，質問項目をさまざまな専門家や当事者などに見せて改良し，予備実施も入念におこなうのがよい。

(3) 国際的に使用されている尺度の日本語版の作成

3つ目のケースとして，国際的に広く使用されている尺度の日本語版を作成するということがある。これは臨床心理学の研究としてエビデンスを蓄積するために非常に重要なことである。ある1つの概念や障害・疾患などについて，海外で標準的に使用されている尺度とはまったく違った独自の尺度が日本で多く使用されているようなこともある。日本国内での研究ではそれでもよいが，海外の研究と比較ができないのは大きなデメリットとなる。そのような特徴を持つ人が，諸外国と比べて日本では多いのか少ないのか知るすべがない。またその概念に影響を与える要因や，治療法・援助技法の有効性などを研究する際にも不便である。国際的に通用する研究をおこなうためには，世界標準となっている測定法を使用するのが第一歩である。このような理由で，日本語版を作成する時の大きな目的のひとつは，比較可能性をできるだけ確保するということである。もちろん日本や日本文化に独特の事情があることもあり，十分な測定がしにくくなる場合もあるが，その場合，尺度そのものを改変するのでなく，原版と同等の形を完全に保持したままで，日本独自の特徴に合わせたものをあらたに付け加えるとよい。そうすれば，原版と同じ部分のデータのみを使うこ

とによって，完全に海外のデータと比較することができる。海外の尺度を翻訳する際には，原著者の許可を取るのがよい。近年はインターネットを使って，海外の研究者と簡単にやり取りができる。海外の研究者とのやり取りは，研究の楽しみや醍醐味を得ることにもつながりやすい。比較可能性を保持するために，表現の同一性を高める「バックトランスレーション」という技法が使われる。原版を日本語に訳し，それを再度原語に訳して，原版と意味のずれが生じないかを確認する作業である。これを原著者に確認してもらえるとなおよい。

3　質問項目の作成

　測定尺度の質問項目は，物差しの目盛りにあたる非常に重要な部分である。できるだけ精密に正しく測れるように，十分に吟味する必要がある。質問項目を作成する際に注意すべきことをまとめておく。

(1) さまざまな測定尺度を読み込む
　測定尺度は，リッカート尺度と呼ばれる質問文と選択肢のセットからなる形式のものが普通である。しかし，たくさんの尺度を見ていくと，細かい指示や表現，選択肢に，さまざまなバリエーションがあることがわかる。目的の概念を測定するために，どのような形式の尺度がよいか，どのような質問文がよいかを考えるために，多くの実際の測定尺度を見ておくのが良い。

(2) 教示，質問文，選択肢はできる限りわかりやすく表現する
　実際に実施してみると，思わぬ単語の意味が通じていなかったり，漢字が読めなかったりすることがある。大学や大学院では，自分と似たような年代・背景の人々が多いため，研究者自身では気づかないことが多いので，予備実施をしたり他人に見てもらうことは必須である。誰にもわかりやすい表現をすることで，子ども，外国人，知的障害のある人なども含め，実施対象が広がるというメリットもある。

(3) 質問項目は短くシンプルにする
　回答者は1つの選択肢を選ばなければならないので，1つの質問項目の中に2つ以上の要素が含まれるようなことは避ける。「りんごやみかんなどの果物

が好きである」という項目では，りんごは好きだがみかんは嫌いであるという場合に答えに困ることになる。ただし，構造化面接尺度の場合には，回答者に質問をよく理解してもらうために，質問文が長くなることがある。Yesでもあるが Noの部分もあるといった複雑な回答をされた場合には，面接者の専門的な理解に照らして，回答選択肢を選ぶことになる。

(4) 誰にでも答えられる内容にする

「仕事に集中できない」といった項目は，仕事をしている人しか回答することができない。「仕事をしている人のみ回答してください」というような注釈をつけた項目にすることもできるが，そうすると一般的にはデータの処理が複雑になってしまう。「仕事，家事，勉強などすべきことに集中できない」などの項目であれば誰でも回答ができる。しかし今度は，仕事に集中できないが家事には集中できるという人が回答に困る場合も出てくる。そのような人は少ないだろうと判断できる場合は，そのままの表現にしてもよいし，「仕事，家事，勉強のいずれかに集中できない」としてもよいだろう。

(5) 回答選択肢の数

回答選択肢の数は多い方が統計処理の際に有利だとされる。3件法よりも5件法，7件法，10件法などの方が，連続量を想定した統計分析手法を適用しやすくなるからである。しかし，既存の尺度を使用する場合や，海外の尺度の日本語版を作成する場合には，比較可能性の保持という視点から，回答選択肢の数は原版とまったく同じにしておくのがよい。

(6) 回答選択肢の表現

「非常にあてはまる」「ややあてはまる」「あてはまる」などの選択肢はよく使われるが，「非常に」「やや」などの感覚は人によって異なるため，測定の正確さを害することがある。不可能な場合も多いが，「週に2,3回」「毎日」など頻度を尋ねる方が，人による感覚の差の要素を排除できる。

4 信頼性と妥当性の確認

測定尺度は**信頼性**と**妥当性**が高くなければならないと言われる。信頼性と妥

当性は，非常に重要な概念であるが，十分に理解しようとするのは意外に難しい概念でもある。簡単に言うと，信頼性とは測定の安定性のことであり，妥当性は測るべき概念を正しく測れている程度のことである。心理学で扱うのは，目に見えない構成概念が多いことが，理解を難しくしている理由のひとつのようにも思える。構成概念にしろ，実体概念にしろ，測定であることには変わりがない。自尊感情や愛着や抑うつを正しく測ることは，体重や血圧を正しく測ることと同じように考えればよい。信頼性と妥当性は，測定器具（測定ツール）の性能を表す指標である。

　信頼性は，測定の安定性を表すので，信頼性の高い体重計とは，朝に測っても夜に測っても，暑い部屋で測っても寒い部屋で測っても，湿度の高い部屋でも低い部屋でも，条件に左右されずに，同じ体重の人が乗れば同じ測定値を示す体重計である。心理測定尺度においては，同じ回答者に1週間ほど間をあけて2回回答してもらい，その点数間のピアソンの相関係数をもって信頼性係数とする。これを**再検査信頼性**と呼ぶ。これは時間的な安定性ということになる。また，尺度のどの部分も同じように安定して測定できているかを見るために，尺度項目を半分に分けて，その2つの合計得点の間の相関係数を取ることもできる。これは**折半法**による信頼性と呼ぶ。しかし，項目を半分にする分け方はたくさんあるので，すべての分け方を考慮した場合の信頼性を**クロンバックのα係数**と呼ぶ。この信頼性は**内的一貫性**と呼ばれるが，項目数が増えれば値が大きくなるという弱点がある。信頼性係数はどれも上限が1であり，1に近ければより信頼性が高いということになる。なお，再検査信頼性を検討する場合には，同じ対象に2回同じ調査をする。そして，1回目調査と2回目調査との間で，個人を照合しなければ，相関係数を計算することができない。記名をしてもらうか，難しい場合には，生年月日，電話番号の一部を書いてもらうなど，個人を照合できる工夫をしておく。

　妥当性は，測りたい概念を正しく測れているかどうか，つまり目標との関連を含んでいる。信頼性が，目標とは無関係なのとは対照的である。つまり，妥当性の高い体重計とは，「体重」を正しく測れる体重計である。体重に似たものとして，体積や体脂肪などがある。安定して正確に体積や体脂肪を測る器具があったとすれば，その器具は信頼性は高い（測定値が安定している）ものの，体重計としては妥当性が低いことになる。このように，一見して正しく測れているかのように見えるけれども，実は別のものを測っているような場合には妥当性は低いので注意が必要である。もちろん直接，体重を測っていたとしても，測定値が安定しない（信頼性が低い）場合，正しく体重が測れているとは言え

ないので，妥当性も低くなる。つまり，信頼性が高いのに妥当性が低いという状況はありうるが，信頼性が低いのに妥当性が高いという状況は存在しない。魅力的な素敵な人物になりたいと思ってダイエット（減量）をする人がいるが，体重が減ったから魅力が上がったとは言えない。体重と魅力とは，関係はあるかもしれないが，違う概念だからである。自分の魅力を知ろうとして体重を見るのは，妥当性が低いということになる。しかし体重計そのものの信頼性は高いので，あたかも自分の魅力が正しく測定されてしまっているかのように感じられることがあるのだろう。

妥当性にはさまざまな議論があるが，要するに測りたいものを測れているかということである。ところが，臨床心理学では**構成概念**を測定することが多い。構成概念は目には見えないし，存在するかどうかもわからないものなので，それをきちんと測れているかどうかなど，そもそも知るすべはない。構成概念を測定する心理尺度においては，妥当性は間接的に推測するしかないのである。いずれにしろ，心理尺度における妥当性は，目標の構成概念を正しく測れている（反映している）程度ということになるので，**構成概念妥当性**という言い方もされる。

妥当性が高いかどうかを検討するには，いくつかの方法がある。まずは質問項目が適切かどうかを見ることである。もちろん研究者は適切であると思って作成しているが，他の専門家の目から見て，目標の構成概念を正しく反映しているかをチェックしてもらうことは非常に有効である。このような妥当性を**内容妥当性**と呼ぶ。社会的に望ましくないこと，犯罪や性に関することなど，自己報告によるデータが歪みやすい領域があり，このような質問項目の場合には内容妥当性だけでは不十分だと言われる。しかし，これはそもそも自己報告による測定の限界でもある。インフォームド・コンセントの工夫によって，どんな回答をしても不利益を被らないことを十分に納得してもらい，研究の説明の仕方や，話し方・態度などによって，研究者を信頼してもらうことで，回答の歪みを減らす努力をすべきだろう。

その他の妥当性の検討方法として，他の尺度や変数との相関係数を見る方法がある。類似の概念との間では相関が高くなるはずである。これを**収束的妥当性**と呼ぶ。しかし，すでに類似の尺度があるのに，新たな尺度を作成するという状況は少ないことは問題となる。精神障害のスクリーニング検査など簡便な尺度や短縮版を作成する時には，詳細なフルバージョンの診断尺度や，経験のある医師の診断の有無との関連を見るとよい。また，まったく関係のない概念とは，理論的には相関が低くなるはずである。これを**弁別的妥当性**と呼ぶ。た

だし，相関が低いことだけをもって妥当性が高い証拠とするのは根拠として弱いので，別の観点も併せて提示したほうがよい。

5　カットオフポイントの設定

　心理学と医学との違いのひとつに，カテゴリー的な判断をする機会が多いかどうかが挙げられる。医学では診断というものがあり，もちろん重症度も量的に把握するが，それよりも病気か病気でないかというゼロ－イチ的な判断をおこなう場合が多い。そのために，DSM や ICD といった統一的な診断基準の定義が定められている。一方，心理学ではどこからを病気や異常とするという判断基準が共有されておらず，主にある特性が強いか弱いか，どの程度のレベルかといった，量的な把握をすることが多い。カテゴリー的な状態把握と，量的な状態把握とでは，もちろん後者の方が情報量が多い。しかし，量的な把握というのは，情報量が多く，クライエントや利用者など専門家でない人には分かりにくいので，カテゴリー的な把握が好まれる。一般的に人気がある心理ゲームや占いなどは，ほぼすべて量的な特性論ではなく，カテゴリー的な類型（タイプ）論の形式になっている。また，量的な把握は情報量は多いけれども，意思決定や政治的判断をおこなうのが難しい。たとえば，病気であるか病気でないかというカテゴリー的判断があれば，それに基づいて，健康保険で治療費をカバーするとか，会社や学校を休ませるとか，そのような判断をしやすい。しかし，あなたは自尊感情尺度が○○点です，抑うつ尺度は○○点ですと言われても，その点数の場合にどうしたらいいのか，専門家の援助を求めたほうが良いのか，学校を休学した方がいいのかなどの判断をしようとすると，難しい話になる。

　量的なデータをばっさりと 2 つのカテゴリーに分けるのは，データの情報量をかなり切り捨てることになる。しかし，やはり人間社会ではゼロかイチかの判断を求められることが多い。そのために，どのように区切るのが一番適切であるかという問題はしばしば生じる。

　説明を簡単にするために，ある精神疾患の有無を経験のある医師が診断し，一方，症状の強さを測る尺度によって精神疾患の有無を予測するという状況を考える。そうすると，経験ある医師の診断に最も近くなるような値で区切れば，最も判別性能の良い検査になると言える。このように量的な変数である測定尺

度の点数を，適切に区切る点を**カットオフポイント**と呼ぶ。その人の点数がカットオフポイント以上であれば疾患あり，未満であれば疾患なしと予測することになる。検査と実際の診断の状態が，どの程度近いかを表す指標に感度と特異度がある。感度とは，実際に疾患ありの人を正しく陽性と判別できる割合である。特異度とは，実際には疾患なしの人を正しく陰性と判別できる割合である。詳細については表 9-1 を参照されたい。

　さて，カットオフポイントを定めるには，感度と特異度がもっとも高くなるような区分点を探せばよい。しかし，多くの場合には，感度を上げれば特異度が下がり，特異度を上げれば感度が下がってしまう。そのため，もっとも適切な点を探すために ROC 曲線を描く（図 9-1）。ROC 曲線とは Receiver Operator

表9-1　検査の感度と特異度

		実際の状態		合計	
		疾患あり	疾患なし		
検査結果	陽性	a 真陽性	b 偽陽性	a+b	陽性予測力 a/(a+b)
	陰性	c 偽陰性	d 真陰性	c+d	陰性予測力 d/(c+d)
合計		a+c	b+d		
		感度 a/(a+c)	特異度 d/(b+d)		

図9-1　ROC 曲線

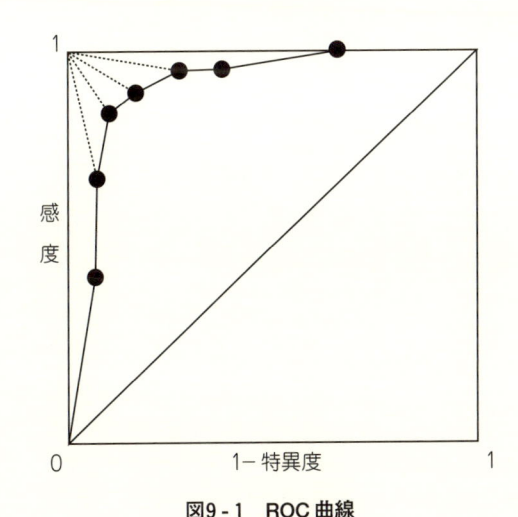

＊それぞれの点がさまざまなカットオフポイントを表す。

Characteristic Curve の略で，もともとは電気工学の分野で使用されていたもので，主要な統計ソフトでは描画することができる。縦軸に感度を取り，横軸に（1－特異度）を取って，あらゆる点数をカットオフポイントとした時の点をすべてプロットし，つないで折れ線グラフを作画する。判別性能が良い検査であれば，この折れ線は左上の方に近づいていく。まったくでたらめな検査の場合は，対角線上に乗ることになる。この折れ線よりも右下の部分の面積は，最低が 0.5，最高で 1.0 になるので，検査の判別能力の指標となる。面積が大きい方が判別能力の高い測定尺度ということになる。カットオフポイントについては，左上隅から一番距離が近い点を取るという考え方が1つある。しかし，感度を重視するか，特異度を重視するかは，検査の目的にもよる。大人数をスクリーニングするために検査を用い，ひっかかった人には後から精密検査をおこなうという状況はよくある。この場合は，疾患があるのにすり抜けてしまう偽陰性をできるだけ防ぐ必要があるので，特異度は犠牲にして，感度を高めるようなカットオフポイントの設定にする。つまり，偽陽性がたくさん出てしまうが，その人達は精密検査の時に疾患なしと正しく判別できれば良いという考え方である。

学習を深めるための参考文献

『心理学研究法入門 ── 調査・実験から実践まで』
南風原朝和・下山晴彦・市川伸一（2001）. 東京大学出版会

『心理尺度のつくり方』
村上宣寛（2006）. 北大路書房

第 10 章

ダイアリー法調査をおこなう

　本章では，少し変わった調査法として「ダイアリー法」を取り上げる。ダイアリー法は，研究参加者の日常生活により密着した形でデータを収集できる方法である。

1　生活に密着した調査法

　ダイアリー法とは，ある一定の期間の間，日記のような冊子を携行してもらい，その期間中に複数回の記録をしてもらう方法である。通常の調査法は，質問紙であればある一定の時間，質問票に回答するし，面接調査であれば所定の場所へ行って面接を受けることになる。研究参加者は，いろいろな質問に回答することになるが，多くの場合，質問に関連する記憶を思い出して，回答をおこなうという自己報告の形になる。日常生活の場面と，調査の場面は完全に切り離されており，思い出した日常生活の記憶は正確でない可能性も大きい。ダイアリー法は，日常生活の場面と調査の場面を切り離さずに，日常生活の中でデータを収集しようとする方法である。調査場面や実験室場面で見られた結果が，実際の生活場面ではあまり見られないということもある。研究結果が，実験室や調査場面を超えて，実際の生活場面でも適用可能であることを「生態学的妥当性」が高いと言う。ダイアリー法は，この生態学的妥当性を高めるためのひとつの方法である。ダイアリー法では，持ち歩きやすいようにサイズの小さな記入用冊子を作成して参加者に渡す。参加者が，その冊子にすぐにこまめに記入することができるように，記入が短時間で終わるような工夫が必要である。図 10-1 に，筆者が研究で使用したダイアリー法の記入用冊子を示す。筆者の研究では，同性愛者・両性愛者を研究参加者として，「セクシュアリティを意識した出来事」が起きたら，その概略を記述してもらい，その場での気分

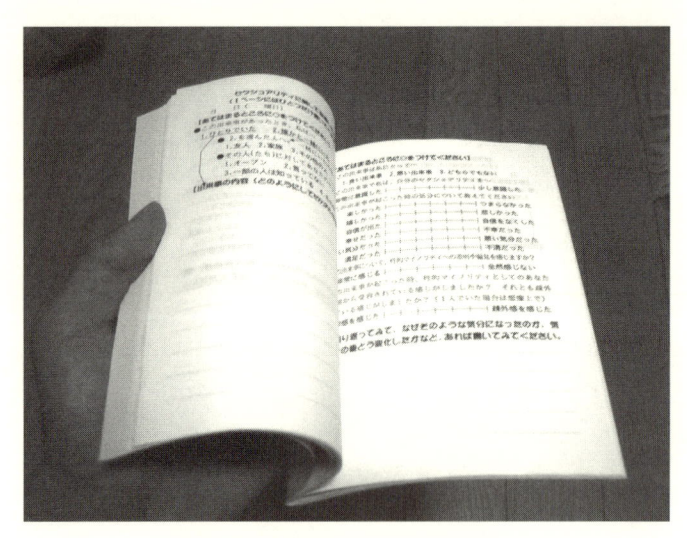

図10-1　ダイアリー法の記入用冊子

について評定してもらった（石丸，2008）。

　記入のタイミングから見たダイアリー法の分類には次のようなものがある。RIR（Rochester Interaction Record）と呼ばれる社会的相互作用に関するダイアリー法を確立したライスとウィーラー（Reis & Wheeler, 1991）は，ダイアリー法の分類について次の3つにまとめている。1つ目は，毎晩，毎食後など決められた時間間隔に基づいて記録をおこなう「間隔による記録」である。字義的な意味でのダイアリー（日記）は，1日1回書くのが普通なので，通常このような記録方法になる。2つ目は，ポケットベルや電話を用いて，あらかじめ決められた時点ないしランダムな時点で合図された時に記録をおこなう「合図による記録」である。この方法では，研究者が好きなタイミングで合図を送り，その時点で記録してもらうことができる。特に，ランダムな時点での記録（参加者が予期できないタイミングでの記録）をしてもらえば，参加者が調査・記録に対して予期したり心構えを作ったりすることを防ぐことができる。3つ目は，前もって明確に定義された出来事が発生した時にそれについて記録する「出来事による記録」である。筆者の研究ではこれを採用した。記録が正確になされていれば，一定期間の間にそのような出来事が何回起こるかが記録され，頻度についても参加者の記憶に頼らず測定することができる。

　近年では，同様の方法であるが，新たなテクノロジーを用いて，より洗練された方法が開発された。これはEMA（生態学的連続アセスメント：Ecological

Momentary Assessment）と呼ばれるもので，腕時計型など持ち運びやすい小型コンピュータを用いて，血圧・脈拍などの生理指標の記録も含め，質問や評定尺度への回答をおこなうものである。冊子を用いるよりも，さらに柔軟かつ正確に調査のタイミングを決めることができ，参加者も，より簡単に記録をおこなうことができる。現在では，子どもを除く若年から成人にはかなり携帯電話が普及したため，携帯電話向けアプリケーションとして，このような機能を持たせることも現実的になってきている。

2 ダイアリー法調査の量的分析と質的分析

ダイアリー法で得られるデータは，個人内の時系列のデータである。得られた測定値をすべて集めて平均するというようなことも可能ではあるが，すべての測定値は，いずれかの個人に属しており，次のような形式になっている。

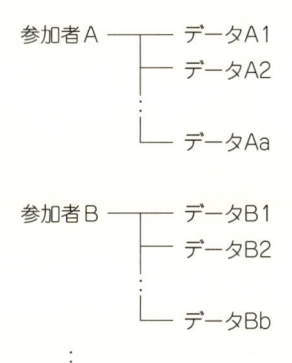

```
参加者A ──┬── データA1
          ├── データA2
          ⋮
          └── データAa

参加者B ──┬── データB1
          ├── データB2
          ⋮
          └── データBb
   ⋮
```

図10-2　ダイアリー法のデータ形式

このような形式のデータを正確に適切に分析するには，階層的線形モデル（HLM: Hierachical Linear Modeling）のような特別な手法が必要となる。ただ，卒業論文などの段階では，自分のよく知らない分析法を無責任に使用すべきではないので，身近な分析法で分析するということも考えられる。調査場面と実際の生活場面とでかなり違っていることが予想されるなど，ダイアリー法に適した研究テーマであると考えられるなら，積極的に使ってみると良い。

ダイアリー法では，出来事やその時の気持ちなどについて自由記述のデータ

を書いてもらうこともある。近年盛んになってきた研究法として「質的研究法」がある。質的研究法は，インタビューのトランスクリプトや，フィールドワークの観察記録などによって，文脈や多様性を大事にしながら詳細な記述をおこなっていく方法である。ダイアリー法のデータは，出来事ごとに区切られており，質的分析を適用しやすい形式でもある。生活場面の現場での生々しい記述がなされていることが多いため，どんなことが起きているのかを具体的に把握するのに向いている。まだあまりよくわかっていない領域や，光が当てられて来なかった領域については，適切な量的研究をおこなうことが難しい。まず質的研究をおこなって概要を把握し，仮説を生成するためにダイアリー法を用いるのも良いだろう。

コラム●注意すべき用語・略語

臨床心理学とその関連分野では，同じ略語でもまったく違う意味で使用されていることがある。ここでは，その主なものを挙げるので，注意深く使用してほしい。

ERP 事象関連電位（Event-Related Potential）は，思考や認知に対して測定された脳の反応であり，脳波によって計測される。曝露反応妨害法（Exposure and Response Prevention）は，行動療法の技法のひとつであり，特に強迫性障害に対して用いられる効果の高い技法である。回避している刺激への曝露をおこない，同時に安全確保行動としての強迫行為をさせないようにする。

SEM 構造方程式モデリング（共分散構造分析，Structural Equation Modeling）は，構成概念や観測変数を同時に分析する包括的な柔軟な多変量解析の方法である。一方，測定の標準誤差（Standard Error of Measurement）を表すこともある。

ACT アクセプタンス・コミットメント・セラピー（Acceptance Commitment Therapy）は経験をありのまま受け入れることや，マインドフルネスなどの概念を重視した新たな形の認知行動療法である。アクト（包括型地域生活支援：Assertive Community Treatment）は，統合失調症などの精神障害者に対する地域における包括的支援プログラムである。

プロトコル プロトコル（protocol）とはそもそも，手順，手続きといった

意味であり、プロトコールと書かれることもある。認知課題に対して、内的な思考の流れをすべて言語化して口に出してもらい、その発話をすべて文字化してプロセスを分析する研究が、思考手順を研究していたことからプロトコル分析と呼ばれた。そこからの転用で、発話データを文字に起こしたトランスクリプトのことを、プロトコルと呼ぶ用法も出てきた。一方、研究プロトコルというものは、研究の実際の具体的な流れと手続きを詳細に定めた文書であり、研究チームはこれを参照して実際に研究を進める。文字通り研究の手続きを定めた書類である。

pdf pdf (Portable Document Format) は、アドビ社による環境に依存しないよく知られた文書フォーマットである。一方、従来より統計学では、確率密度関数 (Probability Density Function) のことを p.d.f. と表記している。

量的データと質的データ 名義尺度・順序尺度のデータを「質的データ（カテゴリカルなデータ）」、間隔尺度・比尺度のデータを「量的データ」と呼ぶ。一方、近年「質的研究法」の広まりによって、質的研究法が扱う発話データ、フィールドノーツなどを「質的データ」と呼ぶ用法が出てきた。

学習を深めるための参考文献

『同性愛者における他者からの拒絶と受容 ── ダイアリー法と質問紙によるマルチメソッド・アプローチ』
石丸径一郎 (2004). ミネルヴァ書房
　この本は筆者の博士論文を加筆訂正しまとめたものである。研究の重要な一部としてダイアリー法を用いている。得られたデータは、階層的線型モデリングによる量的な分析をおこなったほか、自由記述データに対して質的分析もおこなった。

第 11 章

調査研究論文の実際

　前章まで，さまざまな観点から調査研究について解説してきたが，読んで理解することと，実際にやってみるのとでは大きく違うこともある．どのように研究をおこなって，最終的にどのように論文にするのかということの具体例をここで提示して解説し，足りない部分を補い，読者の理解を深める助けとしたい．実際に査読付きの研究論文雑誌に掲載された論文を，著者の許可を取って2本とりあげる．とりあげる論文は，筆者自身による「性的マイノリティにおける自尊心維持 —— 他者からの受容感という観点から」と，森田慎一郎氏による「日本の会社員における定着志向と職務満足感との関連」で，いずれも日本心理学会が発行する『心理学研究』という雑誌に掲載されたものである．読者は，研究論文を見ること自体に慣れていない人も多いと思われるので，論文の形式の説明も加えながら，調査研究の実際について解説する．論文というものにはさまざまなルールがあり，初めて読む者はとまどうことが多い．本章を使って，論文を読むということの練習をしていただければと思う．

1　尺度作成と多変量解析をおこなった横断研究

　1つ目に提示するのは森田（2006）「日本の会社員における定着志向と職務満足感との関連」である．会社員を対象とした質問紙調査をおこない，尺度を作成し，重回帰分析という多変量解析によって分析した研究論文である．この論文は「資料」という短い論文のカテゴリーで書かれており，そのため，短い分量の中で多くの情報を盛り込むための工夫が随所に見られ，論文の記述の仕方としても参考になる．

(1) 表題・アブストラクト・脚注

　論文の表題（タイトル）には，その研究の中心要素が凝縮されているので，注意深く読んで頭に入れてから，本文を読み進めるのがよい。この論文の場合には，表題を見ると，対象（研究参加者）が日本の会社員であり，扱った変数は「定着志向」と「職務満足感」であることがわかる。表題の次に，著者，所属機関，英文表題などがあり，その次には「アブストラクト」と呼ばれる文章が置かれる。この論文では英語だが，日本語である場合もある。アブストラクトとは，日本語では要約や抄録と呼ばれ，論文の重要な骨子を短くまとめた文章である。論文の本文を隅から隅まで熟読すると，かなり時間がかかりエネルギーを使うので，アブストラクトはよく読んで理解し，アブストラクトだけではわからない部分について，重点的に本文をあたるのがよい。先行研究を読む中でも，直接関係はないが，一応目を通しておきたいという程の論文の場合にまで，すべて本文を熟読するのは大変である。大まかに内容を把握するためには，アブストラクトを読み，図表だけを見て，内容を把握するという読み方もある。このような読み方であれば，日本語を解さない人にも読むことができるように，日本語の論文であっても，アブストラクトと図表だけは英語で書くというやり方が存在する。この論文のアブストラクトは，英語で書かれており，とっつきにくいと感じることもあるだろう。論文に使用される英単語は，比較的決まっているので，慣れればすぐに読めるようになる。逆に言えば，英語のネイティブスピーカーであっても，論文に使用する用語に馴染みがなければ，楽に読むことはできないかもしれない。

　先にも述べたが，研究論文は「目的」「方法」「結果」「考察」の4つのセクションから構成されている。したがって，本文の要約であるアブストラクトも同様に「目的」「方法」「結果」「考察」の4つからなる。この4つの順番を頭に入れて，次は「方法」が来る，次は「結果」が来ると予期しながら読むと，多少読みやすくなるだろう。このアブストラクトの場合には，冒頭の The purpose of this study からが「目的」であり，2行目の Four handred eighteen Japanese workers からが「方法」，6行目の A factor analysis on the former scale からが「結果」にあたる。この論文は比較的短い論文なので，考察部分はアブストラクトでは省略されている。

　さて，この論文では，脚注の1に，修士論文の一部を加筆修正したものであることが記載されている。このように，研究やその一部を別の形で発表したことがある場合には，記載しておく必要がある。研究論文は原則として未発表のオリジナルなものでなければならないとされているからである。論文雑誌に投

稿する前に，卒業論文・修士論文として提出していたり，学会発表をしていたりすることはよくあり，その場合は明記しておくことになっている。

(2)「問題」セクション

本文の一番最初の部分は「問題」「問題と目的」などと題されるが，この論文のように特に見出しはつけずに書かれることもある。「問題」のセクションでは，社会的に意義のある一般的な幅広い問題から書き起こして，実際に調査をおこなう特定の変数まで問題を絞っていく書き方をすることがよくある。この論文では，日本の特徴として，定着志向が強いのにもかかわらず，職務満足感が低くなっており，そこにまだ十分に明らかになっていない問題が存在することを指摘している。そして，日本の会社員の満足感を検討するためには「会社」への満足を見る必要があると論を進めている。「問題」セクションの最後では，本研究で具体的にどの構成概念を測定し，関係を見るのかということを明らかにする。本論文では「会社満足感」「定着志向」の関連に注目し，それぞれ質問紙尺度によって測定すると述べられている。この研究では，概念間の関係もさることながら，尺度の作成にも大きな重点が置かれていることがわかる。

(3)「方法」セクション

「方法」セクションでは，具体的にどのように調査を実施したのかを記述する。限られた紙幅の中で，どこまで詳細に記述すればよいかは難しい判断であるが，特に結果や結果の解釈に影響すると考えられる情報については，不足なく記述しなければならない。特に研究参加者（調査対象者）の特徴は，どんな場合も記載しておく。どこで研究参加を依頼したどのような人たちで，人数，性別の内訳，年齢の平均値と標準偏差（SD）は必ず書くようにする。また，どのように調査を実施したかという手続きについても，必要な情報を適切に提示する。調査票を回収できた割合（回収率）も，結果の解釈に重要な要素なので，調査の時には忘れずに記録しておくと良い。

この論文では，「方法」のセクションがが予備調査と本調査に分かれている。予備調査は作成する質問紙尺度の項目を作るためにおこない，本調査は作成した質問紙尺度の信頼性や妥当性を確認し，概念間の関連を見るためにおこなっている。新たな尺度を作る時に，半構造化面接をおこなって，概念に関連するデータを幅広く集め，そこから良い項目を作っていくというやり方は，頻繁に使われる。本調査の方では，2つの会社に調査協力を依頼し，さらにそれとは

別に個別に調査票を配布した人たちがいた。このような研究参加者をリクルートした方法の詳細は，サンプルの偏りについての情報となり，考察で役に立つので，記載したほうがよい。得られたサンプルの属性（ここでは年齢・性別・所属する会社の規模）については，「結果」セクションで書いてもよいし，この論文のように「方法」セクションの中に入れてもよい。質問紙の内容については，すでに信頼性と妥当性が確認されている尺度の項目を使用したり，予備調査での半構造化面接のデータから文言を作成したりすることで，内容妥当性を高めていることがわかる。

(4)「結果」セクション

「結果」セクションの最初では，尺度の作成をおこなっている。クロンバックの α 係数によって，信頼性（内的一貫性）を評価している。また，尺度作成の目的で「因子分析」が使用されている。因子分析とは，似たような（同じような回答傾向の）項目をまとめてくれる多変量解析である。複数の因子を出力するように指定すれば，指定した個数分の似た項目のグループを出すことも目指した結果が出力される。尺度作成の文脈で言えば，似たような回答傾向の項目をまとめてくれるという意味では信頼性（内的一貫性に近いもの）を評価することができる。複数因子の場合では，相関の高い項目同士をまとめ，相関の低い項目同士は弁別するという意味で，ある種の妥当性を評価することができる（因子的妥当性）。

因子分析の結果は，Table 1, Table 2, Table 3 のような表（因子負荷量行列）として出力される。Table 1 は因子数＝1 を指定した出力結果である。因子分析では，各質問項目に共通して影響する「因子」という仮想的な変数を想定して，その因子が各項目にどのくらい影響・関連しているか（負荷しているか）ということを考える。5つ目の項目「この会社を辞めたくはないが，会社の中での仕事は変わりたい」の因子負荷量だけが .05 と低く，他の4項目とは相関が低く，異なった回答傾向になっていることが示されている。おそらくこの第5項目は，目的とする構成概念「定着志向」からは少し外れたものを測定しているのではないか，または測定の誤差が大きいのではないかと推測されるため，尺度からは外すという判断がなされている。Table 2 は因子数＝4 を指定した結果である。因子数が複数になると，因子分析の結果は若干複雑になる。Table 2 の表題にある「プロマックス回転」は因子の回転法の1つである。斜交回転（因子間に相関がある）ではプロマックス法がよく使われ，直交回転（因子間に相関がない）ではバリマックス法がよく使われる。因子の回転は「単純

構造」を得るためにおこなわれる。Table 2 では，太字になっている（比較的大きな値の）因子負荷量によって，各質問項目がⅠ～Ⅳの因子にまとまっていることがわかる。このように各項目が，それぞれ1つだけの因子から負荷を受ける状態を単純構造と呼ぶ。単純構造にならない場合は，項目をすっきりとグループ化することができなくなるので，その項目を除外することもある。斜交回転であるので，因子間の相関も提示する。この結果から著者は，会社満足感の中には，「会社の育成面」「会社の秩序面」「会社の知名度」「会社の発展性」の4つの因子があると解釈している。Table 3 でも，同様に4因子の結果で解釈をしている。

　尺度の作成が終わった後，その尺度間の関連について検討している。この研究では，「定着志向」が基準変数（アウトカム）であり，「職務満足感（8つ）」が説明変数（予測因子）である。Table 4 では，両者の関連について，相関係数と，重回帰分析における標準偏回帰係数が提示されている。相関係数の方は，それぞれの2つ組の関係を個々に見たものであり，単変量解析とも呼ばれるものの1つである。これによっても大まかな関連は把握できるが，多くの説明変数を同時に考慮すると，関連の様相が変化することもある。これを多変量解析と呼ぶ。ここでは多変量解析の1つである重回帰分析を使用している。最終的な結果は，多変量解析の結果を用いるべきである。偏回帰係数（β）が，他の説明変数を考慮した上での関連の強さを表している。ここでは5％水準で3つの説明変数との関連が有意とされた。この研究は横断研究であるため，因果関係は知ることができない。そのため「影響」ではなく「関連」という言葉の使用にとどめている。重相関係数は，使用した説明変数によって基準変数の動きが説明できている程度を表している。重相関係数の2乗は重決定係数と呼ばれ，基準変数の動きを説明できる割合（寄与率，説明率）となる。

(5)「考察」セクション

　「考察」セクションの冒頭では，結果の概要をまとめるのが通例である。通常は，得られた客観的な結果について，そのような結果が得られた理由や背景を，ある程度の根拠に基づきながら推測していくのが「考察」セクションである。この研究は探索的な研究であることと，紙幅の関係で考察が短くなっており，結果から得られる知見や示唆がここでは述べられている。「考察」セクションでもう1つ触れなければならないことは，研究の限界についてである。取り上げていなかった予測因子（ここでは人事管理方針，職種，年齢），方法の問題などに触れ，今後の課題として設定し，論文を締めくくる。

日本の会社員における定着志向と職務満足感との関連[1]

森田慎一郎[2] 東京大学

Intention to serve the same company for long years and job satisfaction in Japanese workers

Shinichiro Morita (*University of Tokyo*)

The purpose of this study was to investigate the relation between intention to serve the same company for long years and job satisfaction in Japanese workers. Four hundred eighteen Japanese workers completed a questionnaire to assess intention to serve for long years and job satisfaction. Job satisfaction was measured by two scales. One scale was consisted of the items which were deviced in the preliminary study concerning satisfaction with the company, and the other was consisted of the items based on the Minnesota Satisfaction Questionnaire. A factor analysis on the former scale yielded four factors: fosterage by company, order in company, company's name recognition, and expansibility of company. A factor analysis on the latter yielded four factors: contribution and activity, recognition and benefits, supervision, and discretion on job. The multiple regression analysis showed that "expansibility of company" was the most important predictor of intention to serve for long years.

Key words: Japanese workers, intentions to serve the same company for long years, job satisfaction, Minnesota satisfaction questionnaire.

The Japanese Journal of Psychology
2006, Vol. 76, No. 6, pp. 534-539

　日本の会社員は、"現在勤める会社での長期勤続を目指す意志（以下、定着志向と呼ぶ）"が強い。このことは、8カ国の労働者の平均勤続年数（経済企画庁，1992）や日米独のホワイトカラー管理職の転社経験数（日本労働研究機構，1998）に現れている。一方、日本人の職務満足感[3]は、他国に比べて高いといえないことが国際調査で示されている（Lincoln & Kalleberg, 1990；﨑岡, 1997；Youth Affairs Administration Management and Coordination Agency, 1994)。このような"定着志向が強い一方で、職務満足感が低い"という現象については、"日本の労働市場の制約によって、職務に満足していなくとも、消極的な勤続意識が生じる（赤岡，1989；太田，1994）"

Correspondence concerning this article should be sent to: Shinichiro Morita, Department of Clinical Psychology, Graduate School of Education, University of Tokyo, Hongo, Bunkyo-ku, Tokyo 113-0033, Japan
[1] 本研究は、2002年度に東京大学教育学研究科に修士論文として提出したものの一部を加筆修正したものである。
[2] ご指導とご助言をいただいた東京大学の下山晴彦先生と南風原朝和先生に深く感謝いたします。また、格別のご支援をいただいた武民靖道氏と、調査にご協力をいただいた会社員の皆様に厚く御礼申し上げます。
[3] 職務満足感は、個人の職務や職務経験についての評価から生ずる、好ましく肯定的な情動の状態（Locke, 1976）を指す。

という説明が行われることが多い。その影響もあって、定着志向と職務満足感との関連そのものに注目が集まることは少なかったと考えられる。
　よって本研究では、その関連に注目し、特に、定着志向に影響を及ぼすのは職務満足感の中のどの部分か、という問題を扱うこととする。ここで参考となるのが、従来から指摘のある、日本人の職務満足感についての一つの特徴である。それは、2要因理論（Herzberg, 1966　北野訳 1968）では、職務不満足感をもたらす要因とされている"職場での人間関係"が、職務満足感をももたらす要因となっていることである。所（1984）は通運会社の中間管理者層、村杉（1987）は製造業従業員、山本（1990）は技術職社員、安達（1998）はセールス職者、を対象とした質問紙調査を行い、それらの結果は、いずれも上記の特徴を示している。
　この特徴の生ずる要因として、日本の会社における職務の流動性があげられている（村杉，1987）。これは、3年前後を目安に行われる異職種間の異動（関口，1996）によって、社員個々人の職務範囲が集団内の状況に応じて絶えず伸縮する（植村，1993）状態を指している。これにより、会社員が自らの成長を実感するためには、職務における技術の習得のみならず対

人間関係能力の向上が重要となり、その結果"職場での人間関係"によって職務満足感がもたらされるようになる（村杉, 1987）、ともいわれている。

以上のことから、日本の会社員の職務満足感を検討する際には、職務そのものに対する視点のみならず、社員個々人に見合った職務の枠を設定し、人間関係を重視する集団風土を作り出している"会社"に対する視点が重要になると考えられる。したがって、定着志向が日本の会社員に顕著な傾向であることをふまえれば、それに影響を及ぼす職務満足感も、"会社"に対する視点に基づく可能性が高いことが予想される。

そこで本研究では、"会社"に対する視点に基づく職務満足感を"会社満足感"と呼び、実際に、定着志向に影響を及ぼしているかどうかを検討する。具体的には、"会社満足感"を測定する尺度を新たに作成し、質問紙データをもとに、下位尺度を構成する。それに並行して、"ミネソタ式満足感尺度[4]（Minnesota Satisfaction Questionnaire：以下MSQとする）"の短縮版（Weiss, Dawis, England, & Lofquist, 1967）についても下位尺度を構成し、最終的に、双方の職務満足感尺度の下位尺度の中で、定着志向との関連の強いものを明らかにする。

方　法

予備調査

会社満足感の概念の枠組を形成するために、2002年の6－8月に、日本の会社（15社）に勤務する正社員21（うち女性6）名（平均年齢33.6歳, SD: 6.0）を対象に半構造化面接（1名あたり約50分）を行った。対象者については、17名（81.0%）の勤務先が従業員数300人[5]以上の会社であり、年齢、職種にも可能な限り多様性を持たせた。面接では"現在の仕事に対して満足感や不満足感をどのような時に感じるか？"について自由に語るよう求めた。面接の過程は対象者の同意を得た上で録音し、それを紙面におこした逐語記録を作成した。次に、逐語記録の中から、会社満足感、具体的には、会社の従業員向けの施策・会社の事業内容・会社の社会的位置づけに該当すると思われる発話データを抜粋し、それらをKJ法（川喜多, 1967）を参考に分類した。その結果、10個のカテゴリー（Table 2の"カテゴリー"欄）が抽出された。

---

[4] MSQを用いたのは、作成にあたり十分な信頼性や妥当性が検証されているためである。

[5] 中小企業基本法において、"製造業その他"の中小企業の従業員数の上限として定義されている数値。小規模企業においては、終身雇用や年功序列に代表される日本的経営が常備されることが少ない（尾高, 1984）ことに配慮し、日本の会社員の特徴である定着志向を扱う本研究においては、可能な限り、調査対象者の勤務先を大企業に限定した。

本調査

目的　定着志向、会社満足感それぞれについて尺度を作成し、定着志向と職務満足感との関連を検討する。

手続　2002年の9－11月に、日本の会社の正社員に質問紙624部を配布し、442部を回収した（回収率70.8%）。624部のうち、350部はA社（製造業・従業員数約700人）、150部はB社（製造業・従業員数1万人以上）に配布を委託し、残り124部は直接、対象者に配布した。回収はすべて郵送法で行い、欠損値のあるものなどを除外し、418名（平均年齢40.2歳, SD: 10.5）を分析対象とした。分析対象者については、394名（94.3%）が従業員300人以上の会社に勤務し、性別の内訳は男性343名（平均年齢42.1歳, SD: 9.9）、女性75名（平均年齢31.7歳, SD: 8.0）である。

質問紙　以下の内容で構成した。回答の形式は、いずれも"ぜんぜんそう思わない"から"非常にそう思う"までの6件法による評定法とした。

1. 定着志向：西川（1982）の"定着意志"を測定する6項目を"会社"という語句を加えた表現に改め用いた。西川（1982）は、単一回答法を用いているが、本研究では、個人差をより厳密に把握するために評定法を用いた。

2. 会社満足感：予備調査で抽出した10個のカテゴリーに3項目ずつを割り当て、計30項目で構成した。項目の文言については、予備調査での発話データや、NRK従業員態度調査（日本労務研究会, 1979）の項目を参考に案出した。

3. MSQ短縮版：Weiss et al.（1967）の20項目を参考に、回答（"ぜんぜんそう思わない"など）とのつながりが不自然にならないよう日本語を工夫した。

結　果

因子分析と尺度作成　因子分析の結果、定着志向については一つの尺度、会社満足感とMSQ短縮版で測定された満足感（以下"MSQの満足感"とする）については、それぞれ四つの下位尺度、総計九つの尺度を作成した。各尺度の作成にあたっては、どの因子に対しても負荷量が.4未満である項目と、複数の因子に対する負荷量が絶対値で.3以上である項目を、因子を十分に特徴づけていないという理由から除外した。α係数（Table 1,2,3）は、一つの尺度（.68）がやや低いが、他の尺度は.74以上であり、ほぼ満足のできる信頼性が示された。

1. 定着志向：6項目のうち、対象者間に質問文の解釈の不一致が認められた1項目を除いた5項目を用いて因子分析（固有値は、第1：2.96、第2：1.06、第3：.45であり、因子数を1とした）を行い、4項目で

Table 1
"定着志向"の因子分析（主因子法）結果
($M=4.14$, $SD=1.12$, $\alpha=.88$)

項目	
この会社に定年で退職するまでいたい。	.90
いつまでとはいえないが，この会社にできる限りいたい。	.88
将来は，どうなるかわからないが，結局，この会社にいることになるだろう。	.74
チャンスさえあれば，よその会社に変わりたい。[a]	.71
この会社を辞めたくはないが，会社の中での仕事は変わりたい。[b]	.05

[a] 逆転項目。
[b] 尺度から除外した項目。

尺度を構成した（Table 1）。

2. 会社満足感：30項目を用いた因子分析の結果を Table 2 に示した。因子数は，固有値の減衰状況（第1：8.02，第2：2.81，第3：1.73，第4：1.51，第5：1.39，第6：1.32）や解釈可能性に考慮して4因子とした。第1因子は"能力開発"と"福利厚生"の項目の負荷量が高く"会社の育成面"と命名した。第2因子は，主に"社内規律"の項目で負荷量が高く"会社の秩序面"と命名した。第3因子は"知名度"の項目で負荷量が高く，"会社の知名度"と命名した。第4因子は"将来性"と"社会貢献"の項目で負荷量が高く"会社の発展性"と命名した。なお，除外した項目数は12個である。

3. MSQの満足感：20項目を用いた因子分析の結

Table 2
"会社満足感"の因子分析（主因子法・プロマックス回転）結果

項目	カテゴリー	I	II	III	IV	h^2
I：会社の育成面（$M=3.58$, $SD=.73$, $\alpha=.79$）						
会社は，社員が，仕事に役立つ資格を取得するのを支援している。[b]	能力開発	**.84**	−.10	−.32	−.04	.46
会社は，社員に研修を受けさせることに熱心である。	能力開発	**.71**	−.06	−.04	−.03	.41
会社の福利厚生の施設や制度は，利用しやすい。	福利厚生	**.69**	−.18	.13	.07	.50
会社の福利厚生の仕組は，うまくできている。	福利厚生	**.59**	−.08	.16	.11	.50
会社は，社員の能力や技術を高めることには関心が低い。[a]	能力開発	**.53**	.18	.04	−.01	.44
よその会社と比べて，自分の会社の福利厚生は劣っている。[a]	福利厚生	**.49**	−.13	.21	−.03	.30
会社は，社員の力をもっと引き出すために，その社員の仕事や職場を変える。	配属異動	**.47**	.09	−.10	.13	.34
会社は，何かを決める時に，一般社員の意見も聞いている。[b]	意思疎通	**.36**	.30	.06	−.04	.35
II：会社の秩序面（$M=3.42$, $SD=.69$, $\alpha=.74$）						
会社には，仕事をさぼっている社員に対して注意する人が少ない。[a]	社内規律	−.10	**.84**	−.04	−.06	.56
会社には，就業時間中も，無駄話をしている社員が多い。[a]	社内規律	−.29	**.70**	−.02	−.02	.33
会社では，ほとんどの社員は，まじめに仕事をしている。	社内規律	−.15	**.54**	.07	.14	.31
会社は，社員が知っている方がよいことでも，かくしておく。[a]	意思疎通	.11	**.49**	−.09	.08	.35
社員の給料や昇進を決める会社のやり方は，それなりに正しい。	人事評価	.20	**.42**	−.02	.18	.47
社員一人一人に対する会社の評価と，自分の評価はずれが大きい。[a,b]	人事評価	.33	**.41**	.10	−.24	.33
会社は，社員に，その社員に向いた仕事をやらせる。[b]	配属異動	.27	**.36**	.07	.07	.42
会社は，社員からの苦情をそれなりに処理している。[b]	意思疎通	.29	**.31**	.09	.24	.57
会社の人事異動で仕事や職場が変わった社員は運が悪い。[a,b]	配属異動	.19	**.28**	−.04	−.21	.10
世間には，自分の会社を良く思っていない人も多い。[a,b]	社会貢献	.05	**.26**	−.11	.08	.11
会社では，実力のある人ほど，出世が早い。[b]	人事評価	.20	**.22**	.15	.14	.30
III：会社の知名度（$M=3.66$, $SD=1.21$, $\alpha=.88$）						
自分の会社の名前は，世間にあまり知られていない。[a]	知名度	−.06	.03	**.94**	−.18	.80
他人に自分の会社の名前を言うと，"あの会社ね"と，すぐに分かってもらえる。	知名度	−.01	−.01	**.92**	−.12	.80
会社の名前には，ブランドのような魅力がある。	知名度	.01	−.09	**.70**	.17	.55
会社の建物（または会社が入居している建物）は立派である。[b]	社屋	−.14	−.00	**.42**	.38	.30
IV：会社の発展性（$M=3.67$, $SD=.73$, $\alpha=.77$）						
会社のつくるモノやサービスは，今後も売れ続けるだろう。	将来性	−.12	−.04	−.06	**.77**	.45
会社の将来は，よその会社よりも明るい。	将来性	.02	−.02	−.18	**.73**	.50

Table 2
"会社満足感"の因子分析（主因子法・プロマックス回転）結果（続き）

項目	カテゴリー	I	II	III	IV	h^2
会社は，社会の発展に貢献している。	社会貢献	.18	−.04	.11	**.63**	.60
会社の事業が，世の中の人々の生活を豊かにしている。	社会貢献	.07	−.02	.16	**.57**	.44
この先，会社の経営は苦しくなっていくだろう。[a),b)]	将来性	−.03	.27	−.12	**.34**	.25
会社は，通勤しやすい場所にある。[b)]	社屋	.03	−.03	.01	**.22**	.05
会社の周囲に買い物や食事をする場所が少ないため不便である。[a),b)]	社屋	.07	.10	.07	**.14**	.09

[a)] 逆転項目。
[b)] 尺度から除外した項目。

因子間相関	I	II	III	IV
II	.59			
III	.44	.20		
IV	.64	.55	.26	

Table 3
"MSQの満足感"の因子分析（主因子法・プロマックス回転）結果

項目	尺度名	I	II	III	IV	h^2
I：自己の貢献や活動（$M=4.09$, $SD=.74$, $\alpha=.77$）						
仕事をすることで，会社の目指すことに貢献できている。	会社の方針と実践	**.72**	.04	−.05	.06	.59
常にやることはあるため，"暇で困る"ことのない仕事である。	職務の活動性	**.69**	−.29	.05	−.15	.26
仕事を通して，社会の中で他人の役に立っている。	社会的貢献	**.65**	.20	−.04	−.17	.48
単調ではなく，いろいろなことのできる仕事である。	職務の多様性	**.63**	−.11	.12	.13	.45
他の社員を自分の指示で動かすことのできる仕事である。	権限	**.60**	.03	.02	.01	.40
後ろめたさを感じることなく，取り組める仕事である。	倫理的価値	**.49**	.12	−.04	−.12	.25
自分の能力を仕事に活用できている。[a)]	能力の活用	**.40**	.32	−.10	.17	.56
仕事を通して，達成感が得られている。[a)]	達成感	**.38**	.37	−.03	.11	.55
II：他者の評価や処遇（$M=3.44$, $SD=.77$, $\alpha=.68$）						
仕事のおかげで，社会の中で立派な人間として認められている。	社会的地位	.10	**.63**	−.09	.01	.45
よい仕事をした時，会社の人から認められたり誉められたりしている。	承認	.16	**.56**	.09	.00	.52
自分の仕事に対する給料の額は適切である。[a)]	給料	−.35	**.45**	.15	.09	.20
がんばれば昇進できる可能性のある仕事である。	昇進	.20	**.41**	.21	−.13	.37
仕事の環境（職場の，温度や照明や換気など）が適切である。	職務の環境	−.08	**.40**	.02	.09	.17
突然，不要になるようなことのない将来性のある仕事である。[a)]	職務の安定性	.33	**.34**	.02	−.11	.30
職場の同僚（仕事仲間）と，おたがい仲良くやれている。[a)]	仲間との関係	.11	**.32**	.00	.14	.24
III：上司の能力と態度（$M=3.51$, $SD=1.08$, $\alpha=.88$）						
自分の上司には，ものごとを適切に判断する能力がある。	上司の能力	.11	−.03	**.90**	−.02	.84
自分の上司は，部下の扱い方が適切である。	部下の扱い方	−.05	.13	**.80**	.04	.74
IV：職務における裁量度（$M=3.86$, $SD=.96$, $\alpha=.82$）						
自分自身で，仕事上の判断を自由に行えている。	責任	.23	−.09	.01	**.71**	.67
仕事の中で，自分独自のやり方を試すことができている。	独創性の発揮	.19	−.00	.01	**.71**	.69
自分一人のペースで進めることのできる仕事である。[a)]	職務の独立性	−.42	.15	.01	**.61**	.30

[a)] 尺度から除外した項目。

因子間相関	I	II	III	IV
II	.65			
III	.24	.42		
IV	.57	.54	.13	

Table 4
定着志向との相関係数 (r) と, 重回帰分析[a]
における標準偏回帰係数 (β)

	r	β
会社の育成面	.19***	−.05
会社の秩序面	.27***	.13*
会社の知名度	−.04	—
会社の発展性	.41***	.38***
自己の貢献や活動	.25***	.12*
他者の評価や処遇	.16***	−.10
上司の能力と態度	.13**	−.01
職務における裁量度	.07	—

***$p<.001$, **$p<.01$, *$p<.05$.
[a] 定着志向を基準変数とした場合。

果を Table 3 に示した。因子数は，固有値の減衰状況（第1：6.57，第2：1.84，第3：1.53，第4：1.04，第5：1.01，第6：.98）と解釈可能性に考慮して4因子とした。第1因子は，"会社の方針と実践"，"職務の活動性"，"社会的貢献"，"職務の多様性" などの項目で負荷量が高く，"自己の貢献や活動" と命名した。第2因子は，"社会的地位"，"承認" などの項目で負荷量が高く，"他者の評価や処遇" と命名した。第3因子は，"上司の能力"，"部下の使い方" の項目で付加量が高く，"上司の能力と態度" と命名した。第4因子は，"責任"，"独創性の発揮" の項目で負荷量が高く，"職務における裁量度" と命名した。なお，除外した項目数は6個である。

定着志向と職務満足感との関連の検討 定着志向と，会社満足感・MSQ の満足感，双方の下位尺度得点との相関（Table 4）では，"会社の知名度" と "職務における裁量度" が，定着志向との間に有意な相関を示さなかった。そこで，これら二つを除いた下位尺度得点を説明変数とし，定着志向を基準変数とした重回帰分析（強制投入法）を行った（Table 4）。定着志向と有意な関連を示したのは，標準偏回帰係数（以下 β とする）が高い順に，"会社の発展性"（$\beta=.38$），と "会社の秩序面"（$\beta=.13$），"自己の貢献や活動"（$\beta=.12$）であった。なお，重相関係数は .44（.1％水準で有意）であった。

考察

本研究の結果から，定着志向との関連が強いのは，"会社の発展性"，"会社の秩序面"，"自己の貢献や活動" それぞれに対する満足感であり，特に "会社の発展性" に対する満足感の関連の強さが顕著であることが示された。近年，若年労働者の離職者が増加傾向にあり，定着志向が低下しつつあるといわれている（内閣府，2003）。本研究の知見をふまえれば，この現象の一因として，彼らの "会社の発展性" に対する満足感が低下していることが推測される。

最後に本研究の限界について述べる。第1に，会社満足感に着目する一因となった "職務の流動性" の実態が未検証である。西田（1982）は，"職務の流動性" を "弾力的人材活用" と表現し，それが "終身雇用" によって維持されると述べている。したがって，90年代の終身雇用慣行の変容（浪江，2000）を経た現段階における実態を，改めて検証することが今後の課題となる。第2に，会社満足感と MSQ の満足感が，概念的に重複している可能性がある。会社満足感の定着志向への影響をより的確に把握するためには，この点における改善が必要である。第3に，調査対象者の勤務先における人事管理の方針（成果主義の浸透度など），調査対象者の職種（事務職・技術職・研究職など）や年齢などが統制されていない。理論の精緻化のためには，今後，これらを統制する必要がある。

引用文献

安達智子（1998）．セールス職者の職務満足感——共分散構造分析を用いた因果モデルの検討——　心理学研究，**69**，223-228．
  （Adachi, T. (1998). Job satisfaction of sales people: A covariance structure analysis of the motivational process. *Japanese Journal of Psychology*, **69**, 223-228.）

赤岡　功（1989）．エレガント・カンパニー　京都大学経済論叢，**143**，213-232．
  （Akaoka, I. (1989). On elegant companies. *Economic Review*, **143**, 213-232.）

Herzberg, F. (1966). *Work and the nature of man.* New York: World Pub.
  （ハーズバーグ，F.　北野利信（訳）(1968)．仕事と人間性——動機づけ-衛生理論の新展開——　東洋経済新報社）

川喜多二郎（1967）．発想法　中央公論社
  （Kawakita, J.）

経済企画庁（編）(1992)．平成4年版経済白書　大蔵省印刷局
  （Economic Planning Agency, Japanese Government）

Lincoln, J. R., & Kalleberg, A. L. (1990). *Culture, control, and commitment: A study of work organizations and work attitudes in the United States and Japan.* New York: Cambridge University Press.

Locke, E. A. (1976). The nature and causes of job satisfaction. In M. D. Dunette (Ed.), *Handbook of industrial and organizational psychology.* Chicago: Rand McNally. pp. 1297-1349.

村杉　健（1987）．作業組織の行動科学　税務経理協会
  （Murasugi, K.）

内閣府（編）(2003)．平成15年版国民生活白書　ぎょうせい

(Cabinet Office, Government of Japan)

浪江　厳（2000）．雇用形態の多様化と正規雇用の変容　原田　實・安井恒則・黒田兼一（編著）新・日本的経営と労務管理　ミネルヴァ書房　pp. 9-34.
(Namie, I.)

日本労働研究機構（1998）．国際比較：大卒ホワイトカラーの人材開発・雇用システム——日，米，独の大企業(2)アンケート調査編——　日本労働研究機構
(The Japan Institute of Labour)

日本労務研究会（1979）．NRK式従業員態度調査のてびき　日本労務研究会
(Japanese Personnel Research Institute)

西田耕三（1982）．日本社会と日本的経営　文眞堂

西川一廉（1982）．職務満足の心理学的研究(5)——退職予測について——　桃山学院大学人文科学研究，**18**，1-23.
(Nishikawa, K.) (1982). Psychological study of job satisfaction (5): Prediction of turnover. *Journal of human sciences, St. Andrew's University*, **18**, 1-23.)

尾高邦雄（1984）．日本的経営　中央公論社
(Odaka, K.)

太田　肇（1994）．日本企業と個人——統合のパラダイム転換——　白桃書房
(Ohta, H.)

﨑岡利克（1997）．電機労働者意識・国際比較と10年の変遷　人事マネジメント，**73**，50-58.
(Sakioka, T.)

関口　功（1996）．終身雇用制——軌跡と展望——　文眞堂
(Sekiguchi, I.)

所　正文（1984）．中間管理者層の職務満足と人格特性　応用心理学研究，**9**，23-33.
(Tokoro, M. (1984). An analytic study of job satisfaction and personality traits in middle management. *Japanese Journal of Applied Psychology*, **9**, 23-33.)

植村省三（1993）．日本的経営組織　文眞堂
(Uemura, S.)

Weiss, D. J., Dawis, R. V., England, G. W., & Lofquist, L. H. (1967). *Minnesota studies in vocational rehabilitation.* Vol. XXII. *Manual for the Minnesota Satisfaction Questionnaire.* Minneapolis, MN: University of Minnesota, Work Adjustment Project, Industrial Relations Center.

山本　寛（1990）．職務満足と企業組織に関する実証的研究——電気機器製造会社の技術者を対象として——　応用心理学研究，**15**，17-28.
(Yamamoto, H. (1990). A positive study on job satisfaction and an enterprise organization: Objectifying engineers of one electric company. *Japanese Journal of Applied Psychology*, **15**, 17-28.)

Youth Affairs Administration Management and Coordination Agency (1994). *The Japanese youth, in comparison with the youth in the world: A summary report of the Fifth World Youth Survey,* 1993.

森田慎一郎（2006）．「日本の会社員における定着志向と職務満足感との関連」『心理学研究』76（6），534-539.
公益社団法人　日本心理学会の許可を得て転載．

2　2つのサンプルの比較をおこなった横断研究

　2つ目に提示するのは，筆者自身の研究である石丸（2004）「性的マイノリティにおける自尊心維持 —— 他者からの受容感という観点から」である。本研究も，先に提示した森田（2006）と同様に，質問紙調査によって横断的におこなった研究である。異なる点は，同（両）性愛者と異性愛者との2つのサンプルを取り，比較している点である。その意味で，同（両）性愛者は疾患ではないが，ある特徴を持っているサンプルと持っていないサンプルを比較するケースコントロール研究と言える（第3章を参照）。

(1) 表題・アブストラクト・脚注
　この研究のタイトルは，主題と副題からなっている。主題からは，対象が性的マイノリティであり，自尊心（自尊感情）がテーマであることがわかる。また副題から，他者からの受容感が重要な変数であることがわかる。この論文のアブストラクトも，やはり「目的」「方法」「結果」「考察」の4つのセクションから構成されている。冒頭の Self-esteem of sexual orientation minority members から3行目の終わり two questionnaire studies examined the possibility. までが「目的」である。次に，この論文は2つの研究を含んでいるので，研究1の「方法」と「結果」，そして研究2の「方法」と「結果」が1文ずつ続いている。8行目の Sense of social inclusion からの最後の文が「考察」にあたる。この論文も，修士論文の一部であったものなので，森田（2006）と同様に，そのことが脚注に明示されている。

(2)「問題」セクション
　この論文は比較的長さがあるので，「問題」のセクションは読みやすいように2つの見出しで区切られている。「問題」のセクションは，とりあげるテーマの重要性を指摘し，先行研究で明確になっていない点を浮かび上がらせることが重要である。本文の最初の段落では，同（両）性愛者の数が無視できるほど少ないとは言えないことから，おおまかにこのトピック全体の重要性を指摘している。「マイノリティの自尊心に関する理論と実際」の見出し以降では，マイノリティの自尊心に関する心理学の理論を2つ取り上げ，理論的な予測を

述べた。その後，実際にデータを取ると，理論的予測と矛盾があることを指摘して，まだ明らかになっていないポイントを浮かび上がらせている。

次の「マイノリティの自尊心が低くない理由について」の見出し以降では，指摘した矛盾点を説明できそうな理論を2つ挙げて，論点を整理している。1つは自尊心を守るような認知的方略を使用しているのではないかという「方略説」，もう1つはソシオメーター理論から予想される「他者からの受容感」説である。この論文では，事実はこの2つの説のどちらに近いのかを確認するという体裁を取っている。2つの説を戦わせるような形式なので，結果としては前者に近いか，後者に近いか，（またはどちらでもない，両方）のいずれかになることが予想され，考察はしやすいと言えるだろう。通常の仮説検証的な論文では，「目的」セクションの最後に仮説を提示する。そして，その仮説がデータによって支持されるか支持されないかを確認する。この論文では，2つの仮説を立て，どちらの仮説が現実（データ）に近いかを確認することになる。

(3) 研究1「問題」セクション

この論文では2つの関連した研究がおこなわれており，研究1と研究2とのそれぞれで，「目的」「方法」「結果」「考察」の構造が組み込まれている。研究全体のテーマは前節ですでに述べているので，この研究1の「問題」セクションでは，各仮説と，具体的に測定しようとする構成概念との対応関係を明らかにしている。仮説の段階では，話が大まかだったので，実際にどのように仮説を検証するかということを詳細に説明している。

(4) 研究1「方法」セクション

調査研究の「方法」セクションで記載することは，比較的定まっている。この論文でも，研究参加者（対象者）の年齢や性別などの属性と，リクルートの方法を記載している。質問紙の構成についても詳細に記載している。この質問紙には，日本語版の信頼性と妥当性がすでに確認されているもの，海外で作成された尺度をまずは翻訳したもの，そして，今回の研究のために自作した項目が含まれている。今回，翻訳したり，自作したりした項目が多いので，予備実施をして誤解を生まないような言葉の表現になるように改良をしている。

(5) 研究1「結果」セクション

この研究では，共分散構造分析（構造方程式モデリング）という汎用性の高い分析方法を用いている。この研究の使い方では，複数の因子分析と複数の重回

帰分析とを同時におこなうような方法である。想定していた構成概念の測定が上手くいっていなかったため，因子分析をして項目のまとまりを再検討している。それから再度，仮説を検討するための分析をおこない，Figure.1 のような結果（パス図）を得た。これは共分散構造分析で使用される慣例に沿って描かれた図である。丸で囲まれているのが構成概念（潜在変数・因子）であり，それぞれについて因子分析がされている。矢印の部分はそれぞれ，回帰分析・重回帰分析がおこなわれていると考えてよい。GFI，AGFI，CFI の数値が示されているが，これらは適合度指標と呼ばれ，因子分析の部分も含めたパス図全体として，どの程度，データがこの図のようなモデルに適合しているかを表す指標である。共分散構造分析では，観測変数（質問項目）が多いと，推定するパス係数・影響指標などが多くなるために，適合度が下がる傾向がある。そのため，観測変数を減らすことも行われる。観測変数を減らすと，構成概念がカバーする内容が少なくなって偏ってしまうデメリットがある。そのためここでは，別のパターンの観測変数の組み合わせを5組試して，パス係数に大きな変化がないことを確かめている。結果として，偏見帰属から自尊心へは，小さな負の効果が見られているが，他者からの受容感から自尊心へは，正の効果が見られている。共分散構造分析という分析法について詳しく知りたい人は狩野・三浦(2002) を参照するとよい。

(6) 研究1「考察」セクション

「考察」セクションの冒頭では，仮説と結果の概要をまとめている。「方略」説と「他者からの受容感」説では後者の方がデータから支持された。「考察」セクションでは，どうしてそのような結果が得られたのかという理由を論じる。ここでは，「他者からの受容感」説についても，その中で効果がある部分とない部分がありそうなことを論じている。また，「方略」説がデータから支持されなかった理由について論じている。

(7) 研究2「問題」セクション

研究1で，「方略」説よりも「他者からの受容感」説の方が妥当であると結論づけられた。同（両）性愛者では，カミングアウトするかどうかが重要になるので，他者からの受容は特別な意味を持っている可能性がある。研究2では，ケースコントロール研究の形を取って，「他者からの受容感」の効果が，同（両）性愛者と異性愛者とで異なっているかどうかを，再度，共分散構造分析を使用して比較する。研究1のパス図の該当する一部だけを取り出し，どのよ

うなモデルを使用するかを説明している。共分散構造分析は汎用性に優れており，2つのサンプルによるデータから，2つの母集団でのパス係数等の比較をすることができる。このような分析を多母集団の同時分析などと呼んでいる。

(8) 研究2「方法」セクション

研究参加者（対象者）の一部は研究1と同じであるので，新たに取る異性愛者の属性について記載した。質問紙の構成も，研究1で使用したものの一部であるので，短く説明してある。

(9) 研究2「結果」セクション

「結果」セクションの冒頭では，2つのサンプル間の比較をおこなっている。基準変数（アウトカム）である自尊心について，点数の平均値と分散の比較をした。今研究で使用している自尊心尺度は，なるべく連続変数に近づけて，統計的な性質を良くするために，元々は5件法であった尺度を，7件法によって用いている。そのために，先行研究との間で，直接点数の比較ができなくなってしまっていることは，研究の弱点のひとつである。

研究2の共分散構造分析では，紙幅の関係で結果のパス図がないため，若干わかりにくいが，潜在変数（因子）は3つだけのシンプルなモデルである。ただし，サンプルが2つあるため，パス係数も2つずつ出力される。結果はTable 2に載せてある。ここでも，適合度を高めるために観測変数を減らすことの弊害を低減するために，異なった5つの観測変数のパターンを試し，パス係数の変化を見ている。ここでは，2つの母集団での差を見ることが主眼なので，適合度は低くなるが，すべての観測変数を使用したモデルを採用している。結果として，他者からの受容感から自尊心へのパス係数は，異性愛者よりも，同（両）性愛者の場合に大きくなっていた。

(10) 研究2「考察」セクション

「考察」セクションの冒頭では，通例通り，結果の概要をまとめてある。その後，その結果が得られた理由を解釈して論じるが，ここでは方法的な問題についても触れている。それは2つのサンプルで年齢層が違っているので，そのことから今回の結果が得られたのかもしれないという点である。その後，理論的な解釈を行っている。異性愛者と同（両）性愛者との両方で，ソシオメーター理論の予測通り，他者からの受容感と自尊心が関連していたが，その強さは同（両）性愛者の方で強いと考えられ，性的マイノリティの自尊心を考える際

に重要な視点であると論じている。

(11)「総合的考察」セクション

　この論文は2つの研究が入っているため，2つの研究の結果と考察を総合的に論じる本セクションが設けられている。ここでも，やはりこの研究で得られた結果の概要を冒頭で短くまとめてある。「方略」説がデータに支持されなかったことは，すでに研究1で考察した通りであるが，「方略」の性質上，同（両）性愛者のような外見からわかりにくいマイノリティについては当てはまりにくい可能性を指摘している。次に，「他者からの受容感」説について触れ，ソシオメーター理論と一貫する結果であったことと，さらにその関連の強さが異性愛者と同（両）性愛者とで異なっていたことに触れている。「他者からの受容感」の種類について，詳細に検討する余地がまだあることを指摘している。

　最後に，どんな研究でも限界について触れなければならない。この論文では3つのポイントについて触れている。1つは性的マイノリティの自尊心が低くないのではないかという実態とその理由についてより詳細に検討すべきという観点である。2つ目は，サンプルに偏りがあったかもしれないという，方法的な側面である。3つ目に，「方略」説については，質問紙では十分に測定しきれていない可能性があるという，これも方法的な側面を指摘している。

though
性的マイノリティにおける自尊心維持[1]
――他者からの受容感という観点から――

東京大学 石丸径一郎[2]

Sexual orientation minority and self-esteem maintenance: A sense of social inclusion hypothesis
Keiichiro Ishimaru (*Graduate School of Education, University of Tokyo, Hongo, Bunkyo-ku, Tokyo 113-0033*)

Self-esteem of sexual orientation minority members is not necessarily low, contrary to what might be theoretically expected. An explanation has been offered that self-protective strategies were in use. Instead, it is argued in this paper that sense of social inclusion plays an important role, and two questionnaire studies examined the possibility. In Study 1,214 members of sexual orientation minority completed a set of questionnaires. Results showed that sense of acceptance by others had a positive relationship with self-esteem, but use of self-protective strategies did not. In Study 2,218 who were not minority members completed the same set of questionnaires. It was shown in the comparison that the relationship between self-esteem and sense of social inclusion was stronger for minority members than non-members. Sense of social inclusion thus appeared to help members of sexual orientation minority keep self-esteem high.

Key words: sexual minority, self-esteem, social inclusion.

若者の自殺のうち同性愛者・両性愛者が占める割合は少なくないといわれるほど、そこには特殊なストレス状況があることが多い。例えば友人・知人や家族からの拒否的な反応や、それを避けるために同性愛を隠し異性愛者の役割を取って生活する努力、また相続や結婚など法律や制度面での不利益などがある。社会的にタブーとされることの多い話題であるためサポートが得られにくく、メンタルヘルスが悪化する場合も多いと考えられる。人口中に占める同(両)性愛者の割合について、アメリカ全土の無作為抽出データによれば、男性に関してのみではあるが3〜6%という数字が出されており (Fay, Turner, Klassen, & Gagnon, 1989)、同(両)性愛者の心理援助は決して特殊で小さなテーマとはいえない。しかしこれに関して日本ではほとんど知られておらず、この分野に寄与する研究が必要とされている。

マイノリティの自尊心に関する理論と実際

メンタルヘルスや心理援助のテーマを扱うとき、自尊心は避けて通れない概念である。性的マイノリティに限らず、一般にマイノリティは差別の対象になることが多く、対人的にも経済的にも社会の中で周辺的な地位に甘んじている。マイノリティの自尊心は低いはずであると予測する理論が数多く存在する (Crocker & Major, 1989)。以下にそのうちの二つを挙げる。

"鏡映的自己"理論 (Cooley, 1902) では、まるで鏡に映った自分の姿を取り込むように、他者が自分をどのように評価しているかということを自覚して自己概念が発達していくとされている。これに基づけば、マイノリティは外集団からネガティブなステレオタイプを持たれているので、ネガティブな自己概念を発達させ、低い自尊心を持つだろうと予測される (Shrauger & Schoeneman, 1979)。

"自己成就的予言"理論 (Merton, 1957) においては、例えばある生徒が劣等生であるとの間違った信念を持った教師が、そのような信念に基づいて生徒に対し行動するので、本当に生徒が劣等生になって予言が自己成就してしまうとされる。その結果この生徒は、自分は劣等生であるという自己概念を持つことになる。他者からネガティブなステレオタイプを持たれているマイノリティも同様に、ネガティブなステレオタイプにあてはまるような行動をとるようになると考えられる。その結果としてネガティブな自己概念を形成し、低い自尊心を持つだろうという予測が成立する

---
[1] 本論文は2000年度東京大学大学院教育学研究科に提出した修士論文の一部を加筆修正したものである。
[2] 本論文作成にあたり、ご指導いただきました東京大学大学院下山晴彦教授に心より感謝いたします。また、分析にあたり貴重なご示唆をいただきました東京大学大学院南風原朝和教授に厚くお礼申し上げます。

(Darley & Fazio, 1980)。なおこの理論においては"鏡映的自己"と異なり、自分に対するネガティブな態度に気づいていなくても、このプロセスが生じるとされている。

以上のように理論的には"マイノリティの自尊心は低い"と予測されるが、データはこの予測を支持していない。Crocker & Major (1989) は、黒人や他の民族的マイノリティ、女性、肉体的に魅力のない人、顔に奇形がある人、肥満、発達障害・学習障害、精神遅滞、身体障害、同性愛、精神障害、非行少年に関してそれぞれのレビューを概観した結果、スティグマのある人やマイノリティの自尊心はマジョリティに比べて低いとはいえず、ある種のマイノリティではより高い場合すらある、と結論した。また Leary & Baumeister (2000) は、肥満の子供などいくつかの例外を除き、スティグマ化された集団の成員は一貫して低い自尊心を示すわけではないと述べている。では、いくつかの心理学理論の予測に反して、なぜこのような現象が起きるのだろうか。

マイノリティの自尊心が低くない理由について

スティグマを持つ人は例えば、自分に関する悪い出来事やネガティブな評価について、それは相手の偏見や誤った知識によるものであって、自分の価値がおとしめられたわけではないと考えるかもしれない。このようなことを例に出して Crocker & Major (1989) は、スティグマには自己防御的特性があると論じている。彼女によれば、スティグマを持つ個人は自尊心を守るような三つの方略を使うことができる。一つ目の方略は、自分に対するネガティブなフィードバックや悪い結果を、外集団の偏見ある態度に帰属するという偏見帰属である。例えば、ある黒人が就職面接で落とされたり批判を受けたりした場合、そのことを彼または彼女の個人的な不適格さに帰属するのではなく、人種差別に帰属する等である。二つ目の方略は内集団比較と呼ばれるもので、有利なマジョリティと自分を比較するのではなく、同じ不利を共有している内集団において社会的比較をすることである。例えば女性が自分の給与について考えるとき、他の男性とは比べずに他の女性と比べるということをしやすい。三つ目の方略は、自分たちが劣っている側面については価値を切り下げ、優れている側面について重んじるという選択的価値付けである。例えば女性は高い給料や昇進の機会よりも、仕事の面白さや労働環境の快適さを重んじる傾向があるだろう。

Crocker らは上記のような方略説を唱え、関連する証拠を挙げている。確かに、民族的マイノリティや女性など、可視的なマイノリティに関しては、これらの方略を使うことが多いかもしれない。しかし同（両）性愛者や精神疾患など、視覚的に明らかでないマイノリティにとって上記の方略は有用だろうか。偏見に帰属するためには偏見を受けていると認識することが必要だが、個人的な交流においてはスティグマが見えないため、偏見を受けていると認識するのには無理がある。偏見帰属が使えるのは、スティグマについて明らかにしている場合と、集団的な偏見や差別がかかわる問題のときに限られるだろう。内集団比較についても、スティグマが不可視の場合はそもそも"集団"をイメージすることが困難である。自分で情報を探すか、またはマイノリティの社会的ネットワークをある程度持っていないと、自分と同じ境遇の人はどのように生きているかということが分からず、社会的比較以前の問題になってしまう。このように"見えないスティグマ"を持つマイノリティの場合、Crocker らのいう自尊心防御方略の使用は限られてくるのではないだろうか。

前述した"鏡映的自己"などの理論とは別に、自尊心とは何かということについて近年提唱されている理論に"ソシオメーター理論"(Leary & Baumeister, 2000; Leary, Tambor, Terdel, & Downs, 1995) というものがある。この理論によれば自尊心とは"他者が自分との関係をどの程度身近で重要で価値あるものだと考えているかということについての主観的な監視装置"(Leary & Baumeister, 2000, p. 9) である。したがって高自尊心とは集団や親密な対人関係の中で個人が十分に重んじられているとの知覚を表す。一方、低自尊心とは社会的に受容されるための適格性が低いとの知覚を表す。"ソシオメーター"という名称は、燃料の残りを監視するメーターの比喩でつけられている。対人関係における受容状況を監視し、メーターの高低によって個体に対して警告を発する装置が自尊心であるという意味である。

自尊心がメーターのような機械的な監視装置であるかどうかは別問題としても、Leary らの主張の要点は、自尊心と対人関係における受容感とは密接な関係にあるということである。これに従えば、他者から受容されている感覚は自尊心に対して大きな影響を持っているということになる。

ところで見えないスティグマを持つマイノリティである同（両）性愛者の多くは、"カミングアウト"という問題を抱えることになる。もちろん個人差はあるが、普段の生活では自分が同（両）性愛者であることを特に明らかにしていないことが多い。また家族など重要な他者に対しては完全に隠していることも多い。自分のセクシュアリティについて家族や友人など重要な他者から受け容れられるかどうかということは、同（両）性愛者にとってとりわけ大きな意味を持ってくるのではないだろうか。ただし、Leary らのソシオメーター理論は、あらゆる人間について述べた一般理論であり、他者からの受容とは自己全体に関する受容を

意味する。同(両)性愛者について検討する際には、カミングアウトに関連したセクシュアリティに焦点化した受容と、ソシオメーター説が本来想定している自己全体に関する受容とを区別して考える必要があるだろう。同(両)性愛者に特有であるセクシュアリティに焦点化した受容は、同性愛を隠さずにすむような同(両)性愛者同士の社会的ネットワークをどの程度持っているかということに反映されると考えられる。

以上述べてきた観点から、本研究では同(両)性愛者がどのように自尊心を維持しているのかについて検討したい。Crocker & Major (1989) のいう方略説、また同(両)性愛者の自尊心を考える上では新たな視点となる他者からの受容感について、それぞれ自尊心をどの程度規定しているかを検討する。もし見えないマイノリティである同(両)性愛者の自尊心にとって自尊心防御方略があまり意味を持たないという予想が正しければ、方略使用と自尊心には関連が見られないだろう。また、同(両)性愛者において、セクシュアリティに関する受容感、そして一般的な自己全体に関する受容感が自尊心に及ぼす影響が大きいだろうという予想が正しければ、この2種の受容感と自尊心は高い正の相関を持つはずである。

研究1

まず研究1においては、同(両)性愛者の自尊心にとって、自尊心防御方略よりも他者からの受容感の方が強い影響を持つのではないか、という仮説を質問紙調査によって検証する。

方略説に基づけば、"偏見帰属"、"内集団比較"、"選択的価値付け"という方略を使用しない人ほど"自尊心"が低いという予測ができる。一方、受容感説に基づけば、"同(両)性愛者の社会的ネットワーク"や、一般的な"他者からの受容感"が低い人ほど、"自尊心"が低く、またそのような人は受容と拒絶に敏感になるので"拒絶不安"が高いだろうという予測ができる。"同(両)性愛者の社会的ネットワーク"には、一般的な受容ではなくセクシュアリティ自体の受容という独自の意味があるが、"他者からの受容感"と共通する部分もあると考えられるので、"他者からの受容感"との間に共分散を仮定した。

方法

調査対象者と実施方法 東京都港区にて開催された第9回東京国際レズビアン&ゲイ映画祭に来場した人たちに質問紙を配布し、回答を依頼した。回答のあった436名のうち、異性愛者と回答したものと、性別がトランスジェンダーと回答したものとを除外した。その結果、男性の同(両)性愛者149名と女性の同(両)性愛者65名の回答を回収した。年齢の分布は男性が平均29.3歳 ($SD=7.4$)、女性が平均27.5歳 ($SD=7.4$) であった。

質問紙の構成 質問紙によって測ろうとした内容は、自尊心防御方略(偏見帰属、内集団比較、選択的価値付け;Crocker & Major (1989) などを参考に14項目を作成した)、同(両)性愛者ネットワーク(レズビアン・ゲイの知り合い・友人の数に関する3項目を作成した)に加えて、自尊心10項目 (Rosenberg, 1965。日本語訳は末永編 (1987) に収載のもの)、拒絶不安 (Leary, 1983; Leary & Kowalski, 1993より6項目。日本語訳については、筆者が翻訳したものを日英バイリンガルの心理学専攻大学院生がバックトランスレーションし、意味内容の日英での乖離や表現の曖昧さを除外した)、他者からの受容感11項目(家族、知人、親友、恋人から受容されていると感じているかどうかについて項目を作成した。作成にあたっては、Hughes & Demo (1989) や Leary et al. (1995) を参考にした)である。以上の項目には"とてもよくあてはまる"から"全然あてはまらない"までの7件法を用いた。

質問紙作成にあたって、3人の心理学専攻大学院生と、4人の心理学専攻ではない同(両)性愛者男女に予備実施を行い、項目選択や表現上の分かりやすさ、質問紙の構成などについて改良を行った。

結果

各観測変数(とりうる範囲は1—7)について、分散は"同(両)性愛者ネットワーク"の項目が3.5—4.6と高かったほかは、1.5—3.6の範囲であった。想定していたモデルについて最尤法によって母数を推定した。"自尊心"、"拒絶不安"については項目数が多いので、個別に因子分析したときの因子負荷量が最も高い項目三つずつを観測変数として使用した。"他者からの受容感"は家族、知人、親友、恋人の4領域から因子分析したときの因子負荷量の高い1項目ずつを選んで使用した。

母数推定の結果、三つの自尊心防御方略について潜在変数の測定状況が良くなかったため項目分類の見直しとモデル探索を行った。まず自尊心防御方略の項目について探索的因子分析を行った。解釈しにくいものと因子負荷が低いもの4項目を除いた上で、3因子解(主因子法、プロマックス回転)を求めると"差別認知3項目"、"偏見帰属3項目"、"選択的価値付け4項目"と解釈できる因子負荷行列を得た。

当然、悪い結果やネガティブ評価を差別や偏見へ帰属するためには、差別されていることの認知が前提となる。そのため"差別認知"が高い人ほど"偏見帰属"が高いという因果連鎖が想定できる。このモデルについて母数を推定すると、"選択的価値付け"については"自尊心"へのパス係数が有意ではなく、他の構成概念との相関も低かったため、パス図から除外し

第11章 調査研究論文の実際 | 185

た."同(両)性愛者ネットワーク"は"自尊心"への直接のパスは有意ではなく,"偏見帰属"へのパスを引くと有意なパス係数があった.以上のモデル探索を経て,Figure 1 に示す母数の推定値を得た.図に示した標準化係数はすべて5%水準で有意であった.このモデルの適合度指標は GFI＝.85,AGFI＝.81,CFI＝.84であった.使用した観測変数と影響指標をTable 1 に示す.

まず"他者からの受容感"から"自尊心"へ正の影響(.46),"自尊心"から"拒絶不安"へ負の影響(−.60)があるのは受容感説を支持する結果である.一方"偏見帰属"から"自尊心"へは,方略説とは逆に負の影響(−.27)があった.このモデルで"自尊心"の分散は 33％が説明されている."偏見帰属"は,"差別認知"から正の影響(.45),"同(両)性愛者ネットワーク"から負の影響(−.51)があった.このことから"同(両)性愛者ネットワーク"は"自尊心"に直接の影響ではなく,"偏見帰属"を介して間接的に正の影響を与えていることになる."他者からの受容感"と"同(両)性愛者ネットワーク"との間には .56 の相関があった.

なお,このモデルの構成概念に関する一般化可能性について調べるために,項目数の多い"自尊心","他者からの受容感","拒絶不安"について別の観測変数のパターンを用い,分析を行った.ランダムに三つずつ観測変数("他者からの受容感"については4領域からランダムに一つずつ)を選んで母数を推定する作業を5回行った.5回ともパス係数の相対的な大小関係は変わらず,適合度も下がらなかった(最低でCFI＝.82).しかし"偏見帰属"から"自尊心"への負のパス係数が,5回中2回で有意に達しなかった.したがって"偏見帰属"から"自尊心"への負の効果は安定しておらず,存在しても小さなものだと考えられる.

考 察

この調査では,同(両)性愛者の自尊心と,他者からの受容感,自尊心防御方略との関係を因果モデルに表すことを試みた.他者からの受容感が自尊心に正の影響を与えているという結果は受容感説を支持してい

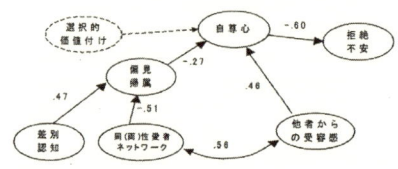

Figure 1. 同(両)性愛者の自尊心についてのパス図.数字は標準化された係数を表す.

Table 1
観測変数とその影響指標

自尊心	影響指標
自分にはたくさんの長所があると思う.	.72
自分を好ましい人間だと思っている.	.79
自分にだいたい満足している.	.83
拒絶不安	
魅力的な人と話すとき,私はよく不安になる.	.65
先生や上司と話していると不安になる.	.71
他人と話すときに,もっと自分に自信があったらと思う.	.77
他者からの受容感	
私の家族はみんな,お互いに気が知れている.	.31
何かの集まりのときには,よく自分が部外者のように感じる.(逆転項目)	.46
私は,大切な人と心が通じ合っている.	.78
本当の自分を安心して見せられる相手がいる.	.86
偏見帰属	
もし自分がヘテロ(異性愛)だったら,苦労せず楽しい生活を送っているだろうと思う.	.51
私たちは社会的に逆境の立場にあるので,少々挫折してもその人の責任ではないと思う.	.41
同じ不利益を受けているはずのレズビアン・ゲイ・バイセクシュアルに負けるのは悔しいが,社会的に有利なヘテロ(異性愛)に負けるのはしょうがないと思う.	.57
差別認知	
自分はレズビアン(またはゲイ・バイセクシュアル)なので,世の中の偏見のために嫌な思いをすることが多い.	.88
レズビアン・ゲイ・バイセクシュアルに対する偏見や差別というものを,私は生活上よく感じる.	.74
私たちは,セクシュアリティのことが原因となって,損をしたり不利益をこうむったりすることが多い.	.61
同(両)性愛者ネットワーク	
セクシュアリティのことを率直に語れる同じマイノリティの友人がいる.	.72
性的マイノリティのグループや団体に定期的に通っている.	.45
レズビアン・ゲイ・バイセクシュアルの友達がとても少ない.	.71

る．一方，自尊心防御方略の自尊心に対する安定した効果は見られず，方略説は支持されなかった．

他者からの受容感から自尊心へ正の影響，自尊心から拒絶不安へ負の影響があるという結果から，Leary & Baumeister (2000) らのソシオメーター理論が，一般的な自己全体の受容という点においては同（両）性愛者に関しても妥当であることが明らかになった．同（両）性愛者ネットワークはセクシュアリティ自体の受容に関連の深い構成概念として仮説に組み込んでいたが，偏見帰属へ負のパスが見られた．同（両）性愛者の社会的なネットワークを持っている人は，同（両）性愛者ということにある程度コミットしているので，集団としての同（両）性愛者を価値下げすることにつながる偏見帰属を行わなくなる傾向があるためと考えられる．また，想定されていた同（両）性愛者ネットワークから自尊心への直接のパスは有意にならず，偏見帰属を介しての間接効果だけがあるという結果になった．したがって同（両）性愛者ネットワークは，一般的な他者からの受容感と共通する部分による自尊心への効果，また偏見帰属を介しての自尊心への効果を除くと，自尊心にはほとんど影響を持っていないことになる．想定した2種の受容感のうち，自己全体に関する受容感は自尊心への効果があるが，セクシュアリティに焦点化した受容感は予想されたほどの効果がなかったことが示唆された．

一方 Crocker & Major (1989) の予測に反して，自尊心防御方略の一つである偏見帰属は，自尊心に対して大きな影響を持たないか，むしろ負の影響を持っていた．理論的に考察するならば，第1に偏見への帰属が自らの環境に対するコントロール感を低下させるということが考えられる．つまり，差別を自覚して悪い結果を偏見や差別に帰属させることは，確かに自身の責任を軽減することにはなるが，同時に環境に対しての無力感を感じることにもなる．無力感を感じれば自尊心は低下すると考えられる．このことに関連して Ruggiero & Taylor (1997) は，悪い結果の原因が曖昧な場合，マイノリティはなるべく差別や偏見を知覚しないようにする傾向があることを報告している．第2に，偏見への帰属は個人の価値は保つが，属する集団の価値を下げてしまうという部分がある．属する集団の価値が下がることは個人の自尊心の低下そのものではないが，間接的には自尊心を下げる効果があると思われる．同（両）性愛者ネットワークが偏見帰属に負の効果を持っていることがこの傍証になる．ネットワークがあることは属する集団にコミットしているということであり，そのような人にとって集団の価値を下げることは自尊心に悪影響があるだろう．

研究 2

非マイノリティを対象とした実験研究や調査研究では，他者からの受容感と自尊心との間に強い正の相関があり，また自尊心と拒絶不安には負の相関があることが既に知られている (Leary, Alison, Strausser, & Chokel, 1998; Leary & Kowalski, 1993; Leary et al., 1995)．研究1では同（両）性愛者の自尊心においても，他者からの受容感の方が強い影響を持ち，また自尊心は拒絶不安に対して負の影響を持っていることが明らかになった．

一方，同（両）性愛者にとっては，自らのセクシュアリティが周囲に受け容れられるかということが問題になりやすいと考えられたが，セクシュアリティに焦点化した受容感の方は，際立った効果を持たないことが研究1で示唆された．では，自尊心と受容感との関係は，同（両）性愛者と異性愛者とでまったく同様と考えてよいのだろうか．そこで研究2では，他者からの受容感が自尊心に及ぼす影響の大きさに，同（両）性愛者と異性愛者とで違いがあるかどうかを検討したい．セクシュアリティに焦点化した受容感と，一般的な自己全体についての受容感とを，同（両）性愛者と異性愛者で比較できるとよいが，異性愛者が自らの異性愛に関して，取り立てて社会的に受容されたり拒否されたりするということは考えにくい．研究2では，一般的な自己全体についての受容感のみについて比較検討を行うことにする．

具体的には，研究1におけるパスモデルの中から，"他者からの受容感"から"自尊心"を経由して"拒絶不安"へ，という因果連鎖の部分を取り出す．このそれぞれの影響の強さが同（両）性愛者と異性愛者で異なるかどうかを，構造方程式モデルの2母集団同時分析を行うことにより検討する．このとき，同（両）性愛者と異性愛者の両方にまったく同じ項目によって測定をしているので，観測変数の誤差分散（測定誤差）は両者において等しいという制約を置く．また"他者からの受容感"，"自尊心"，"拒絶不安"という潜在変数が両者において意味の異なるものであると，パス係数を直接比較することができない．そのため両者で，潜在変数は同じ観測変数に同じ影響を与えるという制約を置く．なお，今回のサンプルは各母集団の代表的な平均値を有していない可能性も大きいので，平均構造の分析は行わないこととする．

方 法

調査対象者と実施方法 同（両）性愛者は研究1の対象者と同じ214名である．異性愛者は都内の専門学校生・大学生で，男性67名（平均 = 20.4歳，SD = 2.0歳）と女性151名（平均 = 22.5歳，SD = 6.7歳）である．

質問紙の構成 質問紙によって測ろうとした内容は，研究1の質問紙の一部にあたる自尊心10項目，拒絶不安6項目，他者からの受容感11項目である．

Table 2
各モデルの適合度と標準化後のパス係数

	適合度指標				"受容感"から"自尊心"へ		"自尊心"から"拒絶不安"へ	
	CFI	GFI	AGFI	RMSEA	同(両)性愛者	異性愛者	同(両)性愛者	異性愛者
モデル1	.83	.88	.84	.08	.61	.60	−.64	−.54
モデル2	.82	.90	.87	.06	.74	.85	−.64	−.58
モデル3	.88	.91	.88	.06	.62	.52	−.77	−.61
モデル4	.83	.90	.86	.07	.80	.72	−.54	−.48
モデル5	.78	.88	.85	.07	.88	.68	−.79	−.82
全観測変数を使ったモデル	.70	.68	.65	.08	.53	.36	−.66	−.59

結果

自尊心合計得点の平均,分散はそれぞれ,同(両)性愛者について (44.4, 10.5),異性愛者について (38.7, 10.8) であり,1%水準で有意な平均値差があった。他者からの受容感合計得点の平均,分散はそれぞれ,同(両)性愛者について (53.9, 13.2),異性愛者について (54.0, 12.8) であり,5%水準で有意な差はなかった。

研究1の分析と同様に"自尊心"と"拒絶不安"には三つずつ,"他者からの受容感"には四つの観測変数をおいたモデルについて,最尤法により母数を推定した。加えて研究1と同様に,個数は変えずに観測変数を他のパターンでランダムに置いて4回分析を行った。潜在変数間のパス係数は,大小関係も含めてある程度変動した。そこで,すべての観測変数("自尊心"10個,"拒絶不安"6個,"他者からの受容感"11個) を用いたモデルについても同様に母数を推定した。この結果を Table 2 に示す。

観測変数を減らしたモデルの適合度はそれほど悪くないことから,すべての観測変数を用いたモデルでの適合度の悪さは観測変数が多いことに起因していると判断できる。ここではパス係数の比較が主眼なので,係数が複数あると結論が出しにくい。ここで採用するパス係数は結論の一般化可能性の最大化という観点から,すべての観測変数を用いたモデルのものとする。このモデルでも,観測変数の数の影響をあまり受けないとされる情報量基準のRMSEAを見ると,"あてはまりが悪い"とされる0.1には達していないので,パス係数の比較という目的には十分であると判断した。

"自尊心"が"拒絶不安"に与える負の影響の大きさは,同(両)性愛者で−.66,異性愛者で−.59と両者であまり違いがない。一方"他者からの受容感"が"自尊心"に与える影響は,同(両)性愛者が.53なのに対して,異性愛者では.36と若干小さかった。分散説明率にしてそれぞれ28%,13%と2倍ほどの違

Table 3
他者からの受容感の標準化後の影響指標

	項目(観測変数)	影響指数
家族1	私の家族はみんな,お互いに気心が知れている。	.31
家族2	家族とともに時間を過ごしたり一緒に何かしたりすることに,私は満足感を感じる。	.33
家族3	私は家族の中で大切に育てられたと思う。	.31
知人1	何かの集まりのときには,よく自分が部外者のように感じる。(R)	.37
恋人1	現在,私の好きな人は私のことを大切に思ってくれている。	.54
恋人2	私は,よい恋愛をした経験がある。	.56
恋人3	私は,大切な人と心が通じ合っている。	.69
親友1	私のことを本当に理解してくれる人がいる。	.86
親友2	困ったときに何でも話せる相手がいる。	.89
親友3	いつでも悩みやネガティブな感情を受けとめてくれる相手がいる。	.88
親友4	本当の自分を安心して見せられる相手がいる。	.89

注) (R)は逆転項目.

いがあることが分かる。なお観測変数の項目と影響指標は他者からの受容感について Table 3 に示す。

考察

研究2の結果では,他者からの受容感が自尊心に及ぼす正の影響は,同(両)性愛者の方が異性愛者よりも大きく,その大きさは分散説明率にして同(両)性愛者が異性愛者の約2倍であった。ただし本研究のサ

ンプルでは両者で年齢層が若干異なっているため、過度の一般化には注意が必要である。

本研究の結果によれば、自尊心に対して一般的な自己全体に関する他者からの受容感が持つ重要性は、同（両）性愛者の場合の方が異性愛者の場合よりも大きい。したがって、同（両）性愛者は異性愛者よりも、他者からの受容や排除によって敏感に自尊心を変化させやすいだろう。

一方、自尊心から拒絶不安への負の影響は、両者であまり変わらなかった。このことから自尊心が低くなると、排除を恐れて他者からの評価に敏感になり拒絶不安が高まるというメカニズムは同（両）性愛者と異性愛者で変わらないが、自尊心が受容感から受ける影響の部分のみが同（両）性愛者の方が敏感になっていることが分かる。

もし、他者からの受容感が自尊心に及ぼす影響の強さが同（両）性愛者と異性愛者で同じであったならば、それは Leary et al. (1995) によるソシオメーター理論以上のことを示す結果ではない。しかし研究2において、この影響の大きさは同（両）性愛者と異性愛者とで異なっていることが示された。このことから、特に性的マイノリティの自尊心を考える上で、他者からの受容感というものに着目した本研究の視点は有効であると考えられる。

総合的考察

本研究では、性的マイノリティの自尊心維持について、Crocker & Major (1989) のいう自尊心防御方略と、新たな視点である他者からの受容感という二つの要因の検討を行った。

研究1では、同（両）性愛者の自尊心に関する因果モデルを構成した。その結果、"他者からの受容感"は仮説どおりに"自尊心"に対して正の影響を持っていた一方、"自尊心防御方略"は"自尊心"に対してほとんど影響を持っていなかった。しかし"同（両）性愛者の社会的ネットワーク"は"自尊心"に対して直接のパスを持っておらず、"偏見帰属"を介した間接効果のみが見られた。

研究2では、研究1で明らかになった"他者からの受容感"が"自尊心"に持つ影響について、その大きさを同（両）性愛者と異性愛者とで比較した。その結果、"他者からの受容感"が"自尊心"に対して持っている説明率は、同（両）性愛者で28%、異性愛者で13%であった。

スティグマを持つ人々や、差別を受けているマイノリティの自尊心は低いと多くの理論が予測するが、実際は低くないという現象がある。この現象をCrockerらは、スティグマに関する自尊心防御方略（偏見帰属、内集団比較、選択的価値付け）の使用によるものであると主張している。しかし本研究においては、このような方略使用が自尊心に持つ効果は発見できなかった（研究1）。Crockerらの主張する方略説は、可視性の高いマイノリティに関してあてはまるかもしれないが、少なくとも同（両）性愛者にはあてはまらないことが示唆された。同（両）性愛者は、外見的には分かりにくいマイノリティである。対人的交流の際にマイノリティ性が明らかにならないことが、方略の使いにくさにつながっていると考えられる。マイノリティにもさまざまな種類があり、少しずつ異なる状況がある。今後マイノリティの自尊心について、マイノリティの種類別の検討が必要になってくるだろう。

次に、Leary & Baumeister (2000) や Leary et al. (1995) が提唱している自尊心のソシオメーター理論から着想を得て、本研究では、他者からの受容感が性的マイノリティの自尊心に対して持つ重要性を、新たな視点として導入した。本研究でも自尊心と他者からの受容感との間にかなり大きな関連が見られ、同（両）性愛者においても自尊心と他者からの受容感が非常に密接な関係にあることが明らかになった。しかし、受容感の中でも特にセクシュアリティに焦点化した受容感については、予想したほどの関連は見られなかった。そして、同（両）性愛者では、一般的な自己全体に関する受容感が、異性愛者より敏感に自尊心へ影響することが示唆された（研究2）。同（両）性愛者の多くは、そのセクシュアリティを明かさずに生活している。もしも対人関係がうまく作れず人間関係の中で目立ってしまうと、セクシュアリティをうまく隠すことに悪影響が出てしまう。このような状況のため、同（両）性愛者ではセクシュアリティとは関係のない部分での対人的受容について過敏になっているのではないだろうか。本研究では、セクシュアリティに焦点化した受容感について、同（両）性愛者ネットワークのみしか測定していない。異性愛者にセクシュアリティを受け容れてもらう場合も考えられる。受容の内容について、どんな人にどの部分を受け容れてもらうのかということを、カミングアウトに関する実際的知見を得るためにも、今後更に丁寧に検討する必要がある。

本研究においては達成できなかったことがいくつかある。第1に、理論的予測に反して、性的マイノリティの自尊心が一般よりも低くないのはなぜなのかについては、本研究だけからは十分に述べることができなかった。今後、他者からの受容感以外の規定要因を探る必要がある。また、同（両）性愛者の若者の自殺が多いともいわれることから、自尊心が発達段階別に複雑な様相を示している可能性もあり、発達的な視点を加味した詳細な研究を重ねていく必要があるだろう。

第2にサンプルの偏りの問題が考えられる。研究2のデータから、今回の同（両）性愛者のサンプルでは、異性愛者よりも自尊心が高かった。今回の同

（両）性愛者のサンプルは，映画祭という同（両）性愛者の気持ちを高揚させるようなイベントで集めたものである。基本的に本研究で扱ったような特性自尊心は，理論上，個人内で時間的に安定しているはずの構成概念であるとはいえ，このイベントの雰囲気の中で普段より高い自尊心を示したものが多くなった可能性は否定できない。またこの映画祭というイベントに来場すること自体，同（両）性愛についてある程度の知識がありコミットしているものであると考えられる。思春期や青年期で，自分の性的指向に気づき始めた頃の者や，同（両）性愛ということにまったくコミットしていない者などについても，本研究の結論が適用できるかどうかは，更に幅広いサンプルによる今後の研究が必要である。しかし見えないマイノリティである同（両）性愛者で，コミュニティにまだコミットしていない者は，見つけるのも困難であるし，研究に協力してもらうことも非常に難しい。レトロスペクティブなインタビュー等に頼らざるを得ないであろう。

第3に，Crocker & Major (1989) のいう自尊心防御方略（偏見帰属，内集団比較，選択的価値付け）の測定に関する問題がある。本研究では質問紙による測定を試みたが，完全に捉えきれたとはいえない。質問紙による測定を試みるなら，より注意深く多くの項目を作り，丁寧に項目選択をしていく必要がある。

Crocker, Major, & Steele (1998) は，自尊心防御方略は特性的なものではなく，何か出来事やフィードバックがあったその場で使う短期的なものである可能性があると指摘している。もしそうならば質問紙による測定は難しく，今後は実験によるアプローチを試みる方が有効であろう。

引用文献

Cooley, C. H. 1902 *Human nature and the social order*. New York: Scribner's.
Crocker, J., & Major, B. 1989 Social stigma and self-esteem: the self-protective properties of stigma. *Psychological Review*, **96**, 608-630.
Crocker, J., Major, B., & Steele, C. 1998 Social stigma. In D. T. Gilbert, S. T. Fiske & G. Lindzey (Eds.), *Handbook of social psychology*. Vol. 2. New York: McGraw Hill. Pp. 504-553.
Darley, J. M., & Fazio, R. H. 1980 Expectancy confirmation processes arising in the social interaction sequence. *American Psychologist*, **35**, 867-881.
Fay, R. E., Turner, C. F., Klassen, A. D., & Gagnon, J. H. 1989 Prevalence and patterns of same-gender contact among men. *Science*, **243**, 338-348.
Hughes, M., & Demo, D. H. 1989 Self-perceptions of Black Americans: self-esteem and personal efficacy. *American Journal of Sociology*, **95**, 132-159.
Leary, M. R. 1983 Social anxiousness: the construct and its measurement. *Journal of Personality Assessment*, **47**, 66-75.
Leary, M. R., Alison, L. H., Strausser, K. S., & Chokel, J. T. 1998 Calibrating the sociometer: the relationship between interpersonal appraisals and state self-esteem. *Journal of Personality and Social Psychology*, **74**, 1290-1299.
Leary, M. R., & Baumeister, R. F. 2000 The nature and function of self-esteem: sociometer theory. *Advances in Experimental Social Psychology*, **32**, 1-62.
Leary, M. R., & Kowalski, R. M. 1993 The interaction anxiousness scale: construct and criterion-related validity. *Journal of Personality Assessment*, **61**, 136-146.
Leary, M. R., Tambor, E. S., Terdel, S. K., & Downs, D. L. 1995 Self-esteem as an interpersonal monitor: the sociometer hypothesis. *Journal of Personality and Social Psychology*, **68**, 518-530.
Merton, R. 1957 Social theory and social structure. New York: Free Press.
Rosenberg, M. 1965 *Society and the adolescent self-image*. Princeton: Princeton University Press.
Ruggiero, K. M., & Taylor, D. M. 1997 Why minority group members perceive the discrimination that confronts them: the role of self-esteem and perceived control. *Journal of Personality and Social Psychology*, **72**, 373-389.
Shrauger, J. S., & Schoeneman, M. 1979 Symbolic interactionist view of self-concept: Through the looking glass darkly. *Psychological Bulletin*, **86**, 549-573.
末永俊郎（編） 1987 社会心理学研究入門 東京大学出版会 (Suenaga, T.)

石丸径一郎 (2004).「性的マイノリティにおける自尊心維持 ── 他者からの受容感という観点から」『心理学研究』75 (3), 191-198.
公益社団法人 日本心理学会の許可を得て転載。

📖 学習を深めるための参考文献

『心理学 実験・研究レポートの書き方 ── 学生のための初歩から卒論まで』
Bruce Findlay／細江達郎・細越久美子（訳）（1996）．北大路書房

　コンパクトな本でありながら，心理学分野でのレポートと論文の書き方に関するエッセンスが凝縮されている。

『グラフィカル多変量解析』（増補版）
狩野裕・三浦麻子（2002）．現代数学社

　共分散構造分析は，その概念と使用法が複雑な手法である。本書は比較的分かりやすく，その具体的な使用法も含めて解説してある。

引用文献

Achenbach, T. M. (1991). *Integrative guide to the 1991 CBCL/4-18, YSR, and TRF profiles*. Burlington, VT, University of Vermont, Department of Psychology.

Ainsworth, M. D. S., Blehar, M. C., Waters, E., & Wall, S. (1978). *Patterns of attachment: A psychological study of the strange situation*. Hillsdale, NJ, Erlbaum.

American Psychiatric Association (2000). *Diagnostic and statistical manual of mental disorders*, forth edition, text revision. Washington DC, American Psychiatric Association. (高橋三郎・染矢俊幸・大野裕（訳）(2002).『DSM-IV-TR 精神疾患の診断・統計マニュアル：新訂版』医学書院.)

朝倉聡・井上誠士郎・佐々木 史・佐々木幸哉・北川信樹・井上 猛・傳田健三・伊藤ますみ・松原良次・小山司 (2002)「Liebowitz Social Anxiety Scale (LSAS) 日本語版の信頼性および妥当性の検討」『精神医学』44, 1077-1084.

飛鳥井望 (2004).「11. 不安障害 4) 外傷後ストレス障害 (PTSD)」『臨床精神医学』33 (増刊号), 278-284.

飛鳥井望・廣幡小百合・加藤寛・小西聖子 (2003).「CAPS 日本語版の尺度特性」『トラウマティック・ストレス』1 (1), 47-53.

Asukai, N., Kawamura, N., Kim, Y., Yamamoto, K., Kishimoto, J., Miyake, Y., & Nishizono-Maher, A. (2002). Reliability and validity of the Japanese-language version of the Impact of Event Scale-Revised (IES-R-J): Four studies on different traumatic event. *The Journal of Nervous and Mental Disease, 190*, 175-182.

東洋・上野一彦・藤田和弘・前川久男・石隈利紀・佐野秀樹 (1998).『WISC-III 知能検査』日本文化科学社.

Babor, T. F., De La Fuente, J. R., Saunders, J., & Grant, M. (1992). *AUDIT: The Alcohol Use Disorder Identification Test. Guidelines for use in primary health care*. Geneva, Switzerland, World Health Organization.

Baron-Cohen, S., Allen, J., & Gillberg, C. (1992). Can autism be detected at 18 months? The Needle, the Haystack and the CHAT. *British Journal of Psychiatry, 161*, 839-843.

Baron-Cohen, S., Wheelwright, S., Skinner, R., Martin, J., & Clubley, E. (2001). The Autism Spectrum Quotient (AQ): Evidence from Asperger syndrome/high functioning autism, males and females, scientists and mathematicians. *Journal of Autism and Developmental Disorders, 31*, 5-17.

Beck, A., Ward, C., Mendelson, M., Mock, J., & Erbaugh, J. (1961). An inventory for measuring depression. *Archives of General Psychiatry, 4*, 561-571.

Bernstein, E. M., & Putnam, F. W. (1986). Development, reliability, and validity of a dissociation scale. *Journal of Nervous & Mental Disease, 174*, 727-735.

Blake, D. D., Weathers, F. W., Nagy, L. M., Kaloupek, D. G., Gusman, F. D., Charney, D. S., & Keane, T. M. (1995). The development of a clinician-administered PTSD scale. *Journal of Traumatic Stress, 8*, 75-90.

Cloninger, C. R., Svrakic, D. M., & Przybeck, T. R. (1993). A psychobiological model of temperament and character. *Archives of General Psychiatry, 50*, 975-990.

Cohen-Kettenis, P. T., & van Goozen, S. H. M. (1997). Sex reassignment of adolescent transsexuals: A follow-up study. *Journal of the American Academy of Child and Adolescent Psychiatry, 36*, 263-271.

Derogatis, L. R. (1992) *SCL-90-R: Administration, scoring & procedures manual-II for the R (evised) version and other instruments of the psychopathology rating scale series*. Towson, MD, Clinical Psychometric Research.

First, M. B., Gibbon, M., Spitzer, R. L., & Williams, J. B. W. (1997). *User's guide for the structured clinical interview for DSM-IV axis I disorders: SCID-I clinician version.* Washington, D.C., American Psychiatric Publishing.（高橋三郎（監修）北村俊則・富田拓郎・岡野禎治・菊池安希子（訳）(2003).『精神科診断面接マニュアル SCID ―― 使用の手引き・テスト用紙』日本評論社.）

First, M. B., Gibbon, M., Spitzer, R. L., Williams, J. B. W., & Benjamin, L. S. (1997). *Structured clinical interview for DSM-IV axis II personality disorders, (SCID-II)*. Washington, D.C., American Psychiatric Press.（高橋三郎・大曽根彰（訳）(2002).『SCID-2 ―― DSM-IV II軸人格障害のための構造化面接』日本評論社.）

Foa, E. B., Hembree, E. A., Cahill, S. P., Rauch, S. A., Riggs, D. S., Feeny, N. C., & Yadin, E. (2005). Randomized trial of prolonged exposure for posttraumatic stress disorder with and without cognitive restructuring: Outcome at academic and community clinics. *Journal of Consulting and Clinical Psychology, 73* (5), 953-64.

Fujita, H., Shimodera, S., Izumoto, Y., Tanaka, S., Kii, M., Mino, Y., Inoue, S. (2002). Family attitude scale: Measurement of criticism in the relatives of patients with schizophrenia in Japan. *Psychiatry Research, 110*, 273-280.

藤田和弘・前川久男・大六一志・山中克夫（1997).『WAIS-III 成人知能検査』日本文化科学社.

藤田和弘・前川久男・大六一志・山中克夫（2006).『WAIS-III 成人知能検査』日本文化科学社.

福田一彦・小林重雄（1973).「自己評価式抑うつ性尺度の研究」『精神神経学雑誌』75, 673-679.

Furukawa, T. A., Harai, H., Hirai, T., Kitamura, T., & Takahashi, K. (1999). Social Support Questionnaire among psychiatric patients with various diagnoses and normal controls.

Social Psychiatry and Psychiatric Epidemiology, 34 (4), 216-222.

古川壽亮・神庭重信 (2003).『精神科診察診断学 —— エビデンスからナラティブへ』医学書院.

古川壽亮・中西雅夫・桜井昭夫・鈴木祐一郎・ムーア鈴木ありさ・濱中淑彦 (1996).「気分障害と神経症関連障害における ethyl loflazepate の作用プロフィールの検討 —— ホプキンズ症状チェックリスト (SCL-90-R) 得点の変化を通して」『臨床精神医学』@25@ (2), 233-240.

古川壽亮・大野裕・宇田英典・中根允文 (2002)「一般人口中の精神疾患の簡便なスクリーニングに関する研究」平成 14 年度厚生労働科学研究費補助金（厚生労働科学特別研究事業）心の健康問題と対策基盤の実態に関する研究　研究協力報告書.

Goldberg, D. P. (1972). *The detection of psychiatric illness by questionnaire*. London, Oxford University Press.

Goodman, W. K., Price, L. H., Rasmussen, S. A., Mazure, C., Delgado, P., Heninger, G. R., & Charney, D. S. (1989a). The Yale-Brown Obsessive Compulsive Scale. II. validity. *Archives of General Psychiatry, 46,* 1012-1016.

Goodman, W. K., Price, L. H., Rasmussen, S. A., Mazure, C., Fleischmann, R. L., Hill, C. L., Heninger, G. R., & Charney, D. S. (1989b). The Yale-Brown obsessive compulsive scale. I. development, use, and reliability. *Archives of General Psychiatry, 46,* 1006-1011.

浜垣誠司・高木俊介・漆原良和・石坂好樹・松本雅彦 (1999).「自己記入式 Yale-Brown 強迫観念・強迫行為尺度 (Y-BOCS) 日本語版の作成とその検討」『精神神経学雑誌』*101* (2), 152-168.

Hamilton, M. (1960) A rating scale for depression. *Journal of Neurology, Neurosurgery and Psychiatry, 23,* 56-62.

八田武志 (1996).『左ききの神経心理学』医歯薬出版.

肥田野直・福原眞知子・岩脇三良・曽我洋子・ Spielberger, C. D. (2000).『新版 STAI マニュアル』実務教育出版.

廣尚典 (1997).「CAGE, AUDIT による問題飲酒の早期発見 —— アルコール関連障害とアルコール依存症」『日本臨床』55 （特別号), 589-593.

Horowitz, M. J., Wilner, N., & Alvarez, W. (1979). Impact of Event Scale: A measure of subjective stress. *Psychosomatic Medicine, 41,* 209-218.

Hulley, S. B., Cummings, S. R., Browner, W. S., Grady, D. G., Newman, T. B. (2007). *Designing clinical research*. Philadelphia, Pa, Lippincott Wiliam & Wilkins. (木原雅子・木原正博（訳）(2009).『医学的研究のデザイン —— 研究の質を高める疫学的アプローチ』メディカル・サイエンス・インターナショナル.)

市川伸一 (2001).「心理学の研究とは何か」南風原朝和・市川伸一・下山晴彦（編）『心理学研究法入門：調査・実験から実践まで』東京大学出版会, pp.1-18.

井潤知美・上林靖子・中田洋二郎・北道子・藤井浩. 子・倉本英彦・根岸敬矢・手塚光

喜・岡田愛香・名取宏美 (2001).「CBCL/4-18 日本語版の開発」『小児の精神と神経』 *41* (4), 243-252.

稲田尚子・神尾陽子 (2008).「自閉症スペクトラム障害の早期診断への M-CHAT の活用」 (特集 最近注目されている発達障害) ── (自閉症スペクトラム)『小児科臨床』*61* (12), 2435-2439.

石丸径一郎 (2004).「性的マイノリティにおける自尊心維持 ── 他者からの受容感という観点から」『心理学研究』*75* (3), 191-198.

石丸径一郎 (2005).「性的マイノリティにおける受容体験と自尊心 ── カミングアウトの効果に関する実験的検討」『コミュニティ心理学研究』*9* (1), 14-24.

石丸径一郎 (2008).『同性愛者における他者からの拒絶と受容 ── ダイアリー法と質問紙によるマルチメソッド・アプローチ』ミネルヴァ書房.

上岡広晴・津谷喜一郎 (訳)「疫学における観察研究の報告の強化 (STROBE 声明): 観察研究の報告に関するガイドライン」中山健夫・津谷喜一郎 (編) (2008)『臨床研究と疫学研究のための国際ルール集』ライフ・サイエンス出版, pp.202-209 から転載.

狩野裕・三浦麻子 (2002).『グラフィカル多変量解析』(増補版) 現代数学社.

Kavanagh., D. J., O'Halloran., P., Manicavasagar., V., Clark., D., Piatkowska., O., Tennant., C. & Rosen., A. (1997). The family attitude scale: Reliability and validity of a new scale for measuring the emotional climate of families. *Psychiatry Research, 70*, 185-195.

Kavanagh, D. J., O'Halloran, P., Manicavasagar, V., Clark, D., Piatkowska, O., Tennant, C., & Rosen, A. (1997). The Family Attitude Scale: Reliability and validity of a new scale for measuring the emotional climate of families. *Psychiatry Research, 70*, 185-195.

Kay, S. R., Opler, L. A., & Fiszbein, A./山田寛・増井寛治・菊本弘次 (訳) (1991).『陽性・陰性症状評価尺度 (PANSS) マニュアル』星和書店.

数井みゆき・遠藤利彦・田中亜希子・坂上裕子・菅沼真樹 (2000)「日本人母子における愛着の世代間伝達」『教育心理学研究』*48*, 323-332.

Kessler, R. C., Andrews, G., Colpe, L. J., Hiripi, E., Mroczek, D. K., Normand, S. L. T., Walters, E. E., & Zaslavsky, A. M. (2002). Short screening scales to monitor population prevalences and trends in nonspecific psychological distress. *Psychological Medicine, 32* (6), 959-976.

木島伸彦・斉藤令衣・竹内美香・吉野相英・大野裕・加藤元一郎・北村俊則 (1996). 「Cloninger の気質と性格の7次元モデルおよび日本語版 Temperament and Character Inventory (TCI)」『精神科診断学』*7*, 379-399.

木元康介・池田俊也・永尾光一・丸茂健・辻村晃・近藤宣幸・吉田正貴・佐藤嘉一 (2009).「International Index of Erectile Function (IIEF) およびその短縮版である IIEF5 の新しい日本語訳の作成」『日本性機能学会雑誌』*24* (3), 295-308.

北村俊則 (1995).『精神症状測定の理論と実際 ── 評価尺度, 質問票, 面接基準の方法論的考察』(第2版) 海鳴社.

Kitamura, T., Sugawara, M., Aoki, M. & Shima, S.（1989）Validity of the Japanese version of the GHQ among antenatal clinic attendants. *Psychological Medicine, 19*, 507-511.

小嶋雅代・古川壽亮（2003）.『日本版 BDI − II ベック抑うつ質問票　手引き、検査用紙』日本文化科学社.

栗田広（2002）.「広汎性発達障害のスクリーニング」『乳幼児医学・心理学研究』*11*, 15-26.

Liebowitz, M. R.（1987）. Social phobia. *Modern Problems of Pharmacopsychiatry, 22*, 141-173.

Lindgren, T. W., Pauly, I. B.（1975）. A body image scale for evaluating transsexuals. *Archives of Sexual Behavior, 4*（6）, 639-56.

Main, M., Kaplan, N., & Cassidy, J.（1985）. Security in infancy, childhood and adulthood: A move to the level of representation. In I. Bretherton & E. Waters（Eds.）, *Growing points of attachment: Theory and research*（*Monographs of the Society for Research in Child Development, 50*, 1-2, Serial no.209）. Chicago: University of Chicago Press, 66-104.

Marcia, J. E.（1966）. Development and validation of ego identity status. *Journal of Personality and Social Psychology, 3*, 551-558.

森田慎一郎（2006）.「日本の会社員における定着志向と職務満足感との関連」『心理学研究』*76*（6）, 534-539.

永田靖（2003）.『サンプルサイズの決め方』朝倉書店.

Nakajima, T., Nakamura, M., Taga, C., Yamagami, S., Kiriike, N., Nagata, T., Saitoh, M., Kinoshita, T., Okajima, Y., Hanada, M., et al.（1995）. Reliability and validity of Japanese version of the Yale-Brown Obsessive-Compulsive Scale. *Psychiatry and Clinical Neuroscience, 49*, 121-126.

中根允文・Williams, J.（2003）.「HAM-D の構造化面接 SIGH-D 日本語版について」『臨床精神薬理』*6*, 1353-1368.

中尾和久・高石穣（1993）.「日本語版 SCL-90-R の信頼性と妥当性」『メンタルヘルス岡本記念財団研究助成報告集』*6*, 167-169.

日本性機能学会用語委員会（1998）「国際勃起機能スコア（IIEF）と国際勃起機能スコア 5（IIEF5）の日本語訳」*IMPOTENCE, 13*, 35-38.

岡野憲一郎（1995）.『外傷性精神障害——心の傷の病理と治療』岩崎学術出版社.

Oldfield, R. C.（1971）. The assessment and analysis of handedness: The Edinburgh inventory. *Neuropsychologia, 9*, 97-113.

小塩真司・中谷素之・金子一史・長峰伸治（2002）「ネガティブな出来事からの立ち直りを導く心理的特性——精神的回復力尺度の作成」『カウンセリング研究』*35*, 57-65.

Radloff, L. S.（1977）. The CES-D scale: A self-report depression scale for research in the general population. *Applied Psychological Measurement, 1*, 385-401.

Reis, R. T. & Wheeler, L.（1991）. Studying social interaction with the Rochester interaction record. *Advances in Experimental Social Psychology, 24*, 269-318.

Robins, L. N., Wing, J., Wittchen, H. U., Helzer, J. E., Babor, T. F., Burke, J., Farmer, A., Jablenski, A., Pickens, R., Regier, D. A., Sartorius, N., & Towle, L. H. (1988). The composite international diagnostic interview: An epidemiologic instrument suitable for use in conjunction with different diagnostic systems and in different cultures. *Archives of General Psychiatry, 45* (12), 1069-1077.

Robins, D., Fein, D., & Barton, M. (2001). Reply to Charman et al.'s commentary on the modified checklist for autism in toddlers. *Journal of Autism and Developmental Disorders, 31* (2), 149-151.

Rosen, R., Brown, C., Heiman, J., Leiblum, S., Meston, C., Shabsigh, R., Ferguson, D., & D'Agostino, R. Jr. (2000). The Female Sexual Function Index (FSFI): A multidimensional self-report instrument for the assessment of female sexual function. *Journal of Sex and Marital Therapy, 26*, 191-208.

Rosen, R. C., Riley, A., Wagner, G., Osterloh, I. H., Kirkpatrick, J., & Mishra, A. (1997). The International Index of Erectile Function (IIEF): A multidimensional scale for assessment of erectile dysfunction. *Urology, 49*, 822-830.

Rosenberg, M. (1965). *Society and the adolescent self-image*. Princeton, NJ, Princeton University Press.

Sarason, I. G., Sarason, B. R., Potter, E. H. 3rd, & Antoni, M. H. (1985). Life events, social support, and illness. *Psychosomatic Medicine, 47* (2), 156-163.

Shafer, A. B. (2006). Meta-analysis of the factor structures of four depression questionnaires: Beck, CES-D, Hamilton, and Zung. *Journal of Clinical Psychology, 62* (1), 123-46.

Shear, M. K., Brown, T. A., Barlow, D. H., Money, R., Sholomskas, D. E., Woods, S. W., Gorman, J. M. & Papp, L. A. (1997). Multicenter collaborative panic disorder severity scale. *American Journal of Psychiatry, 154*, 1571-1575.

Sheehan, D. V., Lecrubier, Y., Sheehan, K. H., et al. (1998). The Mini-International Neuropsychiatric Interview (M.I.N.I.): The development and validation of a structured diagnostic psychiatric interview for DSM-IV and ICD-10. *Journal of Clinical Psychiatry, 59*, Suppl 20, 22-33. (大坪天平・宮岡等・上島国利 (2003).『M.I.N.I.── 精神疾患簡易構造化面接法』星和書店.)

島悟 (2004).「1. 全般的精神状態・精神健康度の評価」『臨床精神医学』*33* (増刊号), 29-36.

島悟・鹿野達男・北村俊則・浅井昌弘 (1985).「新しい抑うつ性自己評価尺度について」『精神医学』*27*, 717-723.

Spielberger, C. D. (1983). *State-Trait Anxiety Inventory: A comprehensive bibliography*. Palo Alto, CA, Consulting Psychologists Press.

Stallings, M. C., Hewitt, J. K., Cloninger, C. R., Heath, A. C., & Eaves, L. J. (1996). Genetic and environmental structure of the Tridimensional Personality Questionnaire: Three or four temperament dimensions? *Journal of Personality and Social Psychology, 70* (1), 127?140.

多賀千明 (2004).「11. 不安障害3) 強迫性障害」『臨床精神医学』*33* (増刊号), 267-277.

Takahashi, M., Inokuchi, T., Watanabe, C., Saito, T., & Kai, I. (in press) The Female Sexual Function Index (FSFI): Development of a Japanese Version. *Journal of Sexual Medicine*.

髙岡昂太 (2010).「子ども虐待への初期介入において児童相談所の臨床家チームは何を目指すのか ── 処遇困難な養育者との対峙的関係をめぐって」『臨床心理学』*10* (4), 561-572.

田辺肇 (1994).「解離性体験と心的外傷体験との関連 ── 日本版 DES (Dissociative Experiences Scale) の検討」『催眠学研究』*39*, 1-10.

田辺肇 (2004).「13. DES ── 尺度による病理的解離性の把握」『臨床精神医学』*33* (増刊号), 293-307.

田崎美弥子・中根允文 (1997).『WHO/QOL クオリティ・オブ・ライフ26 手引』金子書房.

対馬栄輝 (2007).『SPSS で学ぶ医療系データ解析 ── 分析内容の理解と手順解説、バランスのとれた医療統計入門』東京書籍.

Umesue, M., Matsuo, T., Iwata, N., & Tashiro, N. (1996). Dissociative disorders in Japan: A pilot study with the Dissociative Experience Scale and a semistructured interview. *Dissociation, 9*, 182-189.

Vandenvbroucke, J. P., von Elm, E., Altman, D. G., GØtzsche, P. C., Mulrow, C. D., Pocock, S. J., Pool, C., Schlesselman, J., & Egger, M. STROBE Initiative (2007). Strengthening the Reporting of Observational Studies in Epidemiology (STROBE): Explanation and Elaboration. *Epidemiology, 18*, 805-835.

Wagnild, G. M., & Young, H. M. (1993). Development and psychometric evaluation of the Resilience Scale. *Journal of Nursing Measurement, 1*, 165-178.

若林明雄 (2004).「自閉症スペクトラム指数 (AQ) 日本語版の標準化 ── 高機能臨床群と健常成人による検討」『心理学研究』*75*, 78-84.

Wechsler, D. (1991). *Wechsler intelligence scale for children-third edition*. London, Pearson PLC.

Wechsler, D. (1997). *Wechsler adult intelligence scale-third edition*. London, Pearson PLC.

Weiss, D. S. & Marmar, C. R. (1997). The Impact of Event Scale-Revised. In J. P. Wilson, T. M. Keane (Eds.), *Assessing psychological trauma and PTSD*. New York, The Guilford Press, 399-411.

Williams, J. B. W. (1989). A structured interview guide for the Hamilton depression rating scale. *Archives of General Psychiatry, 45*, 742-747.

World Health Organization (1992). *The ICD-10 classification on mental and behavioural disorders: Clinical description and diagnostic guidelines.* Geneva, World Health Organization. (融道男 (訳) (1993).『ICD-10 精神および行動の障害 ── 臨床記述と診断ガイドライン』医学書院.)

山田寛・増井寛治・菊本弘次 訳 (1991).『陽性・陰性症状評価尺度 (PANSS) マニュアル』星和書店.

山本真理子・松井豊・山成由紀子 (1982).「認知された自己の諸側面の構造」『教育心理学研究』*30*, 64-68.

Yamamoto, I., Nakano, Y., Watanabe, N., Noda, Y., Furukawa, T. A., Kanai, T., Takashio, O., Koda, R., Otsubo, T. & Kamijima, K. (2004). Cross-cultural evaluation of the Panic Disorder Severity Scale in Japan. *Depression and Anxiety, 20*, 17-22.

Zung, W. W. (1965). A self-rating depression scale. *Archives of General Psychiatry, 12*, 63-70.

人名索引

◆A
Achenbach, T. M.　63
Ainsworth, M. D. S.　98
朝倉聡　79
Asukai, N.（飛鳥井望）　82, 84
東洋　68

◆B
Babor, T. F.　70
Baron-Cohen, S.　69
Beck, A.　74
Bernstein, E. M.　85
Blak, D. D.　82

◆C
Cassidy, J.　98
Cloninger, C. R.　95
Cohen-Kettenis, P. T.　91

◆D
Derogatis, L. R.　64

◆E
Erikson, E. H.　103

◆F
First, M. B.　60, 109
Foa, E. B.　130
藤田和弘　68
Fujita, H.（藤田博一）　98
福田一彦　75
Furukawa, T. A.（古川壽亮）　64, 66, 74, 78, 98

◆G
Goldberg, D. P.　64
Goodman, W. K.　80

◆H
浜垣誠司　80
Hamilton, M.　73
八田武志　57
肥田野直　75, 76
廣尚典　71
Horowitz, M. J.　83
Hulley, S. B.　5

◆I
市川伸一　3
井潤知美　64
稲田尚子　69
石丸径一郎　162, 178, 183

◆K
神尾陽子　69
上岡広晴　45
神庭重信　78
狩野裕　180
Kaplan, N.　98
Kavanagh, D. J.　98
Kay, S. R.　71
数井みゆき　98
Kessler, R. C.　65, 152
木島伸彦　95
木元康介　87
Kitamura, T.（北村俊則）　65
小林重雄　75
小嶋雅代　74
栗田広　69

201

◆ L

Liebowitz, M. R.　79
Lindgren, T. W.　92

◆ M

Main, M.　98
Marcia, J. E.　103
三浦麻子　180
森田慎一郎　167, 172, 178

◆ N

永田靖　49
Nakajima, T.（中嶋照夫）　80
中根允文　66, 73
中尾和久　64
中山健夫　45

◆ O

岡野憲一郎　85
Oldfield, R. C.　57
小塩真司　97
大曽根彰　60
大坪天平　61

◆ P

Pauly, I. B.　92

◆ R

Radloff, L. S.　73, 76
Reis, R. T.　162
Robins, D.　69
Robins, L. N.　61
Rosen, R.　87, 88
Rosenberg, M.　96

◆ S

Sarason, I. G.　98
Shafer, A. B.　76
Shear, M. K.　77

Sheehan, D. V.　61
島悟　65, 73, 74
Spielberger, C. D.　75
Stallings, M. C.　95

◆ T

多賀千明　80
高橋三郎　60, 62, 64, 109
高石穣　64
高岡昂太　106
田辺肇　85
田崎美弥子　66
対馬栄輝　111
津谷喜一郎　45

◆ U

Umesue, M.（梅木正裕）　85

◆ V

van Goozen, S. H. M.　91
Vandenvbroucke, J. P.　46

◆ W

Wagnild, G. M.　97
若林明雄　69, 70
Wechsler, D.　68
Weiss, D. S.　83
Wheeler, L.　162
Williams, J. B. W.　73

◆ Y

山田寛　72
Yamamoto, I（山本育代）　77
山本真理子　96
Young, H. M.　97

◆ Z

Zung, W. W.　75

事項索引

◆アルファベット

ACT　164
APA　60, 62
AQ　69
AUDIT　70
BDI-Ⅱ　74
BIS　92
BOX 選択　137
CAPS　82
CBCL　63
CES-D うつ病自己評価尺度　73
CHAT　69
CIDI　61
CONSORT statement　46
CiNii　21
DES　85
DSM-IV-TR　60
EE　98
EMA　162
ERP　164
Ethical　5, 14
FINER 基準　5
FSFI　88
Feasible　5
GAF　62
GHQ　64
HAM-D　73
HRSD　73
ICD-10　60
IES-R　83
IIEF　87
IT 分析　9
Interesting　5, 10
K10　65
K6　65
LSAS　79

M-CHAT　69
M.I.N.I.　61
Novel　5, 13
N　8
Open Office.org　133
PANSS　71
PDSS　77
PTSD　81
Pubmed　19
QOL　55, 66
RCT　29
RCT　42
RDD　104
ROC 曲線　159
Relevant　5, 15
SCID　60
SDS うつ性自己評価尺度　75
SEM　164
SSQ　98
STAI　75
STROBE 声明　43
UGDS　91
WAIS-Ⅲ成人知能検査　68
WHOQOL-26　67
WHOQOL-100　67
WHO　61
WISC-Ⅲ知能検査　68
Y-BOCS　80
pdf　165
t 検定　143

◆あ行

合図による記録　162
愛着　97
アウトカム　30, 48
アクセプタンス・コミットメント・セラピ

― 164
アブストラクト　168
アルコール関連障害　70
アンケート調査　113
委託調査　116
1元配置分散分析　144
医中誌　21
1要因分散分析　144
因果関係　30
因子的妥当性　170
因子負荷量　170
因子分析　170
インタビュー・ガイド　105
インパクトファクター　20
インフォームド・コンセント　15, 52, 105, 117
ウィンドウ枠の固定　133
後ろ向き研究　30
うつ病　73
英語論文　18
エビデンスの蓄積　150
横断研究　34
親評定　115

◆か行
カイ二乗検定　143
下位尺度　152
介入群　42
介入研究　29, 42
解離性障害　84
確率的サンプリング　50
カットオフポイント　32, 159
カテゴリー化　31, 32
カテゴリー変数　31
簡易サンプリング　50
間隔による記録　162
観察研究　29
感情表出　98
感度　159
関連　143
偽陰性　160
基準変数　30

逆転項目　58, 139
紀要　22
教師評定　115
偽陽性　160
強迫性障害　79
共分散構造分析　144
クラメルの連関係数　143
クロニンジャーのTCI　94
クロンバックのα係数　156
形式を選択して貼り付け　141
ケースコントロール研究　34, 36
研究参加者　6
研究者効果　101
研究デザイン　48
健常群　8
原著論文　18
構成概念　48, 149, 157
　　――妥当性　157
構造化面接　102, 106, 108
　　――尺度　9
構造方程式モデリング　144, 164
広汎性発達障害　68
国立精神医療研究センター　69
個人情報の保護　15
子どもの行動チェックリスト　63
個別調査　116
コホート研究　34, 39
コホートリテンション　41
コントロール群　8, 34
　　――の偏り　37

◆さ行
再検査信頼性　156
最頻値　33, 142
散布度　142
サンプル　48, 50
　　――サイズ　8, 49
自記式質問紙　115
　　――尺度　9, 64, 66
自己記入式質問紙　115
事後検定　144
自己報告データ　56

事象関連電位　164
自然経過　41
自尊感情　96
実験　42
　　——研究　29
実行可能性　5
実体概念　48
質的データ　165
質的変数　31
質問項目　154
質問紙　113
　　——実験　42
　　——調査　113
　　——尺度　58
質問票　117
　　——の表紙　118
実用的価値　3
ジャーナル　19
社会的望ましさ　56
社会不安障害　79
尺度得点　58
斜交回転　170
社交不安障害　79
重回帰分析　144
重相関係数　171
収束的妥当性　157
従属変数　30
集団調査　116
重要性・必要性　15
条件付き書式　134
情報的価値　3
情報の意外性　3
情報の確実性　3
抄録　168
除外基準　49
書誌情報　23
資料　18
新規性　13
心的外傷後ストレス障害　81
信頼区間　144
信頼性　155
　　——係数　156

心理学的データ　58
心理尺度　58
スクリーニング　150
スピアマンの順位相関係数　143
性格　94
生活の質　55, 66
性機能不全　86
精神遅滞　68
生態学的妥当性　8, 161
生態学的連続アセスメント　162
性同一性障害　91
生物学的データ　55
生物‐心理‐社会モデル　47, 55
折半法　156
説明変数　30
先行研究　17
全数調査　8
選択基準　49
全般的精神的健康　64
相関　143
操作　42
ソーシャルサポート　98
測定項目数　152
測定尺度　149
測定値　58
ソフトサイコロジー　57
存在率　29
　　——研究　34

◆た行────────────

ダイアリー法　161
対応のあるt検定　144
第3の要因　36
対照群　8, 34
代表値　142
タイプ論　158
対面インタビュー　103
脱落　8
妥当性　155, 157
多変量解析　171
多母集団の同時分析　181
単純構造　170

短報　18
置換　137
中央値　33, 142
中心極限定理　33
調査研究　29
直交回転　170
追試　13
データクリーニング　132
データ入力　132
出来事による記録　162
テキストエディタ　136
テンキー　139
電子ジャーナル　19
電話インタビュー　104
統計的仮説検定　144
統合失調症　71
当事者性　11
通し番号　130
特異度　159
独立変数　30
トランスクリプト　103
ドロップアウト　8, 41

◆な行
内的一貫性　156
内容妥当性　157
2元配置分散分析　144
日本語論文　21
日本性機能学会　87
2要因分散分析　144
脳画像　56
脳波　56

◆は行
パーソナリティ　94
ハーバード方式　24
バイオ・サイコ・ソーシャルモデル　47, 55
バックトランスレーション　154
パニック障害　77
パネル調査　39
ハミルトン抑うつ評価尺度　73

バリマックス法　170
範囲　142
バンクーバー方式　24
半構造化面接　102, 106
ピアソンの積率相関係数　143
非該当　139
非介入群　42
非介入的調査研究　43
比較可能性　153
非構造化面接　103, 106
ヒストグラム　143
表計算アプリ　136
標準偏差　142
評定者　111
標本　50
頻度　59
ファイ係数　143
不安　75
フィッシャーの正確確率検定　143
フォローアップ調査　39
フローチャート　130
プロトコル　164
プロマックス回転　170
平均値　33, 142
ベースライン調査　39
ベック抑うつ質問票　74
ヘルシンキ宣言　14
偏相関　144
弁別的妥当性　157
包含基準　49
保護者評定　115
母集団　6, 50

◆ま行
マークシート　141
前向き研究　31
無回答　139
無作為化比較実験　42
無作為抽出　6
メタ分析　76
面接尺度　58
面接法　101

メンタルヘルス　59

◆や行
有意性検定　144
郵送調査　116
要約　168
抑うつ尺度　76
予測因子　30, 38, 48

◆ら行
ランダム・サンプリング　6, 50
リッカート尺度　58, 122, 124
量的データ　165
量的変数　31

臨床群　8
倫理審査委員会　14, 52
倫理的　14
類型論　158
レビュー論文　20
連関　143
連結可能匿名化　132
連結不可能匿名化　118, 132
レンジ　142
連続サンプリング　51
ロジスティック回帰分析　144
論文雑誌　19

著者紹介

石丸径一郎（いしまる　けいいちろう）

1976年横浜市生まれ，長崎市育ち。東京大学教育学部教育心理学コース卒業。同大学院教育学研究科臨床心理学コース博士課程修了。博士（教育学）。2006年国立精神・神経センター精神保健研究所流動研究員。2008年より日本学術振興会特別研究員（国立精神・神経センター，2009年より東京大学大学院教育学研究科）。

専門分野は，ジェンダー・セクシュアリティに関わる臨床心理学であり，特にレズビアン・ゲイ・バイセクシュアル・トランスジェンダーなど性的マイノリティに関する研究を行なっている。現在の研究テーマは，日本における性同一性障害を持つ人々の病態，症状評価，適応に関して，心理社会的・生物学的な観点から検討することである。

主な著書と訳書：『同性愛者における他者からの拒絶と受容 —— ダイアリー法と質問紙によるマルチメソッド・アプローチ』(2008) ミネルヴァ書房，『よくわかる臨床心理学 —— 改訂新版』（共著）(2009) ミネルヴァ書房，『テキスト臨床心理学5 —— ライフサイクルの心理障害』（共訳）(2006) 誠信書房，『PTSDの持続エクスポージャー療法 —— トラウマ体験の情動処理のために』（共訳）(2009) 星和書店，など。

臨床心理学研究法 第5巻
調査研究の方法

初版第1刷発行　2011年4月15日 ©

著　者　石丸径一郎
シリーズ編者　下山晴彦
発行者　塩浦　暲
発行所　株式会社新曜社
　　　　〒101-0051　東京都千代田区神田神保町2-10
　　　　電話(03)3264-4973(代)・Fax(03)3239-2958
　　　　E-mail: info@shin-yo-sha.co.jp
　　　　URL http://www.shin-yo-sha.co.jp/

印刷　銀河
製本　イマヰ製本所
ISBN978-4-7885-1227-6　C3011

Printed in Japan

臨床心理学研究法シリーズ（シリーズ編者　下山晴彦）

心理学の実践は，心理テストや心理療法だけでなく，医療や福祉，教育，生産の現場など，さまざまな領域においてますます求められるようになっている。その結果，実践的な心理学研究への関心が急速に高まっている。本シリーズは，そのような広い意味での臨床心理学の実践のための，日本ではじめての研究法シリーズとして企画された。代表的な評価・研究の方法について基礎から懇切に解説するとともに，研究の実例を豊富に示し，実際に即した知識やノウハウについても理解できる。臨床心理学をはじめとして，実践支援研究に携わる心理学全般の学生・研究者に活用していただければ幸いである。

★第1巻　心理学の実践的研究法を学ぶ
　　　　　下山晴彦・能智正博 編　　　A 5 判 368 頁／本体 3600 円

★第2巻　プロセス研究の方法
　　　　　岩壁　茂 著　　　　　　　A 5 判 252 頁／本体 2800 円

　第3巻　フィールドワークの方法
　　　　　谷口明子 著

★第4巻　アナログ研究の方法
　　　　　杉浦義典 著　　　　　　　A 5 判 288 頁／本体 3300 円

★第5巻　調査研究の方法
　　　　　石丸径一郎 著　　　　　　A 5 判 224 頁／本体 2500 円

　第6巻　一事例実験とメタ分析の方法
　　　　　山田剛史 著

★第7巻　プログラム評価研究の方法
　　　　　安田節之・渡辺直登 著　　　A 5 判 248 頁／本体 2800 円

　第8巻　生物学的研究の方法（神経心理学研究の方法）
　　　　　松井三枝 著

★印は既刊

＊表示価格は消費税を含みません。